Christa-Maria Zimmermann
Die Straße zwischen den Welten

Weitere Bücher von Christa-Maria Zimmermann
im Arena Verlag:
Gefangen im Packeis – Die abenteuerliche Fahrt der Endurance
Das Amulett des Pharaos

Christa-Maria Zimmermann

Die Straße zwischen den Welten

John Franklins Suche
nach der Nordwest-Passage

Arena

1. Auflage 2003

Einbandillustration: Klaus Steffens
Gesamtherstellung: Westermann Druck Zwickau GmbH
ISBN 3-401-05560-7

Für meine Älteste, Katja CHRIStina,
und meinen Jüngsten, Till MATTHIas,
die mir nicht nur mit ihren Namen
und Geburtstagen halfen.

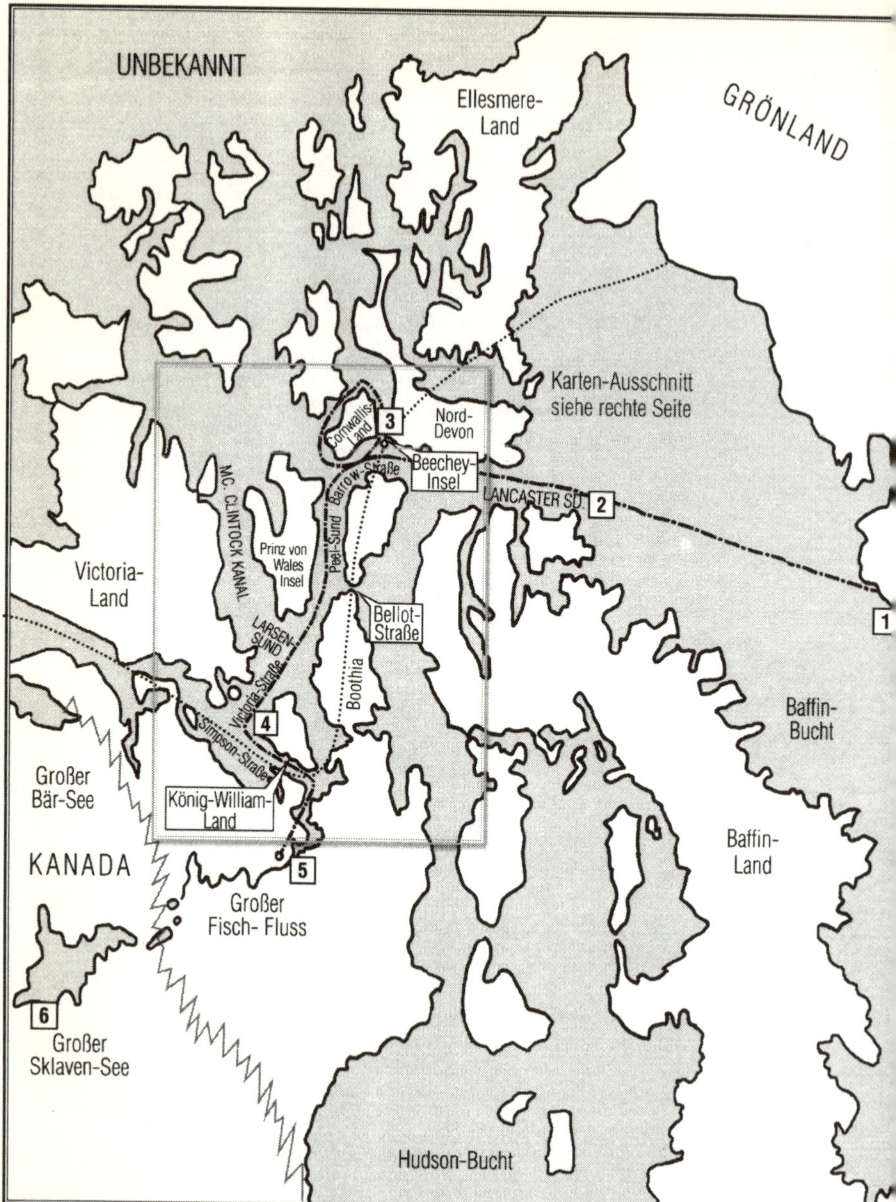

Franklins Expeditions-Route
Ungefähre Packeisgrenze im September
Ungefähre Baumgrenze

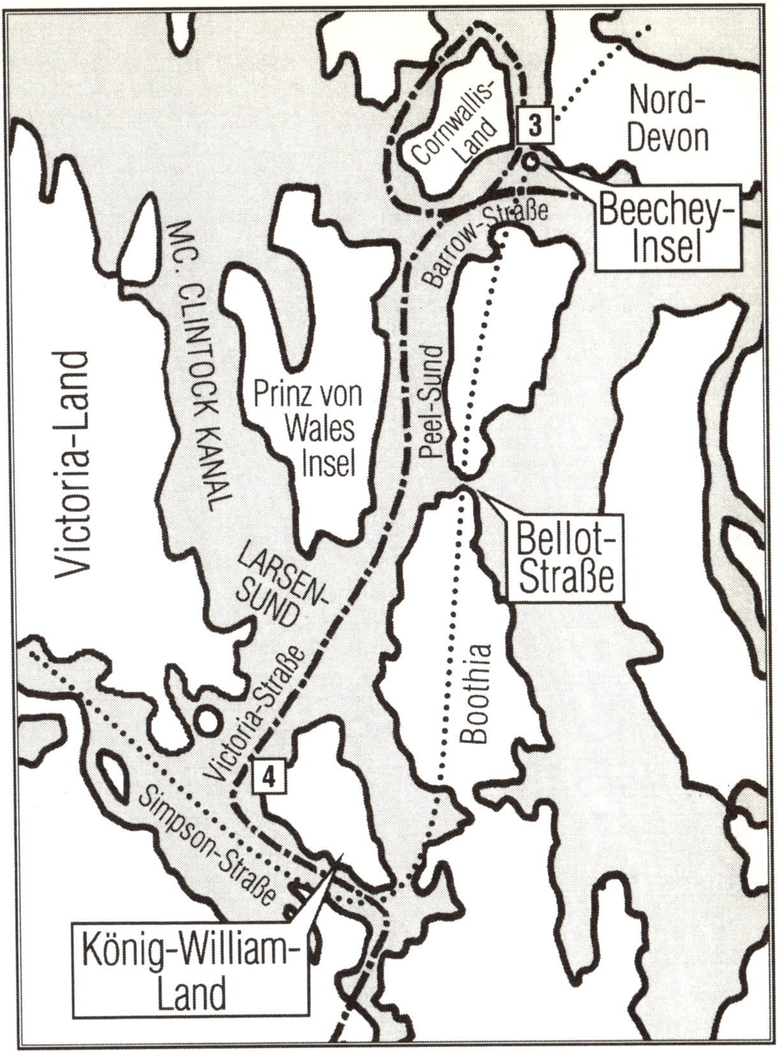

1. 12. Juli 1845: Die Expedition startet von Grönland aus.
2. 26. Juli 1845: Erebus und Terror werden das letzte Mal von Walfängern gesehen.
3. 1845-1846: Die Expedition überwintert bei der Beechey-Insel.
4. 1846-1848: Die Schiffe stecken im Packeis fest. Nach 19 Monaten brechen 105 Überlebende zu Fuß auf.
5. Letztes Zeichen von Überlebenden.
6. Fort Providence: Das Ziel der Überlebenden.

Kapitel 1

Matthi tastete nach dem Proviant in seiner Hosentasche: ein halbes Brot, schon ziemlich hart, und ein paar Äpfel, die reichlich schrumpelig über den Winter gekommen waren. Er brach einen Bissen vom Brot ab und aß es mit einem Apfel, wobei er langsam und gründlich kaute. Früher hatte er das Essen immer hinuntergeschlungen, aber das gewöhnte man sich ab, wenn man arm war. Leo und Bello sahen ihn bettelnd an, aber Matthi schüttelte den Kopf. Es war Mr Fieldings Aufgabe, für seine Hunde zu sorgen. Das verstanden die beiden auch und umkreisten wieder die kleine Schafherde.

Sie waren beim ersten Hahnenschrei aufgebrochen und wollten am Vormittag auf dem Smithfield-Markt in London sein, wo das Fleisch für die ganze Stadt verkauft wurde. Die Sonne ging auf, als sie auf Greenwich zugingen. Matthi strengte seine Augen an, denn von den Greenwicher Hügeln aus konnte man London angeblich in der Ferne erkennen. Aber heute war keine Spur von einem riesigen Häusermeer zu sehen. Wie eine dunkelgraue Decke hing der berüchtigte Londoner Nebel über der Stadt. Aus Millionen von Kohlenfeuern in Häusern und Fabriken quoll schwarzer Rauch, mit Rußflocken durchsetzt, und waberte als riesige Wolke über den Dächern. Wenn kein Wind aufkam, würde sie im Laufe des Tages immer tiefer sinken, denn die Kamine dampften unaufhörlich und die Nebeldecke ließ den Rauch nicht fortziehen, sondern drückte ihn nach unten.

Während sie die Schafe auf die Stadt zutrieben, fühlte sich Matthi immer beklommener. In diesem Nebel konnte man vermutlich nicht die Hand vor den Augen sehen. Wie sollte er da seinen Vater finden? Mr Fielding würde ihm bestimmt nicht helfen, der hatte ja noch den stundenlangen Rückweg vor sich. Und es gab hunderte oder sogar tausende von Straßen, in denen man sich verlaufen konnte. Schon hier wurden allmählich Felder und Gärten spärlicher, die Häuser standen enger und wuchsen in die Höhe. Bald war kein Baum mehr zu sehen, nur endlose Ziegelmauern, die in einem öligen grünlichen Dunst verschwammen.

Matthi drehte sich um. Weit in der Ferne stand die Sonne an einem blauen Himmel, aber in den engen Straßen vor ihnen wurde es immer dunkler. Die Luft roch erstickend nach qualmenden Kohlen. Das beklemmende Gefühl verstärkte sich.

»Gaslaternen!« Mr Fielding zeigte in die Höhe. Er machte nie viele Worte.

Matthi sah nach oben. Vater hatte ihm schon erzählt, dass in London viele Straßen beleuchtet waren. Aber er konnte nur blasse helle Flecke erkennen. Das Licht drang nicht bis zum Boden durch. Auch die erleuchteten Fenster der Häuser waren nur als schwacher Schimmer zu sehen.

»Ich führe jetzt.« Mr Fielding fand den Weg auch im Nebel, denn er ging häufig zum Smithfield-Markt. »Du sicherst hinten ab.«

Er setzte sich mit Bello an die Spitze. Schon nach wenigen Schritten hatte ihn die graue Watte verschluckt. Die Schafe drängten sich eng aneinander. Matthi war froh, dass die Herde so klein war und dass Leo an seiner Seite ging. Einen so klugen Hund hatte Matthi noch nie erlebt – und er kannte eine ganze Menge. Leo verstand mehr von Schafen als er selbst, vielleicht sogar mehr als Mr Fielding. Jetzt lief er nach vorne und drängte ein Tier zurück, das aus der Reihe ausgeschert war.

Matthi stolperte über einen Bordstein und taumelte gegen eine Gestalt, die ihn an den Schultern packte und festhielt.

»Verfluchtes Diebsgesindel! Das wird dir schlecht bekommen, Bürschchen! Hast es wohl auf meine Börse abgesehen, was?«

»Ich bin kein Dieb!« Matthi versuchte sich loszureißen, aber der Mann hielt seine Schultern umklammert.

»Das sagen sie alle! Warte, bis du bei der Polizei bist, dann . . .«

»Mr Fielding!«, schrie Matthi mit sich überschlagender Stimme. Er war im Stimmbruch und in den unpassendsten Momenten rutschte er in eine höhere Tonlage. »Mr Fielding! Hilfe!«

»Was fällt Ihnen ein, Mann?« Mr Fielding kam zurück und übersah die Lage mit einem Blick. »Lassen Sie den Jungen los! Er hilft mir die Schafe auf den Smithfield-Markt zu treiben.«

»Das kann jeder sagen.« Der Mann lockerte seinen Griff nicht. »Vielleicht stecken Sie mit ihm unter einer Decke.«

Statt einer Antwort stieß Mr Fielding einen Pfiff aus. Bello gab kurz Laut und trieb die Schafe zurück. Innerhalb weniger Minuten war der Mann umdrängt von geschorenen Rücken und lautem Blöken. Aber erst als Leo und Bello mit zurückgezogenen Lefzen und drohendem Knurren auf ihn zukamen, ließ er die Hände sinken.

»Nichts für ungut, Junge. Aber man kann nicht vorsichtig genug sein heutzutage. Die Kerle lassen sich immer neue Tricks einfallen. In manchen Straßen ist man seines Lebens nicht mehr sicher. Vor allem bei Nebel nicht, da sind sie im Handumdrehen wieder verschwunden.«

Durch den wabernden Dunst drangen Pferdewiehern, Peitschenknallen und eine wütende Männerstimme: »Du bist hier nicht in deinem Dorf, du Trottel! Die verdammten Schafe blockieren die Straße!«

Mr Fielding pfiff wieder, die Hunde setzten sich in Bewegung und trieben die Tiere weiter. Von nun an hielt Matthi sich immer zwischen zwei Schafen. Er drehte ständig den Kopf hin und her, aber er konnte in dem Nebel nicht einmal ein Straßenschild erkennen. Er begriff nicht, wie Mr Fielding den Weg finden konnte. Und alle anderen Menschen auch, denn auf der Straße neben ihm ertönten pausenlos das Trappeln von Pferdehufen, das Rollen von Kutschen- und Karrenrädern und die Tritte zahlloser Menschen.

Nach einiger Zeit roch es nach fauligem Wasser. Sie mussten auf einer Brücke über der Themse sein. Jetzt konnte er die steinerne Brüstung erkennen, aber als er versuchte hinüberzusehen, waberte auch hier der Nebel. Plötzlich fuhr ein Windstoß das Flussbett hinauf. Matthi spürte den kalten Zug an seiner rechten Wange. Die grauen Schleier über dem Wasser wirbelten in die Höhe. Die Themse zog eine Schneise durch die Stadt und durch das Meer von Kaminen. In die fuhr der Wind jetzt hinein und schlug eine Bresche in die stickige Qualmwolke. Sie geriet in Bewegung, driftete vom Fluss weg und stieg nach oben. Der Wind wurde stärker, riss Fetzen heraus und blies sie davon.

Matthi stellte sich auf die Zehenspitzen. Der Fluss war übersät von plumpen Kähnen, schnittigen Booten und von Segelschiffen in allen Größen. Sehnsüchtig sah er ihnen nach. Onkel Jeffrey fuhr zur See. Früher war er manchmal zu Besuch gekommen und hatte von seinen Abenteuern erzählt und Matthi war ihm nicht von der Seite gewichen. Aber seit Jahren hatte Onkel Jeffrey kein Lebenszeichen mehr gegeben und die Leute im Dorf tuschelten, dass er tot wäre.

Matthi drehte sich um. Langsam sickerte Tageslicht durch den dünner werdenden Nebel. Farben lösten sich aus dem Grau. Da fuhr eine rote Kutsche mit vier Schimmeln davor. Da ritt ein Soldat in einer hellblauen Uniform mit Goldlitzen auf einem schwarzen Pferd. Ein dicker Herr in einem tabakbraunen Mantel grüßte eine Dame, die vom Hut bis zu den Schuhen so grün wie ein Laubfrosch war.

Plötzlich merkte Matthi, dass seine Schafe schon weitergezogen waren, und rannte hinter ihnen her. Wie gerne wäre er jetzt etwas anderes gewesen als ein Hütejunge! Und wie gerne hätte er hundert Augen gehabt, um bei seinem ersten Besuch in London nur ja keine Einzelheit zu verpassen!

In einer Straße gab es Geschäfte mit Fenstern, die so groß waren, dass sie aussahen wie gläserne Wände. Dann musste die Schafherde um einen Trupp von Arbeitern gelenkt werden, die das Straßenpflaster aufstemmten und Rohre in der Erde verlegten. Ein Bierwagen rollte vorbei, hoch beladen mit riesigen Fässern und gezogen von Pferden, die doppelt so hoch und breit wirkten wie die zu Hause.

Hoffentlich würde Mr Fielding seine Schafe schnell verkaufen, dachte Matthi und merkte, dass sein beklommenes Gefühl verschwunden war. Die Sonne veränderte alles. Er würde Vater schon finden. Und wenn er sich ein bisschen verirrte, war das auch nicht weiter schlimm. Die Straßen hier sahen jedenfalls spannend aus.

Auf dem Smithfield-Markt hätte sich ein ganzes Dorf ausbreiten können. Der riesige Platz war von vier- und fünf-, sogar sechsstöckigen Häuserzeilen umgeben, von denen eine so prächtig aussah wie ein königliches Schloss. Mr Fielding wies mit dem Daumen drauf.

»Bartholomäus-Hospital«, erklärte er, während er schon nach dem Marktmeister Ausschau hielt, der ihm seinen Platz zuweisen sollte.

Matthi blickte wie betäubt um sich. Er hatte noch nie so viele Tiere gesehen. Kühe, Ochsen, Kälber standen in endlosen Reihen, Schweine und Ferkel, Schafe und Lämmer drängten sich zu tausenden zwischen hölzernen Gattern. In den Gassen dazwischen schoben und stießen sich mindestens hundert Männer, die das Vieh sachkundig musterten, weitergingen oder mit den Besitzern zu handeln anfingen. Das Bellen, Blöken, Wiehern, Grunzen, das Schreien, Schimpfen, Pfeifen, Rufen hing wie eine Wolke aus Lärm über dem Markt.

Ein hagerer Mann blieb neben Mr Fielding stehen. Er trug einen dunklen, abgetragenen Gehrock und unter seinem speckigen Hut schauten graue, strähnige Haare hervor.

»Na, Josuah Fielding? Auch mal wieder da?«

Mr Fielding schob seine Mütze aus der Stirn. »Sieh an. Der alte Charly Webster. Unkraut vergeht nicht.«

»Reichlich mager, deine Tiere. Sparst wohl am Futter?«

»Das macht die Schur«, behauptete Mr Fielding. »Ihnen fehlt die Wolle. Du hättest sie vorher sehen sollen!«

»Warum? Ich brauche Fleisch, keine Wolle.«
»Ich weiß. Aber wir haben April. Im Frühjahr sind alle Tiere mager. Du wirst auf dem ganzen Markt kein fettes finden.«
»Da hast du leider Recht.« Mr Webster bückte sich und tastete den nackten Rücken eines Schafes ab. »Mach mir einen Sonderpreis und ich nehm deine.«
Die beiden feilschten noch eine Zeit lang und wurden schließlich handelseinig.
»Ist der Samuel noch bei euch?«, fragte Mr Fielding, als er das Geld einsteckte.
»Sammy Evans? Na klar. Unser bester Mann. Der einzige, der schlachten und zerlegen kann.«
Mr Fielding wies mit dem Kopf auf Matthi. »Das ist sein Sohn Matthew. Nimm ihn mit. Will seinen Vater besuchen. Er kann dir helfen die Schafe ins Eastend zu treiben.«
Er drückte Matthi ein paar Pence in die Hand. »Für heute. Und bleib nicht zu lang in London. Du weißt schon, warum.«
Matthi nickte. Das ganze Dorf war überzeugt, dass Großmutter nicht mehr lange zu leben hatte. Er steckte die Münzen ein. »Danke, Mr Fielding.«
Er drehte sich zu Mr Webster um. Der musterte ihn neugierig und packte dann den Leithammel bei den Hörnern. »Mit den Schafen werd ich alleine fertig. Soll heißen, du kriegst nichts, wenn du mitkommst.«
»Ich find schon alleine hin«, sagte Matthi kurz. Warum sollte er ohne Lohn weiter hinter den Schafen hertrotten? Da schaute er sich lieber London an.
»Kommt nicht in Frage!« Mr Fielding wurde energisch. »Wenn's wieder neblig wird, findest du nie ins Eastend. Und außerdem

ist man da besser in Begleitung. Du gehst jetzt mit Mr Webster.«

Matthi zögerte. Er wusste, dass Mr Fielding ihn nur beschäftigte, weil er erst 14 war und deshalb billiger als ein Knecht. Aber Großmutter brauchte das Geld. Wenn er Mr Fielding verärgerte, würde der vielleicht einen anderen Hütejungen einstellen. Er nickte also und ging hinter Mr Webster her. Doch um die Schafe würde er sich nicht kümmern, das nahm er sich fest vor. Ein paar Straßenecken weiter blieb Mr Webster stehen und wartete, bis Matthi neben ihm stand.

»Also der Sohn vom Sammy bist du? Gleichen tust du ihm nicht. Schlägst wohl nach der Mutter. Schickt die dich?«

»Meine Mutter ist tot.«

Mr Webster nickte und verzog den Mund zu einem schiefen Lächeln. »Aha. Das erklärt manches. Hat eine ziemliche Schwäche für Gin, dein Vater. Und für Unterröcke. Aber was soll ein armer Mann machen, wenn er den ganzen Tag gerackert hat? Man will ja schließlich was haben vom Leben.«

Matthi wusste nicht, was er darauf sagen sollte, und rieb verlegen die bloßen Knöchel aneinander. Er war bis über die Waden mit Schafdreck bespritzt und der trocknete jetzt und juckte. Seine Großmutter hatte ihn am Morgen gezwungen Stiefel anzuziehen, weil er barfuß aussehen würde wie ein Bauerntrampel. Aber er war kaum hinter der ersten Hecke gewesen, da hatte er die Dinger ausgezogen und um den Hals gehängt. Er lief fast das ganze Jahr barfuß, außer in Schnee und Kälte, und hatte eine Hornhaut unter den Sohlen, die dicker war und besser schützte als jeder Stiefel.

Und warum sollte er nicht aussehen wie ein Bauerntrampel? Er war schließlich einer. Wenn er schreiend und schwitzend eine Schafherde durch die Straßen trieb, sollten die Leute ihn dann für einen feinen Herrn halten? Er wollte sowieso keiner werden. Seit er vor vier Jahren erlebt hatte, wie der Verwalter und der Pfarrer und der Bürgermeister seinen Vater hatten abblitzen lassen, als der Hof verbrannt war, hielt Matthi nicht mehr viel von feinen Herren. Keiner hatte seinem Vater einen Penny geliehen, keiner hatte ihm irgendeine Hilfe gegeben, um den Hof wieder aufzubauen und neues Vieh zu kaufen.

Schließlich war Vater nach London gegangen, um dort sein Glück zu versuchen. Mr Fielding hatte ihm von einer Fabrik erzählt, die nach einem neuen Patent Konserven herstellte und Arbeiter suchte. Aber das mit dem Glück schien nicht einfach zu sein, denn Vater sah immer magerer und abgerissener aus, wenn er Matthi und Großmutter besuchte – und er kam immer seltener. Das letzte Mal zu Weihnachten und jetzt war Ende April. Dabei hatte er damals versprochen, dass er bald für immer nach Hause käme. Und dass er sie mindestens jeden Monat besuchen würde.

»London ist ein schlimmes Pflaster«, hatte Großmutter auf Matthis Fragen gesagt. »Tut einem Mann nicht gut. Vor allem wenn er sowieso den Halt verloren hat.«

Dann fragte Matthi nicht weiter. Er wusste, was sie damit meinte. Mutter und die kleine Mary waren in den Flammen umgekommen, als sie versucht hatten die Kühe zu retten. Er wohnte seitdem bei Vaters Mutter.

Ein schrilles Wiehern riss ihn aus seinen Gedanken. Er merkte, dass Mr Webster gar nicht auf eine Antwort von ihm wartete, sondern auf ein Pferd starrte, das mitten auf der Fahrbahn zu Boden gestürzt war und mit den Beinen zuckte. Der Kutscher war

vom Bock gesprungen und schrie, mit erhobenen Fäusten, hinter einem davonfahrenden Wagen her. Doch der Straßenlärm war so laut, dass kein Wort zu verstehen war.
»Hier, nimm den Hammel!«, befahl Mr Webster. »Und warte, bis ich zurückkomme. Das gibt ein Geschäft.«
Matthi wartete gehorsam mit den Schafen am Straßenrand und sah zu, wie die beiden Männer das Pferd untersuchten, miteinander redeten, sich noch einmal über das Tier beugten, das sich nicht mehr rührte, und weiterverhandelten. Schließlich winkte Mr Webster ein paar Männer heran, die am Straßenrand herum. lungerten, und gemeinsam hievten sie das tote Tier auf die Ladefläche des Wagens. Der Kutscher ergriff die Deichsel und schloss sich der Schafherde an, die sich auf Mr Websters Zuruf wieder in Bewegung setzte.
Als sie die City hinter sich gelassen hatten, sah Matthi ein, dass Mr Fielding Recht gehabt hatte: In dieses Viertel ging man nicht ohne Begleitung. Noch nie hatte er eine so schmutzige, elende, unheimliche Gegend gesehen. Abfallberge häuften sich auf den Straßen, die sich eng und krumm wie Kaninchengänge wanden. Stinkende Pfützen füllten die Löcher und Risse zwischen den geborstenen Pflastersteinen. Eine dicke Rußschicht überzog die verkommenen Häuser. Fenster und Türen hingen schief und zerbrochen in den Angeln, manche waren notdürftig mit Holz und Pappe ausgebessert. Auf schmierigen Brettern waren unappetitliche Nahrungsmittel ausgelegt. Geflickte, verwaschene Kleidungsstücke hingen an den Stangen der Trödler oder flatterten von den Wäscheleinen zwischen den Fenstern.
Und die Menschen waren genauso schmutzig, elend und unheimlich wie die Straßen. Fast alle gingen in Lumpen und sahen

mager und verwahrlost aus, besonders die zahllosen Kinder, die zusammen mit räudigen Hunden und struppigen Katzen die Abfallhaufen durchwühlten. Nur die schwersten und schmutzigsten Berufe schienen hier zu Hause zu sein. Lumpen- und Knochensammler zogen ihre Karren hinter sich her, Rattenfänger trugen ihre Beute in großen Netzen, Hausierer priesen schreiend ihre Ware an. Matthi sah Kohlen- und Lastträger, Frauen mit Fischkörben auf dem Kopf oder mit stinkenden Wägelchen, in die sie Hundedreck schaufelten, der für die Gerbereien bestimmt war. Fast an jedem zweiten Haus hing das Schild einer Bier- und Branntweinschänke oder einer Garküche. Die Waren in den schmutzigen, kleinen Läden der Flickschuster und Trödler waren so alt, dass Matthi sich fragte, wer sie kaufen sollte.
Mr Webster bog in eine Gasse. *Houndsditch Road* stand auf dem verrosteten Straßenschild. Auf der einen Seite zog sich eine lange, hohe Ziegelmauer hin; die baufälligen Häuser auf der anderen Seite wirkten unbewohnt, Türen und Fenster waren mit Brettern vernagelt, in den Mauerritzen wuchs Gras. Über der Gasse hing ein atemberaubender Gestank, eine Mischung aus verfaultem Kohl, verdorbenem Fleisch, Misthaufen und frischem Blut. Die Schafe hoben witternd die Köpfe und blökten ängstlich.

Kapitel 2

Vor einem rostgefleckten Tor in der Mauer blieb Mr Webster stehen und zog an einem Strick. Ein blechernes Läuten ertönte, dann öffnete ein Mann das Tor, der genauso schmutzig und verwahrlost aussah wie alle anderen, die Matthi während der letzten halben Stunde begegnet waren. Er beachtete die drei nicht, sondern bückte sich gleich nach dem Leithammel.

»Moment, Dick!«, sagte Mr Webster. »Fleisch gekommen inzwischen?«

»Zwei Rösser.«

»Gut. Für wie viel?«

Mr Dick murmelte eine Zahl. »Sammy zieht ihnen grad das Fell ab«, setzte er hinzu.

Matthi zuckte zusammen. Ob damit Vater gemeint war? Ob er wirklich in dieser grässlichen Gegend arbeitete? Aber das würde ja bedeuten, dass hinter der schmutzigen Ziegelmauer die Konservenfabrik lag! Es stand kein Name am Tor. Nur die Hausnummer 137. Hinter der Mauer blökten Schafe, brüllten Kühe, quiekten Schweine. Auch Matthis Schafe waren unruhig, aber Mr Dick zog den Leithammel hinter sich her und sie folgten ihm. Mr Webster griff in die Tasche und wandte sich dem Kutscher zu.

»Hier. Dein Geld.«

Der Kutscher starrte auf die Münzen. »Was soll das heißen? Wir haben das Doppelte vereinbart.«

»Inzwischen hat sich die Lage geändert. Hab zwei andere Rösser gekriegt, die auch nicht mehr gekostet haben. Warum sollt ich jetzt mehr geben?«
»Weil es so vereinbart war, verflucht noch mal.«
Mr Webster zuckte nur mit den Schultern. Der Kutscher wischte sich mit dem Jackenärmel den Schweiß vom Gesicht. Er hatte das schwere Tier bis in die Houndsditch Road gezogen und keuchte vor Anstrengung. Matthi sah, wie er überlegte, und konnte sich seine Gedanken vorstellen. Die zerlumpten Gestalten in den angrenzenden Gassen konnten garantiert kein Pferdefleisch bezahlen. Nicht mal, wenn man es scheibchenweise verkaufte, und das würde bedeuten, dass das Tier zerlegt und portioniert werden müsste. Das würde Stunden dauern. Der Mann war schließlich Kutscher und kein Metzger. Und er hatte bestimmt keine Lust, das Tier woanders hinzukarren.
»Leg die Hälfte drauf, dann geb ich's her«, sagte er schließlich.
Mr Webster schüttelte den Kopf. »Du siehst das Geld. Du kriegst keinen Penny mehr.«
Der Kutscher knirschte hörbar mit den Zähnen. »Blutsauger!«
»Pass auf deine Worte auf. Sonst kannst du abziehen. Krepierte Rösser krieg ich jeden Tag.«
Der Kutscher presste die Lippen zusammen und streckte die Hand aus.
»Fahr mir das Vieh erst auf den Hof«, verlangte Mr Webster.
»Darauf fall ich nicht rein. Wenn es da liegt, geht der Preis garantiert noch mal runter. Erst das Geld, dann die Ware«.
Mr Webster zögerte, aber als der andere sich nicht rührte, zählte er ihm die Geldstücke in die Hand. Der Kutscher steckte die Münzen ein, griff nach der Deichsel und zog an.

»Halt!«, schrie Mr Webster und umklammerte den Schwanz des Pferdes. »Das ist mein Gaul!«
Der Kutscher spuckte kräftig aus, Mr Webster direkt vor die Füße. »Dann soll er möglichst schnell von meinem Wagen verschwinden. Ich hab's eilig.«
Er ging einfach weiter, sodass Mr Webster nichts anderes übrig blieb, als laut schimpfend hinter ihm herzulaufen, den Pferdeschwanz noch immer in der Hand. Matthi riss am Glockenseil. Mr Dick erschien, warf einen gleichmütigen Blick auf die Szene, die offensichtlich nicht neu für ihn war, und schrie ein paar Namen in den Hof. Vier Männer in verdreckten Kitteln liefen durch das Tor, holten den Wagen ein, packten das Pferd bei den Hufen und zerrten es herunter. Ihre Hände und Unterarme waren blutverschmiert.
»Wenn du dich noch mal ins Eastend traust, geht's dir dreckig!«, brüllte Mr Webster. Der Kutscher würdigte ihn keiner Antwort und bog laut pfeifend um die nächste Ecke. Die vier Männer schleiften das Pferd über die Straße und durch das Tor. Mr Dick machte eine fragende Kopfbewegung zu Matthi.
»Sohn von Sammy Evans«, erklärte Mr Webster.
»Der muss sich jetzt um die Rösser kümmern«, sagte Mr Dick ablehnend und verschwand im Hof.
»Warte hier bis zur Mittagspause, dann kommt er raus«, schlug Mr Webster vor. »Dauert ja nicht mehr lange.«
Das Tor fiel hinter ihm zu. Matthi ging ein Stück die Straße hinunter, zu dem einzigen Fleckchen Sonnenschein, und lehnte sich gegen die rauchgeschwärzte Ziegelmauer eines verlassenen Hauses. Er gähnte und horchte auf seinen knurrenden Magen. Wie viele Stunden war er jetzt auf den Beinen? Beim Schafehü-

ten konnte man sich wenigstens ins Gras setzen! Er holte einen Apfel aus der Hosentasche und biss in das trockene Brot. Sicher würde Vater ihm etwas zu essen kaufen, aber er konnte jetzt einfach nicht mehr warten.

Ein schwarz-weiß gefleckter, großer Hund, in dem sich mehrere Rassen gemischt hatten, sprang schwanzwedelnd auf ihn zu. Matthi hielt sicherheitshalber Brot und Apfel über seinen Kopf. Ein alter Mann, der einen Leiterwagen hinter sich herzog, lachte meckernd.

»Brauchst keine Angst haben um dein Frühstück, Junge! Mein Bully ist Besseres gewöhnt. Schau mal, was ich hier habe.«

Er kippte einen der Eimer auf dem Wagen etwas zur Seite und Matthi sah Bratenscheiben, halbe Semmeln, geröstete Hühnerbeine, Brotkanten, Stücke von Suppenfleisch und Reste von gegrillten Hammel- und Schweinekoteletts in wildem Durcheinander. Ihm lief das Wasser im Mund zusammen. Er trat näher.

»Das ist noch nicht alles«, sagte der Alte stolz. Er war so klein und verschrumpelt wie Matthis Apfel und seine faltigen Bäckchen leuchteten so rot wie seine dicke Nase. »Hier! Das lockt meinen Bully allerdings weniger. Und hier.«

In einem Eimer schwammen Kartoffelstücke, Möhrenscheiben, grüne Frühlingszwiebeln, Streifen von roten und weißen Kohlblättern und Nudeln in einer fettglänzenden Suppe. Aus einem anderen stieg ein zuckersüßer Duft nach Vanille und Zimt, nach Biskuitscheiben, Kuchenstücken, zerdrückten Erdbeeren und Kirschen auf.

»Was ist das?«, fragte Matthi erstaunt.

»Die Brosamen, die von den Tischen der Reichen fallen. Steht schon in der Bibel.«

Matthi nickte. Seine Großmutter war sehr fromm und las ihm jeden Abend aus dem Neuen Testament vor. »Das Gleichnis vom armen Lazarus. Der hätte sich gerne von dem ernährt, was vom Tisch des Reichen fiel. Stattdessen kamen die Hunde und leckten an seinen Geschwüren. Aber später ist er in den Himmel gekommen und der Reiche in die Hölle.«
»Tatsächlich? Darauf kann ich nicht warten. Und wer weiß, ob alle Armen in den Himmel kommen? Jedenfalls haben die Reichen schon jetzt den Himmel auf Erden.« Der Alte schnaubte durch die Nase. »Willst du wissen, was es gestern beim Admiral Barrow zum Dinner gab? Erst zwei Suppen. Mit Gemüse oder mit Nudeln. Dann vier Sorten Fisch: Salm, Scholle, Forelle, Hummer. Natürlich alle in verschiedenen Soßen zubereitet.«
Er griff nach einem anderen Eimer und ließ Matthi hineinsehen. Fischstücke häuften sich darin, aber auch Fischschwänze und Köpfe und sogar Gräten und rote Hummerschalen.
»Dann Fleisch als Hauptgang, und was 'n richtiges Dinner ist, das braucht davon mehr als vier Sorten. Es gab Roastbeef, Brathuhn, Lammkoteletts, Kalbsbraten, Entenbrust, 'n ganzen Schinken, Truthahnkeulen und Hühnerragout. Du wärst jetzt längst satt? Ich auch. Aber die Reichen müssen immer 'n Nachtisch haben. Dessert nennt man das. Natürlich nicht einen, sondern mehrere: Waffeln, Kirschkompott, Eiercreme, Schokoladentorte, Erdbeeren mit Sahne.«
Matthi hatte den Brotrest in die Hosentasche geschoben und den Apfel aufgegessen. Er fing an Bully zu kraulen, der ihm zutraulich seinen Kopf in die Hand geschoben hatte. »Ich kann das einfach nicht glauben. Das gab es alles bei einem einzigen Dinner?«

»Na klar. Das sind die Reste.« Der Alte wies schwungvoll auf seine Eimer. »Natürlich haben die Diener vorher das Beste rausgefischt für ihren eigenen Tisch. Doch was sie mir heut früh verkauft haben, sieht immer noch gut aus, was? Schade, dass der Goldner so 'n Pfennigfuchser ist. In den Garküchen würd ich mehr dafür kriegen. Aber es dauert zu lange, bis ich die alle abgeklappert hab. In der Zeit kann ich schon 'ne neue Fuhre machen zu den Märkten.«

Inzwischen hatte der Geruch aus den Eimern ein Dutzend magere Hunde und Katzen angelockt, die durch Bullys Knurren auf Abstand gehalten wurden. Auf den Essensresten hatte sich ein Schwarm von Fliegen niedergelassen. Doch das störte den Alten nicht, er stützte sich auf die Deichsel und schwätzte weiter.

»Am Nachmittag ist nur noch der Ausschuss da, der liegen geblieben ist, den kriegt man dann billiger, denn da wolln die Leute Feierabend machen. Und am Abend mach ich eine letzte Runde über die Märkte und sortier die Abfälle, die gibt's umsonst, und da lässt sich noch 'ne Menge verwerten. Der Goldner nimmt alles, was ich bringe, egal, was es ist und wie's aussieht. Er soll 'nen Riesenauftrag gekriegt haben und der ist brandeilig, da kann er nicht wählerisch sein.«

Bully rannte einmal im Kreis und verjagte bellend die Hunde und Katzen. Dann setzte er sich wieder neben Matthi, schleckte ihm die Hände und ließ sich weiterkraulen.

»Mein Bully mag dich. Ist 'n kluger Hund. Wie heißt du, Junge?«

»Matthew Evans. Ich werd Matthi gerufen. Mein Vater arbeitet hier.«

»Du bist der Sohn vom roten Sammy? Den kenn ich gut. Hab ihn schon oft untern Tisch getrunken. Und jetzt willst du auch beim

Goldner arbeiten? Ist 'n harter Job, kann ich dir sagen. Dem Aufseher, diesem Mr Dick, kann's nicht schnell genug gehen. Der würd die Leute am liebsten mit der Peitsche antreiben. Wenn er mich jetzt sehen könnte, wie ich hier steh und schwätz, er würd 'nen Tobsuchtsanfall kriegen. Nun komm, Bully, komm schon!« Er schirrte den Hund an die Deichsel. »Wenn ich zur Houndsditch Road fahr, lass ich Bully immer los, damit er mir die Viecher vom Leib hält. Aber jetzt muss ich ihn festmachen. Er kann nämlich den Goldner nicht leiden. Er wittert bestimmt, dass der Ausländer ist. Wenn Bully ihn anfällt, bin ich meinen Job los. Was meinst du, Bully? Soll der alte Simon dem Matthi ein Hühnerbein spendieren? Er sieht noch magerer aus als die Köter da drüben. Na, los, Junge, nimm dir eins. Ich muss machen, dass ich weiterkomm.«

Matthi langte hastig in den Fleischeimer. »Danke! Vielen Dank!« Mann und Hund zockelten die Straße hinunter und verschwanden hinter dem rostigen Tor. Von dem Hühnerbein waren nur ein paar Streifen abgeschnitten. Matthi kaute andächtig und dachte dabei an die Speisefolge, die der alte Simon aufgezählt hatte. Wie schmeckte wohl Hummer oder Truthahnkeule? Oder Schokoladentorte? Er wusste nicht mal, was Schokolade war.

Matthi schloss die Augen und ließ den letzten Bissen Fleisch im Mund zergehen. Ob er ein Nickerchen machen sollte? Er hatte beim Schafehüten gelernt im Stehen zu schlafen. Mr Fielding hatte nie etwas davon gemerkt, wenn er seine Kontrollgänge machte, denn Leo hatte Matthi immer rechtzeitig geweckt. Er fuhr hoch, als er eine Bewegung an seiner Hand spürte. Eine Ratte war an der Mauer hochgeklettert und schnappte ihm den ab-

genagten Hühnerknochen aus der Hand. Sie rannte davon, verfolgt von einem ganzen Rudel von Hunden und Katzen.
Eine Sirene schrillte plötzlich so laut, dass Matthi sich duckte und den Kopf zwischen die Schultern zog. Seine Ohren schmerzten, so durchdringend war der Pfeifton. Er war kaum verklungen, als in der Biegung der Houndsditch Road ein gutes Dutzend Männer und Frauen erschien, die Körbe schleppten oder Wagen schoben und alle durcheinander riefen: »Austern! Frische Austern!« – »Bier zum Sonderpreis! Ale! Porter!« – »Frühlingszwiebeln! Neue Ernte!« – »Brot und Brötchen. Nur zwei Tage alt!« – »Kartoffeln! Kalte Kartoffeln! Salz dazu gratis!«
Gleichzeitig öffnete sich das rostige Tor von Nr. 137 und eine dicht gedrängte Menge von Männern und Frauen strömte heraus. Matthi hatte das Gefühl, als ob es hunderte wären. Im Handumdrehen war die Straße überschwemmt von Menschen, die die Essensverkäufer umringten. Matthi kletterte auf eine Fensterbank des verfallenen Hauses, um über das Gewimmel hinwegsehen zu können.
Da kam ein Mann durch das Tor, der die anderen um gut einen halben Kopf überragte, und sah sich suchend um. Unter seiner Mütze quollen fuchsrote Locken hervor. Das war er! Matthi winkte heftig und hielt sich mit der anderen Hand an dem glaslosen Fensterrahmen fest.
»Dad! Hier bin ich, Dad!«
Er wusste nicht, ob er das Stimmengewirr übertönt hatte, jedenfalls hatte Vater ihn auf einmal entdeckt. Er winkte zurück und drängte sich durch die Menge.
»Lasst mich vorbei, Leute, da ist mein Sohn!«
Die Menschen traten bereitwillig zur Seite. Matthi sprang von

der Fensterbank und wartete. Jetzt stand Vater vor ihm und legte ihm die Hand auf die Schulter.
»Hi, Matthi! Der alte Simon hat mir Bescheid gesagt. Alles in Ordnung?«
Matthi nickte nur und starrte ihn an. Vater trug eine Schürze, die steif war wie ein Brett von Fett und Schmutz und Blut. Er sah so aus wie die vier, die eben das tote Pferd gezogen hatten, und wie die meisten anderen Männer um sie herum. Doch das war es nicht, was Matthi die Sprache verschlug, denn er hatte oft genug beim Schlachten geholfen und konnte Schafe fast so gut zerteilen wie Mr Fielding. Aber Vater hatte sich so sehr verändert.
»Mein Samuel ist ein schöner Mann«, sagte Großmutter immer. »Stark wie ein Bär und breit wie ein Schrank.« Sie war stolz auf ihren Sohn.
Von der Schönheit war nicht mehr viel zu sehen. Tiefe Falten durchfurchten das graue, eingefallene Gesicht, die Augen waren blutunterlaufen. Stark und breit war er auch nicht mehr, sondern richtig dürr, mit krummem Rücken und ausgemergelten Armen. Nur die Locken leuchteten noch so rot wie früher.
»Was ist?«, fragte Vater. »Warum schaust du so?«
»Ich – du siehst müde aus.«
»Kein Wunder. Ich fang um fünf in der Früh an und arbeite bis abends um sieben. Das sind vierzehn Stunden, mit einer halben Stunde Mittagspause. Das zieht einem das Mark aus den Knochen, das kann ich dir sagen. Komm, ich muss was essen.«
Er drehte sich um und schob sich durch die Reihen der Männer auf eine Austernverkäuferin zu, Matthi dicht dahinter.
»Zwei Dutzend, Mary!«

»Nanu? Doppelte Ration heute?« Sie zwinkerte ihm zu. »Was hast du vor, Sammy?«

»Nicht das, was du denkst, Mädchen. Muss meinen Sohn füttern.« Er gab der Frau zwei Pence und schob Matthi die Austern hin. »Iss, Junge. Austern und Armut gehören zusammen. Seit die Themse-Mündung stinkt vor Dreck, sind sie so billig geworden wie noch nie. Das Dutzend für einen Penny. Die Reichen wollen sie nicht mehr essen.«

Er schlang die Austern hinunter, kaufte bei einem Bierverkäufer ein Glas Porter, leerte es auf einen Zug, bestellte ein zweites und trank auch das mit wenigen Schlucken. Sein Gesicht entspannte sich.

»Also, warum bist du hier? Ist was passiert? Mit Großmutter?«

Matthi holte Luft. »Sie ist krank. Sie glaubt, dass sie bald sterben muss. Sie will, dass du kommst, damit sie mir das Haus nicht wegnehmen können.«

»Ich weiß genau, was passiert«, hatte Großmutter Matthi erklärt. »Sobald ich unter der Erde bin, bist du den Behörden ausgeliefert. Du bist minderjährig, du bist eine Halbwaise und dein Vater lässt sich seit Jahren kaum noch sehen. Angeblich ist er in London, aber sie werden behaupten, dass das niemand genau weiß. Du glaubst doch wohl nicht, dass sie jemanden nach London schicken, um ihn dort zu suchen? Sie werden erklären, dass du zu jung bist, um ein Haus zu führen, und dich unter die Vormundschaft der Gemeinde stellen. Das heißt, sie werden mein Haus verkaufen, damit du niemandem zur Last fällst. Von dem Geld siehst du natürlich keinen Penny, denn das wird für deinen Unterhalt zurückgelegt. Und komm mir nicht wieder mit dem Unsinn, dass du zur See willst. Du siehst ja, was mein Jeffrey davon gehabt hat. Verschollen ist er und vielleicht sogar ertrunken. Also such deinen Vater und sag ihm, dass er zurückkommen muss.«

»Das Haus wegnehmen?« Vater runzelte die Stirn. »Wie kommst du denn darauf? Das erbe ich!«

»Aber du bist nicht da. Und niemand weiß, wo du wohnst.«

»Wohnen ist gut. Das Loch würd wohl keiner Wohnung nennen.« Er hielt dem Mann am Bierfass sein Glas zum dritten Mal hin, trank ein paar Schluck, gab es aber dann an Matthi weiter. »Trink bloß nie Wasser in London, sonst gehst du ein wie eine Fliege. Ist völlig verseucht. Was meinst denn du zu Großmutter? Ist sie wirklich so krank?«

»Ich weiß nicht.« Matthi leerte das Glas. Das Bier schmeckte stark und bitter, anders als das zu Hause. »Arbeiten tut sie fast so viel wie immer, bloß langsamer. Aber sie hustet so stark.«

»Das hat sie schon früher immer gemacht im Frühjahr. Das liegt an den feuchten Wänden. Und am Winter. Sobald es warm wird, geht's ihr bestimmt besser.«

Matthi hob zweifelnd die Schultern. »Alle Leute im Dorf sagen, dass sie es diesmal nicht schafft.«

»Ach was. Wenn ich für jeden Totgesagten ein Pfund hätte, wär ich ein reicher Mann. Jedenfalls liegt sie nicht im Sterben, oder? Also kommt es auf ein paar Tage wohl nicht an?«

Matthi nickte zögernd. Die beiden teilten sich noch ein Glas Bier. Vater holte eine Rolle Kautabak aus der Tasche und schnitt ein Stück ab. »Am besten bleibst du hier und verdienst was. Bei Goldner nehmen sie im Moment jeden Mann, den sie kriegen können. Besonders wenn er was vom Schlachten versteht. Deshalb will ich hier jetzt nicht weg. Aber sag keinem, dass du erst vierzehn bist, verstanden? Sonst drücken sie deinen Lohn.«

Wieder nickte Matthi zögernd. Großmutter hatte schließlich nur gewollt, dass er Vater Bescheid sagen sollte. Wahrscheinlich hatte sie damit gerechnet, dass die Suche nach ihm einige Zeit dauern würde. Er hatte einfach Glück gehabt, ihn so schnell zu finden. Großmutter würde bestimmt sehr zufrieden sein, wenn er Vater gleich mitbrachte. Matthi hatte wohl gemerkt, dass sie sich nicht nur Sorgen um das Haus machte, sondern auch ihren Sohn noch einmal sehen wollte. Wenn er jetzt alleine zurückging, konnte er nicht sicher sein, dass Vater tatsächlich nachkommen würde. Er hatte schon so viel versprochen und nicht gehalten.

Als die Fabriksirene gellte, ging Matthi neben seinem Vater durch das rostige Tor von Goldners Konservenfabrik.

Kapitel 3

Was soll denn das heißen?«

Matthi fuhr zusammen. Die Stimme hatte unmittelbar neben seinem Ohr gebrüllt. Er wandte den Kopf. Dicht hinter ihm stand Mr Webster und wies mit ausgestrecktem Zeigefinger auf den Boden.

Matthi sah ihn verständnislos an. »Das ist Abfall.«

Er war dabei, ein Schwein zu zerlegen, und hatte die Füße und die Knochen nicht in einen der Eimer mit Salzwasser, sondern daneben geworfen.

»Merk dir eines: Hier gibt's keinen Abfall. Wir verwenden alles.«

»Auch Knochen und Füße?«

»Aber sicher! Geröstete Knochen geben die besten Soßen. Und zerkochte Schweinsfüße machen Suppen sämig.«

Matthi bückte sich und warf die Teile zu den Fleischstücken in einen Eimer. Die Füße waren dick verkrustet von Jauche, die sich jetzt im Salzwasser auflöste. Aber da das Schwein ohnehin mit Schmutz bedeckt gewesen war, kam es darauf auch nicht mehr an, dachte er. Mr Webster blieb an der schmierigen Holzplatte stehen, auf der Matthi mit fünf anderen Männern Schweine zerlegte, und sah ihm zu.

»Halt dich nicht damit auf, den Kopf zu zerteilen, das Fleisch fällt sowieso von den Knochen beim Kochen. He, du da . . .«

Er lief hinter einem alten Mann her, der auf den Abtritt in der Hofecke zuging.

»Und wie ich den Laden hier kenn, vergessen sie am Schluss die Knochen rauszunehmen«, zischelte Matthis Nachbar, doch er hätte ruhig laut sprechen können, denn Mr Webster war mit dem alten Mann beschäftigt.

»Zum Pinkeln ist die Mittagspause da, nicht die Arbeitszeit.«

Der Alte murmelte etwas,

»Durchfall? Das kann jeder sagen. Na los, Beeil dich!«

Mr Webster zog eine zerbeulte Uhr aus der Tasche, aber der Mann beeilte sich wirklich und war im Handumdrehen wieder da. Als er zu seinem Platz zurückhastete, rutschte er auf einem Kuhfladen aus und fiel in den stinkenden Dreck, mit dem der Hof fußhoch bedeckt war. Er rappelte sich in die Höhe, trat an seinen Tisch und griff mit dungverschmierten Händen nach seinem Beil. Vor ihm lag eine Ochsenhälfte. Der Alte hatte keine Ahnung vom Metzgern, das merkte Matthi sofort, denn er hackte einfach drauflos und warf alle Teile in einen Eimer, ohne sie zu sortieren, sodass zähes Kochfleisch neben den besten Bratenstücken schwamm.

Der Hof, der von drei hohen Gebäuden und der langen Mauer umgeben war, konnte trotz seiner Größe die Menschen und Tiere kaum fassen. In schmutzigen Ställen drängten sich Kühe, Schafe und Schweine, rasselten mit den Ketten, stampften, schrien. Sie wurden in einem steten Zug zu den Schlachtern geführt.

Matthi konnte seinen Vater sehen, der schnell wie eine Maschine Schweine tötete. Er packte ein Tier, klemmte es zwischen seine Knie und trieb ihm sein langes Messer in den Hals. Er ließ das Blut in einen Eimer laufen. Ob es auch Blutwurst in Konserven gab?, überlegte Matthi. Er konnte sich ohnehin nicht recht vorstellen, wie die Konservendosen angefertigt wurden, aber das würde er in den nächsten Tagen vielleicht noch herausbekommen. Vater nahm das Schwein an den Hinterbeinen und band es an einer Leiter fest. Mit einem einzigen Schnitt öffnete er die Unterseite vom Hals bis zum Schwanz, warf Därme und Magen in einen Eimer, Leber, Herz und Nieren in einen anderen und griff sich das nächste Tier. Ein Mann nahm das hängende Schwein von der Leiter, wuchtete es sich auf den Rücken und trug es zu dem Tisch hinüber, an dem Matthi arbeitete.

Mit langen, geraden Schnitten zerteilte der Junge das Fleisch. Dann nahm er ein Beil und zerhackte die Knochen. Die Schneide war stumpf und brachte die Knochen zum Splittern. Da kam schon das nächste Schwein. Ob es etwa in diesem Tempo weitergehen sollte? Er wischte sich mit dem Handrücken den Schweiß von der Stirn und merkte, dass er sich Blut in die Haare gerieben hatte. Denn die Fliegen, die wie ein schwarzer Schleier den Tisch bedeckten, umsummten jetzt auch seinen Kopf. Als ein Mann zwei neue Eimer mit Salzwasser brachte, tauchte Matthi beide Hände hinein und spülte sich das Blut aus den Haaren. Wie sollte man arbeiten, wenn einem die Fliegen fast in die Augen krochen?

Der Mann trug zwei gefüllte Eimer weg, stolperte auf einmal und fluchte laut. Ein Schatten huschte zwischen seinen Beinen hindurch, dicht gefolgt von einem kläffenden Terrier, der den Mann erneut ins Schwanken brachte und dann mit einem Satz auf die Tischplatte sprang. Er beachtete die schimpfenden Männer überhaupt nicht, sondern schoss zwischen zwei Schweinehälften durch und packte eine Ratte am Genick. Die Ratte quiekte laut, der Terrier schüttelte kräftig den Kopf und sprang mit seiner

Beute auf den Boden. Dort beutelte er sie so lange, bis sie sich nicht mehr rührte, ließ sie fallen und jagte schon der nächsten hinterher.

»Prima Rattenfänger, diese Terrier!«, sagte Matthis Nachbar anerkennend. Er sah sich um, ob kein Aufseher in der Nähe war, bückte sich schnell nach der Ratte und schob sie in die Hosentasche.

»Na, Kumpel, sorgst du für Fleisch in der Suppe heute Abend?«, fragte einer grinsend.

»Quatsch! Die Behörden zahlen für jedes Rattenfell, weißt du das nicht? In London kannst du die Viecher nicht essen. Fressen zu viel Dreck. Aber frag mal Little John da drüben, was er von Ratten hält. Ist 'n alter Seemann.«

Alle sahen erwartungsvoll zu dem kleinen Mann hinüber. Der rollte den Kautabak von einer Backe in die andere.

»Auf See ist die Lage anders. Da gibt's ja kein'n Dreck so wie hier. Die Viecher fressen genau dasselbe wie wir. Nämlich unsere Vorräte. Trotzdem findet jeder sie widerlich.« Er zuckte kurz mit den Schultern. »Aber einmal, im Indischen Ozean, da liegen wir in 'ner Flaute fest und sind schon seit Tagen auf halber Ration. Da gibt's auf einmal 'nen Riesentopf Ragout. Und nicht aus dem verfaulten Pökelfleisch, sondern aus frischem. Wir fallen natürlich drüber her, und erst wie er leer ist, sagt uns der Koch . . .«

»Maul halten! Weiterarbeiten!«, schnauzte Mr Webster.

Little John verstummte. Die Männer beugten sich über die Schweinehälften. Wenig später ertönte Mr Websters Stimme aus einem offenen Fenster des Fabrikgebäudes hinter ihnen.

»Wer hat dir gesagt, dass du jede Karotte putzen sollst, Mädchen? Hack sie klein, das genügt. Und hab ich euch nicht erklärt,

dass die Schalen und Strünke auch ausgekocht werden? Also in den Eimer damit! He, du da! Warum wirfst du das Fleisch weg?«
Die Antwort war draußen nicht zu hören.
»Es stinkt? Na und? Fleisch ist Fleisch! Dreh's durch den Wolf, dann kann man eine Soße draus machen, da sind sowieso die Gewürze das Wichtigste. He, du da . . .«
Die Vorhaltungen gingen weiter, aber Matthi hörte nicht mehr zu. Er spürte, wie ihm am ganzen Körper der Schweiß ausbrach und wie sein Magen sich zusammenkrampfte. Die Austern hatten tatsächlich komisch geschmeckt. So glibberig und faulig. Er rannte zum Abtritt, aber der war besetzt. Matthi tanzte von einem Bein aufs andere und presste die Hände auf den Bauch.
»Lauf ins Haupthaus. Die große Tür in der Mitte und dann rechts«, rief ihm ein Arbeiter zu.
Puh, das war knapp, dachte Matthi erleichtert, als er durch einen langen Gang zu der großen Türe zurückging. Hinter einer angelehnten Tür sagte eine Männerstimme: »Ein Brief von der Admiralität, Mr Goldner. Die Herren wollen wissen, wieso noch nichts geliefert ist.«
Ein anderer Mann lachte. »Das will ich den Herrren lieberrr nicht errrklärrren. Schrrreiben Sie, dass die Sendung am 12. Mai errrfolgen wirrrd.« Er sprach mit einem starken Akzent und rollte das R.
»Alle 29.500 Dosen, Mr Goldner?«
»Natürrrlich nicht. Das ist einfach nicht zu schaffen. Aberrr das brrrauchen die Herrren nicht zu wissen.«
Jetzt lachte der andere Mann auch. »Es bleibt also dabei, was wir besprochen haben: Zunächst nur Lieferung von 800 Fleischkonserven von den 9.500 bestellten. Erst drei Tage vor Abfahrt der

Schiffe die restlichen 8.700. Und die 20.000 Ein-Pfund-Suppendosen überhaupt nicht, weil wir sie in Neun- und Zwölf-Pfund-Dosen verwandeln, die sparen uns Zeit und Material. Und geliefert werden sie erst einen Tag vor der Abfahrt. Man sollte vielleicht noch . . .«

Auf dem Gang näherten sich Schritte und Matthi verschwand schleunigst. Wenn man ihn dabei erwischte, dass er vor fremden Türen horchte, statt seine Arbeit zu tun, würde man ihn bestimmt auf die Straße setzen. Von welchen Schiffen die beiden wohl gesprochen hatten? Und wie der eine Mann die Zahlen heruntergeschnurrt hatte! Das musste ein schlauer Kopf sein. Matthi hatte große Schwierigkeiten mit Zahlen. Er hatte sie jetzt schon vergessen. Und über der Arbeit vergaß er auch das Gespräch.

Als um sieben Uhr endlich die Fabriksirene schrillte, konnte Matthi kaum mehr die Arme heben und seine Knie zitterten. Die Schürze starrte von Fett und Blut. Er folgte dem Beispiel der anderen und spülte sie in einem Wassereimer aus, der dann über dem Tisch geleert wurde, wobei weder Hände noch Schürze noch Tisch sauber wurden.

Draußen vor dem Tor drängten sich Menschen und riefen den Herauskommenden Aufforderungen zu.

»Bewegt euch, Leute! Schlaft nicht im Stehen.«

»Schwätzen könnt ihr später.«

»Jetzt verschwindet endlich und lasst uns rein!«

»Das ist die Nachtschicht«, sagte Matthis Vater. »Die löten die Dosen zusammen.«

»Das würd ich gerne mal sehen. Mann, mir fallen bald die Arme ab.« Matthi massierte seine schmerzenden Finger. »Das mit den Dosen ist bestimmt nicht so anstrengend, oder? Meinst du, Mr Webster nimmt mich dafür?«

Der Vater hob die Schultern. »Vielleicht. Kannst es ja mal versuchen. Früher wollten sie nur ausgebildete Spengler haben, aber inzwischen nehmen sie angeblich jeden.«

Sie trotteten die Houndsditch Road hinunter. Gleich hinter der ersten Straßenecke steuerte Vater eine Schänke an und ließ sich auf eine hölzerne Bank fallen. Die Luft war so dick und grau vom Tabaksrauch wie heute Morgen der Nebel, man konnte kaum die Leute am Tresen und an den Tischen erkennen. Beide saßen schweigend da, sie waren zu müde zum Reden.

Sie schütteten das erste Glas Bier hinunter und holten ein zweites. Vater trank noch ein drittes und viertes und dann einen großen Gin. Matthi beobachtete ihn besorgt. Die Arbeit in der Konservenfabrik war schwer, das stimmte, aber Vater hatte auch früher auf dem Hof viel gearbeitet und trotzdem nicht so schlimm ausgesehen. Wenn er jeden Abend so trank wie jetzt, brauchte man sich darüber nicht zu wundern. Ob er deshalb so selten nach Hause gekommen war?

»Spendier deinem alten Vater mal ein Glas! Schließlich hast du mir zu verdanken, dass du heute was verdient hast.«

Matthi holte zögernd einen Penny aus der Tasche und schob ihn über den Tisch. So viel kostete ein Glas Gin.

»Gib mir den Rest auch. Was Kinder verdienen, gehört den Eltern. Ich muss ja jetzt schließlich für dich sorgen.«

Langsam zählte Matthi fünf Pence auf den Tisch. Mr Webster hatte ihm sechs Pence für die sechseinhalb Stunden Arbeit gegeben, die Hälfte des Tagelohns von einem Silberschilling. »Kannst morgen wieder kommen«, hatte er dabei gesagt. Er schien also zufrieden mit ihm zu sein. Vater hatte noch zwei Pence mehr gekriegt, weil er kein ungelernter Arbeiter war.

Er steckte das Geld ein und grinste auf einmal. »Kennst du den Spruch: ›Blau für 'nen Penny, sturzbesoffen für zwei‹?«

Matthi schüttelte den Kopf.

Vater stand auf. »Gilt auch bloß für Anfänger. Darüber bin ich längst raus.«

Er holte sich tatsächlich noch einen dritten Gin. Was hatte die Schufterei für einen Sinn, wenn er am Abend fast den halben Lohn vertrank, fragte Matthi sich. Und gegessen hatte er noch gar nichts.

»Bist du nicht hungrig, Dad?«

»Kein bisschen. Bier und Gin sind flüssiges Brot, das weißt du doch. Schmecken bloß besser.« Er leerte sein Glas. »So, Zeit für uns, Junge.«

Er schwankte nur wenig, als er aufstand, und ging zwar langsam, aber mit sicheren Schritten zur Tür. Das zeigte, dass er sehr viel vertrug. Und das konnte man nur, wenn man regelmäßig trank, so wie Mr Fielding, dem merkte man auch nichts an. Es war höchste Zeit, dass Vater wieder nach Hause kam, dachte Matthi und schob sein letztes Stück Brot in den Mund. Großmutter würde ihn bestimmt vom Trinken abbringen, vor der hatte er Respekt.

Eine alte Frau mit einem Handkarren kam ihnen entgegen.

»Brot! Frische Zwiebeln! Eins A Käse!«, schrie sie immer wieder. Die Sachen sahen aus, als ob sie schon auf dem Abfallhaufen gelegen hätten, aber das schien der Vater nicht zu sehen. Er gab Matthi wortlos einen Penny und ging weiter. Matthi kaufte sich ein Abendbrot. Als er in den schimmelig schmeckenden Käse biss und hinter seinem Vater herlaufen wollte, fasste ihn eine Hand am Ärmel und hielt ihn zurück.

»Na, junger Mann«, sagte eine heisere Stimme. »Lust auf zitternde Knie? Kostet nur Sixpence.«

Matthi starrte die Frau an. Sie zog ihn näher. Er sah ihr Gesicht dicht vor sich, übersät mit Pusteln, die trotz der dicken Schicht von weißer Schminke zu sehen waren. Unter der schmutzigen Haube kamen rote Zotteln hervor, untermischt mit grauen Strähnen. Ihr Atem stank nach Schnaps.

»Wenn's dir hier nicht passt – ich hab auch 'ne Bude!« Sie lächelte ihn an und zeigte ein paar verfaulte Zahnstummel.

Auf einmal war Vater neben ihm. »Lass ihn in Ruh, Sally. Der Junge ist erst 14.«

»Na und? Meinst du, ich hätt keine jüngeren Kunden?«

»Wahrscheinlich aus dem Blindenasyl«, sagte Vater grob. »Wer gesunde Augen im Kopf hat, bleibt auf Abstand zu dir.«

»Nur nicht so hochnäsig, Karottenkopf. Früher hast du ganz anders mit mir geredet.«

»Da warst du auch noch nicht so ein Wrack wie heute, altes Mädchen. Such dir deine Kunden im Tunnel, da ist es dunkel genug für dich.«

»Schau dich doch selbst an, du stinkender Säufer«, kreischte die Frau. »Du bist ein – ein –«

Der Vater hob drohend die Faust. »Halt 's Maul!«

Sie wich zurück.

»Du willst wohl ein Messer zwischen die Rippen kriegen«, zischte sie. »Wenn ich Leaky Harry auf dich ansetze, macht der Hackfleisch aus dir.«

Der Vater ließ die Faust sinken und trat einen Schritt zurück. »Spiel dich nicht so auf. Ich tu dir doch nichts.«

Er packte Matthi am Ellbogen und zog ihn eilig weiter. Die Gassen wurden noch enger und schmutziger. Es stank nach Katzenurin, nach Hundedreck, nach verfaultem Abfall. Vielleicht stammte der Gestank auch nicht von Hunden oder Katzen, sondern von Menschen, dachte Matthi. Er stolperte müde neben seinem Vater her, ohne auf den Boden zu achten. Es war ihm allmählich egal, wohin er trat.

»Halt dir bloß die alten Weiber vom Leib. Die hängen dir garantiert was an.«

Matthi ruckte unbehaglich mit den Schultern. Ihm war das Thema peinlich. »Wer ist Leaky Harry?«

Warum der so hieß, konnte Matthi sich denken. Wahrscheinlich soff er wie ein leckes Fass.

»Ein ganz mieser Bursche. Dem sitzt das Messer verdammt locker. Spielt sich als Beschützer der alten Weiber auf.«

Er bog in einen düsteren Torweg ein. »So, da sind wir. Hau ab, verfluchter Köter!«

Er trat nach einem Hund, der sich vor einer Türe zusammengerollt hatte und jetzt leise knurrend davonschlich.

Matthi wunderte sich. Seine Großmutter würde ihm ein paar Ohrfeigen verpassen, wenn sie ihn so reden hörte. Ihr rutschte überhaupt schnell die Hand aus. Früher hatte Vater nie geflucht.

»Wär gar nicht schlecht, wenn du die Nachtschicht kriegtest«, murmelte er. »Ich hab nämlich bloß 'ne Matratze hier, dann könntest du tagsüber schlafen. 'n ganzes Zimmer is unbezahlbar. Manchmal denk ich, halb Europa will bei uns unterkommen. Und halb Irland sowieso. Is jedenfalls besser als unter freiem Himmel aufm Hinterhof oder unterm Brückenbogen.«

Man hörte seiner Stimme jetzt doch den Gin an. Matthi erkannte im schwachen Licht einer Petroleumlampe über der Türe, dass der Boden mit Matratzen bedeckt war, auf denen Männer, Frauen und Kinder lagen. Er zählte: fünf Schlafplätze längs, fünf quer, also 25 in einem Raum. Schmale Gänge waren dazwischen freigelassen, damit man nicht auf die Schlafenden trat. Die Luft war zum Schneiden, erfüllt von den Ausdünstungen ungewaschener Körper und verdreckter Kleider, von Alkohol, billigem Tabak und schlechtem Essen, von Schnarchen, Stöhnen, Kindergeplärr, betrunkenem Flüstern, Husten und Schniefen.

Vater ging zu einer Matratze, rutschte an den Rand, damit Matthi sich neben ihn legen konnte, und breitete eine dünne Wolldecke über ihre Schultern. Sie roch so durchdringend nach Stall, als ob sie früher als Pferdedecke verwendet worden wäre.

Matthi fand den Geruch irgendwie tröstlich, besser jedenfalls als alles andere, was er heute gerochen hatte.

Aus Christophers Tagebuch

3. Mai 1845

Könnte ich doch bloß endlich an Bord! Ich hatte irgendwie ganz vergessen, wie einem zu Hause alles auf die Nerven geht. Na ja, alles nicht. Sophy ist süß und anhänglich wie früher, und wenn sie merkt, dass ich keine Lust hab, mit ihr zu spielen, dann lässt sie mich in Ruhe. Mutter hat zwar anfangs ständig um mich herumgegluckt und wollte wissen, ob ich gut geschlafen und genug gegessen habe und keine Schwächeanfälle hatte. Aber gestern hat Dr. Jennings sie vor versammelter Gesellschaft ausgelacht und ihr gesagt, dass ich gesünder bin als die gesamte Familie. Also wird sie jetzt hoffentlich damit aufhören.

»Und das haben Sie mir zu verdanken, Mrs Ashton«, hat er erklärt. »Ich habe Ihnen vor einem Jahr empfohlen den Jungen zur See zu schicken. Entweder es bringt ihn um oder übern Berg, hab ich gesagt. Denn wenn Sie ihn weiter in Watte gepackt hätten, wäre er nie gesund geworden.«

Es hat mich nicht umgebracht. Die ersten Wochen auf der *Vesuvius* waren zwar ziemlich schlimm, aber schließlich hab ich begriffen, dass ich nur meine Arbeit gut tun muss, dann kümmert sich niemand um mich. Kein Vater, der mir ständig erklärt, dass ich zu weich bin und mir zu viel gefallen lasse. Kein Bruder, der mir immer als Vorbild hingestellt wird und der sich über mich lustig macht, wo er nur kann.

Vater will einen Sohn, der so ehrgeizig ist wie er. Dabei mach ich mir nichts aus all dem Reichtum. Warum kann man mit einem großen Stadthaus und einem Landgut nicht zufrieden sein? Und mit zwei Tuchfabriken in Birmingham und einer in Liverpool? Er will das ganze Heer beliefern, dabei ist er schon seit Jahren königlicher Lieferant für die Marine. Deshalb konnte ich auch als Schiffsjunge auf der *Vesuvius* anheuern. Die erste Voraussetzung dazu ist nämlich, dass man gesund ist, und das war ich vor einem Jahr nicht.

Dr. Jennings meinte, meine Lunge wäre nicht in Ordnung, also hat er Seeluft empfohlen und viel Bewegung. Von der hat man tatsächlich mehr als genug auf einem Schiff. Am Anfang war ich völlig fertig, wenn ich den ganzen Tag in der Takelage rumgeklettert war, aber nach ein paar Wochen hab ich gemerkt, dass mir nichts mehr zu viel war.

Heute Morgen hat Mutter mir das Tagebuch geschenkt. Alle Entdecker führen Tagebuch, hat sie gesagt, und vielleicht werd ich damit eines Tages genauso berühmt wie Kapitän Franklin mit seinen Berichten von seinen Reisen in die kanadische Arktis. Damals war er noch nicht Sir John, denn die Queen hatte ihn noch nicht geadelt. Kapitän war er auch nicht, sondern bloß ein einfacher Leutnant, und das Ganze ist fast 25 Jahre her, aber trotzdem ungeheuer spannend. Ich hab beide Bücher von Franklin gelesen, sogar ein paar Mal, und es ist eigentlich schade, dass man heutzutage solche Abenteuer nicht mehr erleben kann, denn damals sind sie mit Schlitten und mit Indianern als Träger losgezogen und wir fahren ja mit Schiffen und gehen gar nicht an Land.

Franklin und seine Leute sind fast verhungert und erfroren und von den Trägern sind tatsächlich acht umgekommen, aber von den Engländern nur einer und der ist von einem Indianer erschossen worden. Der hat später sogar das Fleisch von einem der Toten gegessen. Das nennt man Kannibalismus und das gibt es nur bei Wilden. Auf unseren Schiffen sind ausschließlich Engländer und ein paar Iren und Schotten, die tun so was nicht. Gott sei Dank, denn ich finde, da hört das Abenteuer auf, das ist einfach scheußlich.

Aber trotzdem ist es schade, dass unsere Entdeckungsfahrt bestimmt nicht so aufregend wird wie Franklins Reisen damals. Er hat Gebiete erforscht, die noch nie ein Weißer betreten hatte. Er hat auch einen Teil der Küsten kartografiert, die wir bald entlangfahren werden. Sir John will die Nordwest-Passage finden, auf der man von Grönland aus an Kanada und Alaska vorbei bis ins Chinesische Meer fahren kann. Die Passage ist schon von beiden Seiten aus erforscht, es fehlen bloß 90 Meilen in der Mitte. Und jetzt werden zwei Schiffe ausgeschickt, um diese Durchfahrt zu entdecken. Sie heißen *Erebus* und *Terror* und der jüngste Seemann auf der *Erebus* bin ich!

Vater kennt nämlich den alten Admiral Barrow, der die Expedition geplant hat. Bei dem waren wir vorige Woche zum Dinner und den ganzen Abend ist natürlich über nichts anderes geredet worden. Als der Admiral gehört hat, dass ich Sir Johns Bücher fast auswendig kenne und dass ich ein sehr gutes Zeugnis gekriegt habe nach meinem ersten Jahr auf See, da hat er eine Zeit lang seinen Schnurrbart gezwirbelt. »Warum soll der Sohn des königlichen Marinelieferanten nicht die Chance bekommen, an der größten und teuersten Arktis-Expedition aller Zeiten teilzunehmen und seine Lehrzeit an Bord der *Erebus* oder der *Terror* zu beenden?«, hat er schließlich gefragt und alle haben geklatscht.

Vater war sehr stolz und hat den Vorschlag als eine große Ehre angesehen und wir waren ausnahmsweise mal einer Meinung.

Ich werde an der Franklin-Expedition zur Entdeckung der Nordwest-Passage teilnehmen!
Albert platzt bald vor Neid.

Kapitel 4

Warum sollen wir Geld für ein Fährboot rauswerfen?«
Matthi brummte etwas Zustimmendes auf Vaters Frage.
»Und wenn wir über die Tower-Brücke gehen, machen wir einen Riesenumweg. Also nehmen wir den Themse-Tunnel, egal, wie gefährlich er ist. Wir sehen sowieso nicht aus, als ob bei uns was zu holen wäre.«
Matthi nickte, obwohl er nicht wusste, was Vater mit dem Themse-Tunnel meinte. Aber jedenfalls war er für einen Umweg viel zu müde.
Er hatte die ganze Nacht Konservendosen gelötet. Als er um fünf Uhr früh aus dem Tor kam, hatte Vater schon dagestanden und auf den Anfang der Tagschicht gewartet. Doch bevor er auf den Hof gehen konnte, schob sich der alte Simon mit den roten Apfelbäckchen und dem Abfallwagen neben ihn.
»Wo hast du denn gesteckt gestern Abend, Sammy? Hab dich in allen Kneipen gesucht. Du musst schleunigst verschwinden. Leaky Harry will dich schnappen.«
Matthi konnte sich denken, warum. Vorgestern hatte Vater auf dem Heimweg geknurrt: »Dreh dich nicht um. Da ist schon wieder Sally. Die alte Vettel ist hinter dir her, glaube ich.«
Sie waren schneller gegangen, aber Sally hatte geschrien: »Hast du Angst vor mir, Karottenkopf? Ich will nichts von dir. Dein Junge gefällt mir viel besser.«

Vater war stehen geblieben. Er wurde immer sofort wütend. »Hau ab, du Schlampe. Sonst mach ich dir Beine.«
»Du bringst mich zum Lachen, Mister Großmaul. Du bist ja wieder besoffen.«
Vater war auf sie zugegangen. »Nimm dich in Acht, Alte.«
»Das traust du dich ja doch nicht.«
»Jetzt bin ich's aber satt.«
Matthi hatte nicht genau sehen können, was Vater gemacht hatte, jedenfalls hatte Sally auf einmal am Boden gelegen und Schimpfwörter hinter ihnen hergekreischt, die Matthi noch nie gehört hatte.
»Du hast dich mit der alten Sally angelegt, hat Leaky Harry gesagt«, setzte Simon hinzu. »Hast du das wirklich, Sammy?«
»Na ja, wie man's nimmt. Aber die Alte ist einfach unverschämt. Man muss sich schließlich nicht alles bieten lassen.«
»Mann, Sammy, bist du lebensmüde?« Der alte Simon schüttelte den Kopf. »Du kennst doch Leaky Harry! Er will dich heute Abend nach der Schicht abpassen.«
»Schon gut, schon gut. Es ist nun mal passiert. Jetzt muss ich eben verschwinden. Vielen Dank für den Tipp, Simon! Los, Matthi, nichts wie weg. Wir holen nur noch unsere Sachen.«
Matthi durfte noch etwas schlafen, während Vater sein Bündel schnürte und für die Matratze bezahlte und natürlich noch ein Glas mit einem Kumpel trank. Dann machten sie sich auf den Weg nach Hause.
Matthi war Leaky Harry fast dankbar. Ohne seine Drohung wäre Vater vielleicht nie aus dem Eastend weggegangen. Seit einer Woche arbeiteten sie jetzt schon zusammen in der Konservenfabrik und Matthi hatte den Gestank und das Blut und die Placke-

rei gründlich satt. Schafe hüten war die reinste Erholung dagegen.

»Hör doch endlich auf! Du gehst mir auf die Nerven!«, sagte eine ärgerliche Stimme.

Matthi horchte auf. Vor ihnen gingen zwei Jungen, die vielleicht etwas jünger waren als er. Sie trugen beide helle Hosen und Jacken aus dunklem Tuch. Selbst Matthi erkannte, dass die Kleidung teuer war. Großmutters bestes Kleid, das sie nur sonntags für die Kirche anzog, würde grob und glanzlos wirken neben diesen feinen Stoffen.

Der eine Junge riss sich auf einmal die Mütze von den Haaren, als ob ihm vor Ärger warm geworden wäre, und schüttelte heftig den Kopf. Vater zog scharf die Luft ein. Matthi blickte zu ihm hoch, aber Vater starrte den Jungen an.

»Das sind Marys Haare«, flüsterte er.

Es waren tatsächlich Marys Haare, dunkelrot wie Kastanien. Es war sogar ihre Frisur, denn einige Wochen vor dem Brand war sie mit ihrem langen Zopf einer Kerze zu nahe gekommen und Mutter hatte ihn abschneiden müssen. Danach hatten sich Marys Haare in dichten Locken um den Kopf geringelt wie Vaters, aber nicht so fuchsrot wie seine, sondern dunkler. Mary hatte auch nicht Vaters grüne Augen, sondern dunkelblaue, die fast schwarz wurden, wenn sie sich ärgerte.

»Und ich sage dir, ich geh nicht weiter, Albert«, sagte der Rothaarige energisch und drehte sich um. Matthi konnte sein Gesicht sehen. Es war sehr schmal und hellhäutig und seine blauen Augen waren dunkel vor Zorn.

»Du bist ein Feigling«, rief der andere.

Der Rote fuhr herum. »Du lügst!«

»Dann komm mit!«

Der Rote zögerte, dann ging er wieder neben dem anderen her. Vater presste die Lippen zusammen und sagte kein Wort mehr. Mary war sein Liebling gewesen, das hatte jeder gewusst, auch Matthi, aber er hatte das gut verstanden. Denn sie war ein ungewöhnliches Kind gewesen, das hatten alle gesagt, immer lieb und lustig und gleichzeitig so vernünftig und . . . Er wollte nicht daran denken! Sie war seit vier Jahren tot und Mutter auch. Und das war das Allerschlimmste.

Er versuchte sich abzulenken und betrachtete die beiden Jungen. Der Rote war zierlich und schmal, fast wie ein Mädchen, der andere eine Handbreit größer, stämmig und braunhaarig. Wer so makellose Kleidung trug, hatte bestimmt Diener, die sie in Ordnung hielten. Man brauchte bloß die spiegelblanken Schuhe anzusehen. Matthi versuchte sich so ein Leben vorzustellen. Nein, das wäre nichts für ihn! Ständig Schuhe an den Füßen. Grässlich! Aber bestimmt gab es auch angenehme Seiten. Die zwei hatten sicher noch nie Hunger gehabt. Und auch noch nie eine ganze Nacht gearbeitet und anschließend kein Frühstück gekriegt, so wie er heute früh.

»Bild dir nicht ein, dass du ein Held bist, weil du deine erste Seereise überstanden hast.« Das war der Braunhaarige, der Albert hieß. Er klang ziemlich von oben herab. »Du bist ja nicht mal in einen richtigen Sturm gekommen. Einfach übers Mittelmeer zu fahren, was ist denn schon dabei? Das kann jeder.«

»Dann tu's doch.«

»Warum sollte ich? Ich hab's nicht nötig, als kleiner Schiffsjunge anzufangen. Vater sagt, ich bin für den Erfolg geboren.«

Der Rote gab keine Antwort und zuckte nur mit den Schultern.

Doch der andere ließ nicht locker.
»Und ich sag dir noch mal, Chris, du bist ein Feigling. Auf See kann dir gar nichts passieren. Aber der Themse-Tunnel, der ist gefährlich. Da gibt's Diebe und Räuber. Und wenn die Decke bricht, dann muss man ertrinken. Aber du hast eben keinen Mut.«
»Das hat mit Mut nichts zu tun. Mutter hat es uns streng verboten.«
»Und da gehorchst du natürlich. Du bist ein Muttersöhnchen!«, höhnte der Braunhaarige. »Aber Vater hat gelacht, als ich ihm verraten habe, dass ich schon zweimal durch den Tunnel gegangen bin. Was glaubst du, was er von dir hält, wenn du . . .«
»Du redest zu viel, Kleiner«, sagte der Rote hochmütig und ging auf das Gebäude über dem Eingang des Tunnels zu.
»Nenn mich nicht Kleiner!«, schrie der andere wütend hinter ihm her. »Du bist der Kleine, auch wenn du ein Jahr älter bist. Christopher, der Mickerling. Christopher, der Mickerling.« Seine Stimme überschlug sich.
Der Rote beachtete ihn nicht, sondern verschwand in dem runden Gebäude, in dem sich der Eingang des Tunnels befand. Der andere wartete nur kurz, dann drehte er sich um und rannte davon. Matthi wunderte sich. Hier handelte es sich um eine Mutprobe, das war ihm klar. Aber warum wartete Albert nicht, bis Christopher zurückkam?
Er lief hinter seinem Vater her. Die Fenster in dem Eingangsgebäude waren so groß wie in einer Kirche. In der Mitte des Raumes stand ein Geländer um eine große Öffnung, in der eine Wendeltreppe in die Tiefe führte. Von der Treppe erklangen Schritte. Das musste der Rote sein. Matthi beugte sich über das Geländer

und schaute nach unten. Sehr, sehr weit weg erkannte er Steinplatten.

»Das ist aber verflixt tief!«

»Wir müssen schließlich unter der Themse durch. So einen Tunnel gibt's auf der ganzen Welt nicht mehr.« Vater begann hinabzusteigen. »Halt dich am Handlauf fest und pass auf, wo du hintrittst.«

Sie stiegen durch einen gemauerten Schacht nach unten. Das Licht aus den großen Fenstern oben beleuchtete die Stufen, wurde aber schwächer, je tiefer sie kamen. Als sie den Boden erreicht hatten, gähnten ihnen zwei dunkle Wölbungen neben einem Mittelpfeiler entgegen. Das war der Eingang des Tunnels.

»Ist es hier wirklich gefährlich?« Matthi flüsterte unwillkürlich.

»Für uns nicht!« Aber Vater setzte sich doch auf die unterste Stufe, wickelte alle Münzen, die von dem Lohn in der Fabrik übrig geblieben waren, in sein Halstuch und schob das in den Stiefel. »Sicher ist sicher. Und nimm dein Messer.«

Matthi legte den Kopf in den Nacken. Ganz hoch oben schimmerte das Licht der Fenster. Von der Treppe kam kein Laut. Nach ihnen stieg niemand herunter. Sie betraten den Tunnel. Einige Schritte lang herrschte noch Dämmerlicht, dann tiefe Dunkelheit. Die kleinen Flammen der Gaslichter an den Wänden ließen die Schatten noch schwärzer wirken.

Der Boden senkte sich. Matthi musste daran denken, dass über ihnen die Themse floss und auf ihr zahllose Schiffe segelten, die Güter aus der ganzen Welt nach London brachten. Und das alles lastete auf dem Gewölbe über ihren Köpfen. Er wäre am liebsten gerannt, um wieder ans Licht zu kommen. Aber man musste die

Schritte vorsichtig setzen, die Ziegelsteine am Boden waren glitschig und kaum zu sehen.

Plötzlich ertönten vor ihnen Stimmen, durch den Widerhall verzerrt und vervielfacht.

»Ich krieg die Jacke, du die Hose, du Schuhe und Hemd. Das Geld wird geteilt.«

»Pass auf, er hat ein Messer!«

»Na warte, Bürschchen, jetzt machen wir dich fertig.«

Unter einer Gaslampe schimmerten die roten Locken. Marys Locken. Auf einmal überlief Matthi eine heiße Welle von Wut. Er stieß einen Schrei aus, der schauerlich durch den Tunnel hallte, und rannte. Seine Schritte dröhnten. Im Näherkommen erkannte er drei Männer, die den Jungen gegen die Wand drückten. Diese Feiglinge! Drei Große gegen einen Kleinen! Er hörte, dass Vater hinter ihm herlief.

Die drei drehten sich um. Zwei machten Front gegen die beiden Angreifer. Der dritte wandte nur den Kopf, hielt aber weiter den erhobenen Arm des Jungen mit der Linken gegen die Mauer gepresst. In seiner Rechten blitzte ein Messer. Matthi duckte sich an dem ersten vorbei, der ihn packen wollte, krallte sich am Arm des dritten fest und biss ihn mit aller Kraft in die Hand. Mit einem Aufschrei ließ der Mann das Messer fallen. Christopher wollte sich danach bücken und sank stöhnend zu Boden, als ihn der Stiefel des Mannes in den Bauch traf. Matthi sah den Jungen fallen und spürte wieder die brennende Welle. Er holte aus und stach sein Messer blindlings in die Gestalt neben sich.

Er wusste nicht, wo er getroffen hatte, aber er fühlte einen Widerstand, hörte ein Aufheulen und dann riss ihn jemand zurück und legte ihm beide Hände um den Hals. Vor seinen Augen begann sich alles zu drehen, er konnte gerade noch das Messer nach hinten stoßen. Der schreckliche Griff lockerte sich. Matthi taumelte und schnappte nach Luft.

»Lass dich fallen!«

Er gehorchte, ohne nachzudenken. Ein Knüppel zischte über ihn hinweg. Der Mann hatte so viel Wucht in seinen Schlag gelegt, dass er taumelte. Matthi rollte sich auf den Rücken und stieß ihm beide Füße in den Unterleib. Der Mann krümmte sich zusammen und jaulte.

Matthi sprang auf die Füße und riss ihm den Knüppel aus der Hand. Er drehte sich um. Vater lag auf den Knien, ein Mann hielt ihn umklammert. Matthi holte aus, aber der Mann musste die Bewegung gewittert haben und warf sich zur Seite. Der Schlag ging ins Leere.

»Pass auf!«, krächzte Vater. »Das ist Leaky Harry.«

Stimmen und Schritte kamen vom Tunneleingang. Leaky Harry sprang auf und verschwand in der Dunkelheit, die beiden anderen folgten humpelnd. Matthi holte tief Luft.

»Hilfe!« Er brachte nur ein Krächzen heraus. Der Mann hatte wohl irgendetwas in seinem Hals verletzt.

»Schrei jetzt bloß nicht!« Vaters Stimme war nur noch ein Flüstern. »Sonst traut sich . . . keiner näher. Sie wissen . . . ja nicht, dass die Kerle . . . stiften gegangen sind.« Die Worte kamen immer langsamer.

Matthi klappte den Mund wieder zu. Der Rote rappelte sich auf alle viere hoch. Gott sei Dank, er lebte noch. Jetzt fing er an zu würgen und übergab sich.

»Der Kerl hat mir in den Bauch getreten«, stöhnte er.

Matthi merkte auf einmal, dass er am ganzen Leib zitterte. Seine

Zähne schlugen aufeinander. Er ließ den Knüppel fallen. Vor seinen Augen tanzten bunte Punkte. Ein dumpfes Geräusch dröhnte in seinem Kopf. Ob das eine Ohnmacht war? Er war noch nie ohnmächtig geworden! Er lehnte sich gegen die Mauer und presste Kopf und Hände gegen die kalten, rauen Steine. Er konnte doch jetzt nicht umfallen! Er spürte, wie seine Knie weich wurden.

Ein Röcheln drang durch das Dröhnen in seinem Kopf. Wer röchelte da? Matthi stemmte sich gegen die Bewusstlosigkeit. Das Denken fiel ihm schwer. Er zwang sich die Augen zu öffnen und den Kopf zu drehen. Der Junge hatte sich auf die Knie erhoben. Jetzt sank er zurück auf die Fersen und presste beide Hände auf den Mund. Mit aufgerissenen Augen starrte er nach vorn. Ob Leaky Harry und seine Kumpane zurückkamen? Aber es waren nur die Schritte vom Eingang zu hören, die sich langsam näherten. Und Frauenstimmen.

Da war das Röcheln wieder. Matthi drehte sich vorsichtig um. Er schwankte. Wieso lag Vater noch am Boden? Matthi machte zwei, drei taumelnde Schritte und kniete neben ihm nieder. Der Boden war nass.

»Dad!«, flüsterte Matthi. »Dad! Ich bin's!«

Vater öffnete die Augen nicht. Er röchelte wieder. Dann brach mit einem grässlichen Gurgeln ein Schwall von Blut aus seinem Mund. Und noch einer. Im schwachen Licht der Gaslampe schimmerte die Lache um seinen Kopf so rot wie seine Haare.

Aus Christophers Tagebuch

5. Mai 1845

Gestern Morgen habe ich dem Tod in die Augen gesehen. Sie waren rot unterlaufen und entzündet, in den Winkeln verklebt. Nie werde ich sein Gesicht vergessen! Es war ausgemergelt und schmutzig, mit einem struppigen dunklen Bart um Mund und Kinn. Und es war nur eine Handbreit vor mir. Sein Atem stank nach faulen Zähnen und Alkohol. Ich hielt vor Ekel die Luft an. Und vor Angst.

Der Tod war ein Mörder im Themse-Tunnel. Er hielt ein Messer in der erhobenen Hand, so wie seine beiden Kumpane, ich sah das Blitzen im Gaslicht. Ich wusste, dass ich jetzt sterben würde. Ich konnte noch mein eigenes Messer ziehen, aber das brachte ihn bloß in Wut. Er schrie, dass er mich fertig machen würde, während er mich gegen die Mauer drückte und meinen rechten Arm so dagegen schlug, dass ich das Messer fallen lassen musste. Ich sah seine Augen, klein und rund in dem großen Gesicht, so schwarz und gefühllos wie Steine.

In den Büchern steht, dass man im Augenblick des Todes sein ganzes Leben an sich vorbeiziehen sieht. Aber das stimmt nicht. Ich sah in die Zukunft. Ich sah ein sonnenbeglänztes, von Eisschollen geflecktes Meer mit zwei schwarzen Dreimastern darauf, die alle Segel gesetzt hatten. Sie fuhren so schnell vor dem Wind, dass die Gischt bis aufs Deck spritzte, und hielten geradewegs auf zwei riesige Eisberge zu. Die Eisberge drifteten auseinander, die Schiffe rauschten an ihnen vorbei und verschwanden.

In dieser Sekunde wusste ich, dass meine Enttäuschung noch

größer war als meine Angst. Die Schiffe würden ohne mich abfahren. Sir Franklin würde die Nordwest-Passage entdecken – aber ohne mich. Alle Männer auf den Schiffen würden in die Geschichte eingehen als Helden, die eine jahrhundertelange Suche beendet hatten – und mein Name würde nicht dabei sein. Warum denn ausgerechnet jetzt, dachte ich verzweifelt. Kein Mensch weiß, wie alt er wird, und es gibt viele, die jung sterben müssen. Aber dieser schmierige, stinkende Todesbote vor mir hätte doch warten können bis nach der Expedition! Ich weiß, das klingt albern, und ich habe es niemandem verraten, nicht mal Mutter, aber das war es, was ich dachte, während ich das unheimliche Gesicht anstarrte.

Dann heulte ein Schrei durch den Tunnel, Schritte dröhnten, das Gesicht drehte sich zur Seite. Eine Gestalt sprang meinen Mörder an. Der ließ sein Messer fallen, aber als ich mich danach bückte, trat er mir mit seinem schweren Stiefel in den Leib. Ich lag auf dem Boden und krümmte mich und konnte kaum atmen vor Schmerzen. Ich versuchte, auf alle viere zu kommen, aber da wurde mir schlecht und mein ganzes Frühstück kam wieder hoch.

Danach fühlte ich mich etwas besser. Ich hockte mich auf die Knie und sah, dass die drei verschwunden waren. Aber direkt vor mir lag ein Mann. Er röchelte und nach jedem Röcheln kam ein Schwall Blut aus seinem Mund und breitete sich um seinen Kopf und seine Schultern aus. Es sah entsetzlich aus. Dann kniete ein Junge neben ihm, der mit ihm flüsterte und seinen Kopf anhob. Doch auf einmal kippte er zur Seite und lag auch in der Lache.

Ich wurde ganz ruhig. Der Tod hatte mich nicht erwischt. Ich würde doch mit Sir Franklin in See stechen. Ich kam mir vor, als ob ich in der letzten Viertelstunde um Jahre älter geworden wäre. Mit den beiden Frauen, die fast weggelaufen wären, als sie uns sahen, sprach ich so energisch wie ein Offizier, nicht wie ein kleiner Schiffsjunge. Ich schickte die eine in unser Stadthaus, um Diener mit zwei Bahren zu holen und die Polizei zu alarmieren, der anderen befahl ich auf die Straße zu laufen und mindestens fünf kräftige Männer mitzubringen. »Versprich ihnen einen Silberschilling, wenn sie bei mir warten.« Ich hatte Angst, dass die Räuber zurückkommen würden. Aber ich konnte doch die zwei, die mir das Leben gerettet hatten, nicht allein lassen!

Als die beiden Frauen verschwunden waren, war mir so unheimlich, dass ich mich neben den Jungen legte und mich tot stellte. Das gab den Leuten, mit denen die Frau zurückkam, einen ziemlichen Schock, denn sie hielten uns für drei Leichen. Sie beruhigten sich aber, als ich mich noch mal übergeben musste und als der Junge anfing sich zu bewegen.

Es waren viel mehr als fünf Männer, aber ich fühlte mich zu elend, um sie zu zählen, und es war auch zu dunkel. Der Silberschilling musste wohl ein gutes Angebot gewesen sein. Sie drängten sich jedenfalls um uns und einer zog mich in die Höhe und hielt mir eine Flasche an die Lippen. Das Zeug war scharf und brannte in der Kehle, sogar im Magen spürte ich es noch, aber ich trank immer weiter. Allmählich ließ die Übelkeit nach und der Schmerz im Leib auch.

Der Junge lehnte neben mir an der Wand, als ob er nicht alleine stehen könnte, und sagte nur: »Mein Dad, mein Dad!« Aber der Mann, der ihn stützte, gab ihm auch aus der Flasche zu trinken, noch länger als mir. Dann ließ er ihn vorsichtig auf den Boden rutschen und trat zu den anderen, die sich über den Mann am Boden beugten. Ich hockte mich neben den Jungen und fing an ihm zu danken, weil er mir das Leben gerettet hatte, aber ich merkte schnell, dass ich über die Wörter stolperte und die Sätze nicht richtig zusammenbrachte. Also schüttelte ich ihm nur kräftig die Hand, wobei ich merkte, dass meine eigene ziemlich aufgeschürft war, wo der Räuber sie gegen die Mauer geschlagen hatte.

»Schon gut. Du hast Marys Haare«, sagte der Junge bloß. Das verstand ich nicht. Aber da er sehr undeutlich sprach und dann die Augen schloss, schob ich es auf den Alkohol. Ich dachte wieder an die beiden Segelschiffe und die Eisberge und hätte den Jungen am liebsten umarmt, doch ich fühlte mich auf einmal so schwindlig und schläfrig, dass ich auch die Augen schloss.

Ich hörte noch, wie einer der Männer neben dem Verletzten sagte: »Ich fürchte, der wird nicht mehr.«

Kapitel 5

Du hast noch nichts von *Erebus* und *Terror* gehört?« Christopher sah Matthi ungläubig an. »Das gibt's doch nicht. Die Zeitungen sind voll davon. Fast jeden Tag.«

»Bei uns gibt's keine Zeitung«, hätte Matthi beinahe gesagt, verschluckte aber die Worte.

»Da hier, grad heute Morgen war wieder ein Riesenbericht drin.« Christopher blätterte durch eine Zeitung und reichte Matthi ein Blatt. »Hier, lies mal.«

Die Schlagzeile über dem Artikel lautete:

Vorbereitungen fast abgeschlossen

Und darunter :

> ***Erebus* und *Terror* vor dem Aufbruch – Kapitän Franklin siegessicher**
>
> Der Beginn der größten Arktis-Expedition aller Zeiten ist zum Greifen nahe. Die *Schiffe Ihrer Majestät Erebus* und *Terror* werden in der nächsten Woche unter der Leitung von Sir John Franklin aufbrechen, um endlich die Nordwest-Passage zu finden. Seit zwei Jahren sind die beiden Schiffe Symbole nationalen Stolzes. Sie haben die englische Flagge weiter südlich gebracht als je zuvor. Sie haben vier Jahre lang, von

1839 bis 1843, den Unbilden der Antarktis getrotzt und sind in einem so guten Zustand zurückgekehrt, dass sie sofort wieder hätten auslaufen können. Noch nie haben Schiffe eine so lange Zeit im ewigen Eis verbracht, ohne Schaden zu nehmen.

Für die Expedition unter Sir John Franklin wurden die Schiffe mit der neuesten Technologie ausgestattet. Die Wände wurden durch weitere Schichten aus afrikanischer Eiche und kanadischer Ulme verstärkt. Insgesamt liegen jetzt fünf Holzschichten übereinander, die acht Fuß dick sind. Der Bug erhielt noch zusätzlich eine zwanzig Fuß lange Panzerung mit Eisenplatten. Damit können die Schiffe auch die stärksten Eispressungen und sogar den Zusammenstoß mit einem Eisberg überstehen. Alle Luken wurden gegen die Kälte verdoppelt, an allen Treppen Doppeltüren angebracht. Unsere findigen Ingenieure haben sogar eine Heizung aus Rohren installiert, die durch Dampf betrieben wird. Denn auf Sir Johns Vorschlag wird die bedeutendste englische Erfindung des vorigen Jahrhunderts auch auf der *Erebus* und der *Terror* eingebaut: zwei Dampfmaschinen mit beweglichen Schraubenpropellern, die die Schiffe unabhängig von den Segeln machen. Damit wird man die Durchfahrt durch die Nordwest-Passage erzwingen.

HMS Erebus und *Terror* sind damit die stärksten, modernsten Schiffe auf der Welt und zur 134-köpfigen Besatzung gehören die erfahrensten, besten Seeleute Englands.

Matthi schaute hoch. »Was heißt denn eigentlich *Erebus?*«

»Finsternis. Es ist ein lateinisches Wort.«

»Hm. Und *Terror* ist Schrecken. Finsternis und Schrecken. Komische Namen für Schiffe, findest du nicht? Irgendwie unheimlich.«

Chris schüttelte den Kopf. »Alle Seeleute sind abergläubisch. Sie hoffen, dass das Unglück von düsteren Namen abgestoßen wird.«

Matthi überlegte. Eins von Onkel Jeffreys Schiffen hatte *Schwan* geheißen, ein anderes *Tümmler*. Die Namen fand er schöner. Er las weiter.

> Sir John Franklin, dem Leiter der Expedition, winken 20.000 Pfund, die vom Parlament für die Entdeckung ausgesetzt wurden. Er wurde schon vor zwanzig Jahren in ganz England als »Der Mann, der seine Schuhe aß« zur Legende, als er den Bericht über seine Entdeckungen im arktischen Kanada veröffentlichte. Der Kapitän der *Terror*, J.C.M. Crozier, ist öfter in Arktis und Antarktis gewesen als jeder andere Offizier und hat die abenteuerlichsten Reisen überstanden, zuletzt die berühmte Antarktis-Fahrt. Alle 134 Mann auf den beiden Schiffen sind gewissermaßen handverlesen und gehören zur Elite ihres Berufes.
>
> Noch nie war eine Expedition so verschwenderisch ausgestattet. Es gibt auf jedem Schiff eine Bibliothek mit mehr als 1.200 Bänden, nicht nur die übliche Seemannsbücherei, sondern auch wissenschaftliche Werke, Reiseberichte, die neuesten Romane und Illustrierte. Sir John soll beabsichtigen den Seeleuten während der Wintermonate Unterricht in verschiedenen Fä-

chern anzubieten. Es gibt sogar einen Daguerrotypie-Apparat und eine Handorgel mit 50 Melodien.
Laut Aussagen der Admiralität besteht nicht der geringste Grund, sich über einen möglichen Verlust von Schiffen oder Männern Sorge zu machen. Auch bisher traten auf fast allen arktischen Expeditionen weder Krankheit noch Tod auf. Zudem lässt sich inzwischen durch die segensreiche Erfindung der Konserven sogar das alte Schreckgespenst der Seefahrt, der Skorbut, besiegen. Alle sind überzeugt, dass die Männer dieser Expedition ein weiteres Ruhmesblatt in der glorreichen Geschichte der britischen Entdeckungen schreiben werden.
Sie werden finden, wonach so viele Entdecker seit über 200 Jahren vergebens gesucht haben. Und britische Schiffe werden ihnen folgen. Die Bedeutung für den Handel ist enorm. Bisher gibt es eine Route über den Atlantik, um das Kap der Guten Hoffnung, durch den Indischen Ozean und das Chinesische Meer und eine zweite über den Atlantik, um Kap Hoorn, durch den Pazifik und das Japanische Meer. Das bedeutet jedes Mal eine Umrundung des halben Globus. Die Nordwest-Passage durch den Kanadischen Archipel zur Bering-Straße ist nur ein Bruchteil dieser Strecken.

Matthi ließ das Blatt sinken. Er konnte recht gut schreiben und lesen, obwohl er in den Jahren seit dem Brand nur unregelmäßig die Armenschule besucht hatte, weil das Geldverdienen wichti-

ger war. Rechnen war seine schwache Seite und von Erdkunde hatte er nur einen Schimmer. Jedenfalls hatte er die meisten Namen im letzten Absatz des Artikels noch nie gehört.
»Ich versteh das nicht«, sagte er ehrlich. »Wieso ist das nur ein Bruchteil?«
»Das siehst du auf einen Blick. Hier, ich zeig's dir.« Christopher ließ einen großen bunten Globus in einem hohen Holzgestell um seine Achse kreisen. »Siehst du, hier ist England.«
Ein länglicher grüner Klecks verschwand fast unter der Kuppe seines Zeigefingers.
»Was?«, fragte Matthi entgeistert. »So winzig?«
»Ja, das denke ich auch immer. Aber jedenfalls beherrscht unsere Flotte die Weltmeere. Und das sind die beiden Routen.« Christopher fuhr mit dem Zeigefinger über den Globus. »Eine um Afrika herum und an Asien vorbei. Und eine um Südamerika herum und hoch bis nach Japan. Und hier ist die Nordwest-Passage: Einfach nach Grönland hoch und an der kanadischen Küste vorbei in die Bering-Straße. Das ist tatsächlich nur ein Bruchteil. Es fehlen nur noch neunzig Meilen in der Mitte, die nicht erforscht sind. Sir John glaubt aber . . .«
Ein Klopfen an der Tür unterbrach seine Erklärung. Ein Diener verneigte sich.
»Die Gnädige Frau lässt Master Matthi bitten zu ihr zu kommen.«
Er machte eine Pause vor dem Wort Master, um anzudeuten, dass diese Anrede dem Jungen nicht zustand. Er war schließlich bloß ein Dorftrampel aus einem Bauernkaff südlich von London, und wenn er nicht Master Christopher das Leben gerettet und die Gnädige einen Narren an ihm gefressen hätte, so hätte er nie einen Fuß über die Schwelle des Hauses setzen dürfen. Und

schon gar nicht hätte Master Christopher ihm den Globus erklärt. Dabei verstand dieser Holzkopf bestimmt kein Wort davon. Er beherrschte ja nicht einmal die simpelsten Tischsitten!
Matthi ging hinter dem Livrierten her. Das Haus der Ashtons war so groß und prächtig, wie er sich früher immer einen königlichen Palast vorgestellt hatte. Er fühlte sich unbehaglich hier. Die Diener waren hochnäsig, die Stubenmädchen schnippisch und auch Christophers Bruder Albert spielte den Hochwohlgeborenen, der den Hütejungen einfach übersah. Mr Ashton hatte er noch gar nicht zu Gesicht bekommen, der war zur Zeit in Birmingham. Nur Christopher und seine Mutter behandelten Matthi, als ob er ein Mitglied der Familie wäre.
Der Diener klopfte und hielt ihm die Türe auf.
»Da bist du ja, Matthi!« Christophers Mutter sah von ihrer Stickerei auf und lächelte ihn an.
Er schloss aufatmend die Tür und lächelte schüchtern zurück. Bei Mrs Ashton fühlte er sich sicher. Sie hatte neben ihm in der Kutsche gesessen, die Vaters Leichenwagen nach Hause begleitet hatte. Sie war mit ihm an Großmutters Bett getreten, und nach einem Blick auf die alte Frau hatte sie ihm ein Zeichen gemacht, indem sie den Finger auf die Lippen legte. Er verstand, was sie sagen wollte, und er wusste, was das eingefallene Gesicht und der rasselnde Atem zu bedeuten hatten. Großmutter lag im Sterben.
»Sie können sehr stolz sein auf Ihren Enkel, Mrs Evans. Er hat meinem Sohn das Leben gerettet. Ich werde immer für Matthi da sein und werde für ihn sorgen wie eine Mutter. Sie können ganz beruhigt sein.«
Großmutter hatte genickt und gelächelt. Sprechen konnte sie

nicht mehr. Matthi hatte an ihrem Bett gesessen und ihre Hände gestreichelt und geflüstert, dass Vater schon unterwegs wäre und bald käme und nie mehr fortgehen würde. Mit einem Lächeln auf dem Gesicht war sie eingeschlafen. Mrs Ashton hatte neben ihm gesessen, Stunde um Stunde, während Großmutters Atemzüge immer stockender und mühsamer wurden und schließlich mit einem Seufzer aufhörten. Sie hatte Matthi in die Arme genommen und mit ihm geweint und gar nicht versucht ihn zu trösten, bis er sich beruhigt hatte.

Sie hatte dafür gesorgt, dass die beiden neben Mutter und Mary begraben wurden. Nach der Beerdigung hatte sie ihm angeboten mit ihr nach London zurückzufahren und bei ihnen zu bleiben. Matthi hatte nur genickt. Er war wie betäubt von den plötzlichen Todesfällen und unfähig über sein Leben und seine Zukunft nachzudenken. Ob er nicht auch besser tot und wieder bei Mutter und Mary wäre? Großmutter war jetzt bestimmt froh, sie hatte sich immer nach Mary gesehnt. Jedenfalls war es gut, dass sie nichts von Vaters Tod erfahren hatte.

Mrs Ashton klopfte auf das Sofa neben sich. »Komm, setz dich zu mir. Ich muss mit dir reden.«

Matthi setzte sich vorsichtig auf die Kante.

»Du weißt ja, dass Chris als Schiffsjunge auf der *Erebus* angeheuert hat.«

»Er hat es mir eben erzählt.«

»Jetzt erst? Da hat er aber viel Rücksicht auf deine Trauer genommen. Mit mir spricht er den ganzen Tag von nichts anderem.« Sie legte die Stickerei beiseite und sah ihn an. »Ich halte es für einen Wink des Himmels, dass du Chris das Leben gerettet hast, Matthi. In meinen Augen bist du ein Schutzengel, den Gott geschickt hat. Und deshalb möchte ich dich bitten bei Chris zu bleiben. Und mit ihm auf die *Erebus* zu gehen.«

Matthi wusste auf einmal, wie sich ein Ochse fühlt, wenn ihm der Schlachter den ersten Schlag vor den Kopf gibt. Er hörte die Wanduhr ticken. Eine volle Minute lang brachte er kein Wort heraus.

»Ich? Auf die *Erebus?* Aber – aber das geht doch nicht.«

»Warum nicht?«

Matthi suchte nach Worten. »Ich bin doch kein Seemann. Ich versteh nichts von einem Schiff.«

»Dann lernst du es eben. Alle fangen einmal an.«

»Aber ich bin doch erst 14.«

»Man kann schon mit zwölf Schiffsjunge werden. Chris war noch keine 13. Er wird erst im Juli 14.«

»Ja – Chris!«, sagte Matthi gedehnt. Er bewunderte Chris sehr. Er war klug und freundlich und mutig und überhaupt anders als alle Menschen, die Matthi kannte. Ein bisschen wie Mary. »Aber ich bin nicht wie Chris.«

»Du bist ein tapferer, selbstloser, guter Junge. Ich finde, du gleichst Chris sehr, mehr zum Beispiel als Albert. Und ich als Mutter werde das ja wohl beurteilen können.«

Matthi spürte, wie ihm das Blut ins Gesicht stieg. Sogar seine Ohren brannten. Seit Mutter und Mary tot waren, hatte er nicht mehr viel Lob gehört.

»Aber sie werden mich nicht nehmen«, wandte er ein. »Ich habe gerade in der Zeitung gelesen, dass die besten Seeleute Englands auf den Schiffen sind.«

»Du musst nicht alles glauben, was in den Zeitungen steht. Oft ist die Hälfte erfunden oder sogar gelogen. Ich weiß von Kapitän

Crozier, dass sich viele Freiwillige nur gemeldet haben, weil es für die Expedition den doppelten Sold gibt und zwei Monatsgehälter im Voraus. Und dass bloß fünf Offiziere Polar-Erfahrung haben. Er hat schon zwei Schiffsjungen in Unehren entlassen und sucht neue. Er wird froh sein, wenn er so einen guten Jungen kriegt wie dich. Wir geben morgen Abend ein Bankett zu Ehren von Sir John. Da werde ich mit Kapitän Crozier sprechen, wenn du willst.«

Matthi starrte auf seine Schuhspitzen. Er trug nicht mehr die engen, billigen Stiefel, mit denen er nach London gekommen war, sondern bequeme Halbschuhe aus weichem Leder. Trotzdem vermisste er das Barfußlaufen. Aber an Bord würde er die Schuhe gut brauchen können. Schiffsjunge auf der *Erebus*! Es war zum Schwindeligwerden!

Er durfte auf ein Schiff! Und wenn er auf der *Erebus* angefangen hatte und zu den Helden gehören würde, die die Nordwest-Passage gefunden hatten, dann konnte er anschließend bestimmt auf jedem Schiff anheuern. Onkel Jeffrey hatte von Palmenstränden erzählt und südlichen Häfen, die nach Zimt und Nelken rochen, und von blauen Lagunen, in denen man die Fische fast mit der Hand fangen konnte. Das gab es in der Arktis natürlich nicht, aber er konnte ja später in den Süden fahren.

Er würde Albert los sein und dieses vornehme Haus und würde Schiffsjunge werden bei der größten Arktis-Expedition aller Zeiten. So stand es in der Zeitung. Und zwar zusammen mit Chris, das war überhaupt das Beste. Matthi Evans, ein armer Waisenjunge, würde berühmt werden. Nie hätte er gewagt sich so etwas vorzustellen.

Er hob den Kopf und strahlte Mrs Ashton an. »Ich will sehr gerne!«

Am nächsten Abend versteckten sich Chris und Matthi hinter den dicken Samtportieren der Bibliothek, wo den Herren nach dem Bankett Cognac und Zigarren gereicht wurden, während die Damen im Salon Tee tranken. Die beiden hätten gerne die samtenen Vorhänge auseinander gezogen und durch den Spalt gelugt, aber sie hatten Angst, dass jemand die Bewegung sehen würde. So konnten sie nur zuhören.

»Eins muss ich dir allerdings sagen, alter Freund: Ich weiß nicht, was sich die Admiralität bei dieser Besatzung gedacht hat.« Die Stimme klang heiser und brüchig. »Warum so viele Offiziere samt Bedienung? Und nur 20 Matrosen auf jedem Schiff?«

»Wir sollen ja nicht nur die Nordwest-Passage finden, sondern meteorologische, magnetische, hydrografische und naturkundliche Beobachtungen machen. Dazu braucht man natürlich Fachleute.«

Matthi sah Chris fragend an. Der hob die Schultern und schüttelte den Kopf, zum Zeichen, dass er diese Begriffe auch nicht verstand.

»Es sind meiner Meinung nach überhaupt viel zu viele Leute dabei«, beharrte der Heisere. »Und warum zwei Schiffe? Ein einziges Schiff mit dreißig, vierzig Mann, das wäre besser. Aber 134! Wie soll man die im Notfall ernähren?«

Der andere lachte dröhnend. »Es wird keinen Notfall geben. Wir sind auf mehrmaliges Überwintern eingerichtet. Wir haben Proviant für drei Jahre, sogar für mehr als drei Jahre, denn meine Leute werden selbstverständlich auf die Jagd gehen.«

Meine Leute? Das musste Sir John sein! Wenn sie ihn doch bloß sehen könnten!

Eine andere Stimme sagte: »Ich muss gestehen, der Proviant

macht mir Sorgen, Sir. Der Fabrikant hat den Auftrag angeblich nur bekommen, weil er das bei weitem billigste Angebot gemacht hat. Mir scheint das kein ausreichender Grund für einen derartig umfangreichen Auftrag zu sein. Wir hätten lieber bei unseren bewährten Lieferanten bleiben sollen, statt einen völlig unbekannten zu nehmen.«

»Das liegt in der Verantwortung der Admiralität. Von jedem Teil des Angebots ist eine Probekonserve geliefert worden, und bevor der Proviant an Bord kommt, werden laufend Stichproben gemacht. Kein Grund zur Sorge, Mr Fitzjames. Admiral Barrow ist ein alter Fuchs, der weiß schon, wie er die besten Preise aushandelt. Und 3.800 Pfund Sterling ist eine enorme Summe, finde ich, das würde ich nicht als billig bezeichnen.«

Chris legte seinen Mund an Matthis Ohr. »Mr Fitzjames ist Kommandant auf der *Erebus*«, hauchte er.

»Und wieso hört man nichts über die Planung von Such- oder Entsatz-Expeditionen?« Das war wieder die brüchige Stimme.

»Weil es nichts darüber zu hören gibt.« Sir John klang jetzt ziemlich scharf. »Wir haben keine geplant.«

»Das kann nicht dein Ernst sein! Es müssen doch wenigstens verschiedene Rettungsmöglichkeiten durchgesprochen werden. Und die Anlage von Nahrungsmitteldepots und von . . .«

»James, alter Junge, mach mich nicht ungeduldig. Du kennst die Schiffe, den Proviant, die Ausrüstung. Und du kennst mich und meine Männer. Ein Scheitern ist ausgeschlossen. Nein, lass mich ausreden. Ich weiß, was du sagen willst. Es gibt bei arktischen Expeditionen drei große Gefahren. Die erste ist der Hunger. Selbst ein Überfluss an Vorräten konnte ihn früher nicht verhindern, weil Ungeziefer, Schimmel und Ratten einen Großteil der

Nahrungsmittel vernichteten. Die zweite ist Skorbut, hervorgerufen durch den Mangel an Obst und Gemüse. Aber beide Gefahren sind jetzt zu bannen durch die segensreiche Erfindung der Konserve und durch Zitronensaft. Und die dritte Gefahr, das Eis, überwinden wir mit unseren Dampfmaschinen. Du kannst sicher sein: Diese Expedition wird ein Erfolg!«

Kapitel 6

Der Kai am Londoner Hafen Greenhithe war schwarz von Menschen. Neben Damen in Reifröcken und Herren in Zylindern drängten sich Handwerker in kurzen Joppen und Schirmmützen, Frauen in Häubchen und Umschlagtüchern, die Gassenkinder, Straßenhändler und Waschfrauen der angrenzenden Viertel und die Müßiggänger von halb London. Alle versuchten einen Blick auf die beiden Dreimaster mit den mächtigen dunklen Rümpfen und den gelb gestrichenen Aufbauten zu werfen. Zahllose Stimmen klangen durcheinander:

»Leb wohl!« – »Komm bald wieder!« – »Bleib gesund!« – »Vergiss mich nicht!« – »Gott schütze dich!« – »Daddy! Daddy! Ich will mit!« – »Viel Erfolg!« – »Macht uns Ehre!«

Ihrer Majestät Schiffe Erebus und *Terror* lagen mit dem Bug Richtung Nordsee, bereits vertäut an die beiden Schlepper, die sie zur Themse-Mündung und durch den Ärmelkanal bringen sollten. Gerade waren die Herren der Admiralität von Bord gegangen, an ihrer Spitze der uralte Admiral Barrow, der die Expedition geplant und ausgerüstet hatte.

Längs der Reling standen Offiziere und Mannschaft in einer schnurgeraden Reihe, an der Spitze Kapitän John Franklin in seiner goldbetressten dunkelblauen Uniform, den Dreispitz auf dem Kopf, neben ihm Commander Fitzjames, am Ende Matthi und Chris. Als Schiffsjungen bildeten sie den Schluss der Kette

aus 65 Männern. Wie die anderen Seeleute trugen sie neue dunkelblaue Jacken und schwarze Seidentücher um den Hals.
Jetzt wurde der Lärm auf dem Kai von schmetternden Trompetenstößen übertönt. Das Schreien und Rufen verstummte. Alle Menschen standen still, die Männer nahmen Hüte und Mützen ab. Eine Kapelle der königlichen Marine intonierte die Nationalhymne: »God save our glorious Queen, long live our gracious Queen, God save the Queen.«
Aus hunderten, aus tausenden von Kehlen ertönte der Gesang wie von einer gewaltigen Orgel. Alle sangen mit Inbrunst. Nur ein paar Taschendiebe nutzten die allgemeine Ergriffenheit und zogen unbemerkt Geldbörsen oder spitzenbesetzte Schnupftücher aus den Taschen ihrer Besitzer und ein paar Gassenjungen quetschten sich durch die Menge nach vorn, um einen besseren Blick zu haben.
Als der letzte Ton der Hymne verklungen war, hob Kapitän Franklin den Kommandeursstab. »Klar Schiff zum Ablegen! Die Leinen los!«
Die Matrosen setzten sich in Bewegung. Ein Ruck lief durch das Schiff. Die Leinen zu den Schleppern spannten sich.
»Habt Acht!«
Alle Seeleute legten die Hand an die Mütze und standen stramm.
Auf dem Kai brach ein ohrenbetäubendes Hurrageschrei aus. Von allen anderen Schiffen gellten die Sirenen, dröhnten die Nebelhörner, läuteten die Schiffsglocken.
Chris gab Matthi einen Stoß in die Seite – trotz des Kommandos. »Es geht los! Wir fahren!«
Matthi nickte nur. Er hätte am liebsten die Hände gefaltet und ein Dankgebet gesprochen. Zweimal während der letzten Tage

war die Abfahrt verschoben worden, erst vom 15. Mai auf den 17. und dann vom 17. auf den 19. Der Zahlmeister Mr Osmer hatte sich aufgeführt wie ein hysterisches Frauenzimmer und niemand von der Mannschaft hatte sich in seine Nähe gewagt. Unter einem Offizier der königlichen Marine hatte sich Matthi eigentlich etwas anderes vorgestellt, etwas ganz Überlegenes und Unerschütterliches. Aber Mr Osmer war für den Proviant beider Schiffe zuständig. Und ein Drittel des Proviants machten die Konserven aus.

»Ich drehe dem Kerl den Hals um, wenn ich ihn in die Finger kriege! Er hat sofortige Lieferung versprochen und was liefert er? Nichts!«, hatte Mr Osmer getobt und dabei die Fäuste geschüttelt, obwohl Kapitän Fitzjames in Hörweite gestanden hatte. Der hatte ihm daraufhin versprochen, bei der Admiralität vorstellig zu werden und den Fabrikanten aufzufordern alle Konserven umgehend zu liefern. Aber am 9. Mai hatten lediglich 800 Fleischkonserven dagelegen, noch nicht einmal ein Zehntel von den 9.500, die bestellt worden waren. Und von den 20.000 Suppenkonserven war keine einzige zu sehen gewesen.

Mr Osmers Wutausbrüche hatten sich von Tag zu Tag gesteigert, denn es wurden zwar Berge von anderen Vorräten geliefert, aber die türmten sich auf dem Kai, weil sie zusammen mit den Konserven geladen werden sollten, so wie sie wahrscheinlich verbraucht werden würden: 18.000 Pakete Zwieback, 360 Kisten Mehl, 150 Fässer Pökelfleisch, 220 Kisten Zucker und Erbsen, 1.200 Fässchen mit Zitronensaft, hunderte Fässer mit eingelegten Gemüsen. Diese Berge wuchsen täglich; 900 Krüge Rum, 900 Kisten Schokolade, 230 Kisten Tee kamen dazu.

Trotzdem hatten die Seeleute in vier Schichten rund um die Uhr gearbeitet, weil 180 Tonnen Kohlen in Säcken von Mann zu Mann über die Gangway in die Kohlenbunker gereicht werden mussten. Matthi war froh gewesen, dass nur die stärksten Männer für diese Arbeit eingeteilt wurden. Die beiden Schiffsjungen hatten zu dem Teil der Mannschaft gehört, der zwei Tonnen Segel im Segelraum verstauen musste, außerdem Meilen von Seilen und Ketten. Für jedes Schiff gab es eine zusätzliche Ersatzausrüstung, nicht nur Segel, sondern auch Extra-Masten, -Rahen, -Ausleger, -Gaffeln, die in Krippen auf dem Oberdeck vertäut wurden.

Schließlich war Mr Osmer nichts anderes übrig geblieben, als alle vorhandenen Vorräte einladen zu lassen, auch ohne die Konserven, denn am 12. Mai sollten die Schiffe von Woolwich nach Greenhithe fahren, wo die Reise beginnen würde. Am 13. Mai waren endlich die Fleischdosen geliefert worden, aber immer noch keine Suppen. Mr Osmer hatte nicht einmal mehr getobt, er war sprachlos gewesen vor Wut. Kapitän Fitzjames war erneut zur Admiralität gegangen, aber unverrichteter Dinge zurückgekommen.

»Der alte Barrow ist außer sich. Der Fabrikant will erst am 15. liefern. Wir müssen die Abfahrt verschieben. Die Gemüsesuppen sind unser wichtigstes Mittel gegen Skorbut.«

Erst am 17. Mai, 48 Stunden vor der erneut verschobenen Abfahrt, polterten die Karren mit den Suppenkonserven auf den Kai von Greenhithe. Mr Osmer lief ihnen entgegen und fing sofort an zu schimpfen.

»Was soll ich mit diesen Klötzen? Es waren Ein-Pfund-Dosen bestellt, 20.000 Ein-Pfund-Dosen, da kann man doch keine Neun- und Zwölf-Pfünder liefern! Das ist eine Unverschämtheit! Ich werde – Ach, was soll's? Her mit dem Zeug! Wenn wir die Abfahrt noch mal verschieben, kriegt Admiral Barrow einen Herzanfall. Alle Mann antreten zum Konservenladen! Bringt sie auf die *Barretto Junior,* bei uns ist kein Platz mehr. Wir müssen dann eben in Grönland umladen.«

Die *Barretto Junior* war ein Transportschiff, das einen Teil der Ladung für die *Erebus* und *Terror* nach Grönland bringen sollte, damit die beiden Schiffe nicht zu schwer waren für die Fahrt über den stürmischen Atlantik. Mr Osmer sah selbst so aus, als ob er kurz vor einem Herzanfall stünde, dachte Matthi, als er sich eine der Zwölf-Pfund-Dosen auf die Schulter wuchtete – und hielt plötzlich inne.

»Weiße Rüben« stand auf dem Papierschild, aber auf dem Dosenboden befand sich kein Papier, sondern eine eingestanzte Inschrift: *Goldner Patent*. Die Konserven stammten aus der Fabrik von Mr Goldner in der Houndsditch Road 137, in der er mit seinem Vater gearbeitet hatte! Auf einmal erinnerte er sich an die rollende Stimme: »Schrrreiben Sie, dass die Sendung am 12. Mai errrfolgen wirrrd.« Aber sie sollte gar nicht erfolgen, das hatte Mr Goldner später ganz klar gesagt, und der andere Mann hatte . . .

»Steh nicht da und starr Löcher in die Luft, Junge, sonst mach ich dir Beine!«

Mr Osmers Laune war wirklich hundsmiserabel. Matthi hörte auf zu grübeln und schleppte die Dose auf die *Barretto Junior* und nach 24 Stunden pausenlosem Laden dachte er nicht mehr an das Gespräch in der Fabrik von Mr Goldner.

Die Nachtarbeit steckte ihm in den Knochen und der Rücken tat ihm weh, als er jetzt reglos neben Chris an der Reling der *Erebus* stand und die winkenden, rufenden Menschen auf dem Kai betrachtete. Matthi kniff die Lider zusammen. Die Menge wurde zu einem bunten Wirbel. Er schloss die Augen und atmete tief. Die Sonne wärmte sein Gesicht, der laue Wind roch nach Salz und Meer. Es war so weit. Das Schiff hatte abgelegt. Die große Fahrt hatte begonnen, die Fahrt ins Abenteuer. Denn Abenteuer würden sie erleben, davon war Matthi überzeugt, trotz allem, was Chris über die moderne Technik und den Ausschluss aller Gefahren gesagt hatte.

»Da sind sie!« Chris vergaß das Kommando »Habt Acht!« und winkte mit beiden Armen. »Da, auf der *Narcissus.«*

Die Familie des königlichen Marinelieferanten Ashton war vom Kapitän der Fregatte *Narcissus* eingeladen worden den Aufbruch zur Arktis-Expedition von Bord aus zu beobachten. Chris' kleine Schwester Sophia hüpfte hinter der Reling auf und ab wie ein Gummiball, Mrs Ashton ließ ein dunkelrotes Seidentuch im Wind flattern, Mr Ashton schwenkte seinen Hut und sogar Albert ließ sich zu einem kurzen Winken herab.

Ein paar Augenblicke lang waren die beiden Schiffe dicht nebeneinander. Alle Ashtons riefen etwas, aber da die Sirenen der *Narcissus* schrillten, verstand man kein Wort. Matthi merkte, dass Mrs Ashton ihm eindringlich in die Augen sah und dabei das kleine Kreuz an ihrer Halskette hochhielt. Er verstand, was sie ihm sagen wollte, legte die Hand aufs Herz und nickte. Ich werde auf Chris aufpassen, hieß das, ich verspreche es. Sie nickte zurück und lächelte ihm zu.

In diesem Augenblick riss ein Windstoß ihr das Seidentuch aus der Hand. Es blähte sich, wirbelte empor und tanzte in der Luft über dem Deck der *Erebus*. Unwillkürlich liefen beide Jungen los, um es zu fangen, aber schon nach wenigen Schritten hielt ein ausgestreckter Arm sie auf. Mr Osmer beugte sich zu ihnen hinunter.

»Was fällt euch ein? Der Befehl heißt ›Habt Acht!‹. Wollt ihr Prügel kriegen?«

Chris und Matthi zogen die Köpfe ein und machten, dass sie wieder an ihren Platz kamen.

Chris sah, dass sein Vater die Stirn runzelte und ihn finster anblickte. Bestimmt ärgerte er sich, dass sein Ältester ein Kommando missachtet hatte, noch dazu vor den Augen der gesamten Admiralität. Albert grinste spöttisch. Plötzlich drückte ein Gewicht auf Chris' Schulter und etwas Weiches, Rotes legte sich über sein Gesicht. Matthi prustete vor Lachen, trotz des Befehls, der regloses Stillstehen verlangte.

»Rührt euch!«

Das Kommando kam genau im richtigen Moment. Chris fasste nach seiner Schulter. Eine winzige, haarige Hand ergriff seine und hielt sie fest.

»Jane! Du Witzbold! Du hast mich fast erstickt!«

Er zog sich das Tuch vom Gesicht. Das Äffchen stieß kleine, zwitschernde Laute aus, die wie ein leises Kichern klangen, und sprang mit einem geschickten Satz in seine Armbeuge, wobei sich das Tuch um ihre Schultern schlang. Chris trat an die Reling und hielt Jane hoch, damit seine Mutter sehen konnte, dass ihr Lieblingstuch gerettet war. Er erkannte noch, dass sie lachte, dann hatten sich die Schiffe so weit voneinander entfernt, dass ihr Gesicht zu einem hellen Fleck verschwamm. Chris setzte die kleine Äffin auf eine Taurolle.

»Du siehst aus wie ein fein gemachter Zwerg. Sehr komisch!

Komm, gib mir das Tuch, es ist viel zu groß für dich. Ich borge dir mein Halstuch, das passt dir besser. Ich bind es dir so um, dass es aussieht wie eine Jacke.«

Jane hielt geduldig still. Lady Jane Franklin hatte sie bei ihrem letzten Besuch auf der *Erebus* als Maskottchen für die Offiziere mitgebracht. Sie hatte auch für die Mannschaft ein Geschenk gehabt: den pechschwarzen, zottigen Neufundländer Jacko als Gefährten für den Riesenschnauzer Old Neptun, der schon die Antarktisfahrt mitgemacht hatte. Der Quartiermeister hatte entschieden, dass die beiden Schiffsjungen die Tiere betreuen sollten – und auch das Dutzend Hennen, das die Offiziersmesse mit Eiern versorgen sollte.

»Na, du Milchbart. Du würdest wohl am liebsten noch mit Puppen spielen, was?«

Chris sah hoch. Neben ihm stand einer der sieben Marinesoldaten, ein großer kräftiger Mann mit vorquellenden blauen Augen und einer dicken, langen Nase im knochigen Gesicht. Chris hatte vergessen, wie er hieß, man konnte schließlich nicht 60 neue Namen auf einmal behalten.

»Es ist meine Aufgabe, mich um Jane zu kümmern«, sagte er ruhig.

Dem Mann schien es nicht recht zu sein, dass Chris so gleichmütig blieb. »Ihr gleicht euch, ihr zwei, weißt du das? Beide mickrig und hässlich und mager. Bloß ist das Affenfell hübscher als deine Haare. Wieso haben sie dich eigentlich an Bord gelassen? Jeder weiß doch, dass rote Haare Unglück bringen.«

»Das glauben nur Dummköpfe!«, wollte Chris sagen, verschluckte aber gerade noch das letzte Wort. Als Schiffsjunge war man immer in der schwächsten Position. Es hatte keinen Sinn, einen

Mann gegen sich aufzubringen, der mindestens fünfzehn Jahre älter, zwanzig Kilo schwerer und drei Köpfe größer war als man selbst.

»Das glauben nur – äh – nicht alle«, änderte er seinen Satz etwas lahm ab.

Der Soldat sah ihn misstrauisch an und streckte auf einmal die Hand aus. »Das Tuch beißt sich mit deinen Haaren. Ist außerdem viel zu hübsch für einen Mickerling wie dich. Her damit!«

»Aber – das geht nicht. Es gehört meiner Mutter.«

»Erzähl keine Märchen! Ich hab doch grad mit eigenen Augen gesehen, wie der Affe es aus der Luft geschnappt hat. Herrenloses Gut nennt man so was, du Dummkopf. Also gib's her, und zwar ein bisschen dalli!«

Während der Mann redete, konnte man sehen, dass einer seiner Schneidezähne abgebrochen war. Irgendwie ließ ihn das gefährlich wirken, genauso wie die tiefe dunkelbraune Narbe auf seiner Stirn. Zögernd löste Chris den Knoten im roten Seidentuch, das er sich um den Hals gebunden hatte. Er wusste nicht genau, ob der Soldat ihm Befehle geben durfte, aber er wagte nicht ihm zu widersprechen.

Jane hatte den Kopf von einem zum anderen gedreht und die beiden mit ihren blanken, kreisrunden Augen beobachtet, als ob sie die Unterhaltung verstehen könnte. Als Chris dem Soldaten das Tuch reichte, riss sie es ihm aus der Hand und turnte damit den nächsten Mast hinauf.

»Komm sofort runter, du Mistvieh, du gottverdammtes!«, brüllte der Soldat. »Ich schlag dich zu Brei, wenn das Tuch wegfliegt.«

»Auf meinem Schiff wird nicht geschlagen!«

Die Stimme klang gar nicht besonders laut, aber befehlsgewohnt. Der Soldat fuhr herum. Seine ohnehin vorquellenden Augen traten beinahe aus den Höhlen. Er legte die Hand an die Mütze und stand stramm.

»Ich will auch keine Schimpfworte und kein Fluchen hören. Der Name Gottes ist für die Andacht reserviert. Haben Sie das verstanden, Gefreiter Braine?«

Chris sah, wie der Soldat krampfhaft schluckte und sich räusperte. Der Adamsapfel an seinem Hals ging auf und ab.

»Aye, Sir!«

Chris stand ebenfalls stramm. Er hatte die Stimme sofort erkannt. Gestern hatte Sir John Franklin einen Gottesdienst für die Besatzung gehalten – im Beisein seiner Frau, seiner Tochter und der Herren der Admiralität. Er hatte gesprochen wie ein Bischof, jedenfalls schöner und verständlicher als die Pfarrer zu Hause, hatten die Matrosen hinterher gesagt. Chris fand das auch.

Sir John pfiff ein paar Töne und Jane kletterte gehorsam den Mast hinunter. Er hielt ihr seinen Arm hin und sie sprang hinauf.

»Was hast du denn da? Du machst doch nicht etwa lange Finger, du kleine Elster? Ist das Ihr Tuch, Gefreiter Braine?«

Der Soldat zögerte. »Äh – melde gehorsamst –, nein, Sir.«

Es stimmte also, was die Matrosen erzählt hatten, dachte Chris. Niemand brachte es fertig, Sir John anzulügen. Und obwohl er die Prügelstrafe auf seinen Schiffen abgeschafft hatte, war die Disziplin angeblich besser als auf vielen anderen.

In diesem Augenblick machte Jane einen Satz auf Chris' Arm und warf ihm wieder die rote Seide übers Gesicht. Das Spiel schien ihr gefallen zu haben. Verlegen zog der Junge das Tuch herunter. Der Affe machte ihn lächerlich. Sir John sah ihn an.

»Christopher Ashton?«

Chris spürte, dass er genauso schluckte wie eben der Gefreite. Bevor die Schiffe abgelegt hatten, war der Captain die Reihe der Männer abgeschritten und jeder hatte ihm seinen Namen genannt. Er konnte doch unmöglich alle behalten haben!

»Zu Befehl, Sir!«

»Ist das dein Tuch?«

»Es gehört meiner Mutter, Sir. Sie hat mir zugewinkt und der Wind hat es ihr aus der Hand gerissen und Jane hat es aufgefangen.«

»Dann verwahr es gut. Sobald wir zurück sind, kannst du es ihr wiedergeben. Matthew Evans?«

Matthi fuhr zusammen und wurde so rot wie das Seidentuch. Ihm kam auf einmal zu Bewusstsein, dass er Sir Franklin unentwegt angestarrt hatte. Aber es war das erste Mal, dass er ihn aus der Nähe sah. Bei der Schiffsinspektion und bei dem Gottesdienst hatten ihn immer irgendwelche Rücken verdeckt. Und eben bei der Vorstellung hatte er gar nicht gewagt seine Augen zu erheben, sondern bloß auf den goldenen Orden gestarrt, der an seinem Kragen hing.

»Zu – zu Befehl, Sir.«

Das war bestimmt ein Traum! Das konnte nicht wahr sein! Sir John Franklin, oberster Befehlshaber der *Erebus* und der *Terror*, richtete das Wort an einen Schiffsjungen, und zwar nicht an den Sohn des königlichen Marinelieferanten –, das hätte man vielleicht noch verstehen können –, sondern an den armen Waisenjungen Matthew Evans, der zum ersten Mal an Bord eines Schiffes war. Und er kannte sogar seinen Namen!

Auf dem Foto in der Zeitung hatte er massig gewirkt, fast dick, mit schweren, hängenden Backen und dunkel umschatteten,

traurigen Augen. In Wirklichkeit sah er ganz anders aus. Jetzt lächelte er.
»Was erstaunt dich so?«
»Sie sehen viel jünger aus, Sir«, platzte Matthi heraus. »Als in der Zeitung, meine ich. Und viel fröhlicher.«
Chris hielt den Atem an. Du lieber Himmel! So konnte man doch nicht mit Sir John Franklin reden! Selbst wenn man aus einem kleinen Dorf kam und bloß in der Armenschule gewesen war – das musste man doch einfach wissen!
Sir Johns Lächeln wurde breiter. »Der Meinung bin ich auch. Ich hasse dieses Foto. Nicht einmal in fünf Jahren werde ich so aussehen. Das hoffe ich jedenfalls.«

Aus Christophers Tagebuch

25. Juni 1845

Heute haben wir den ersten Eisberg gesehen. Ich hätte nicht gedacht, dass etwas so groß sein kann. Unser Schiff war wie eine Nussschale dagegen. Aus der Ferne sah es aus, als ob er oberhalb der Wasserlinie im Himmel schwimmen würde, ein riesiger weißer Klotz, aber als wir näher kamen, änderte er Form und Farbe. An der Wasserlinie hatten sich meergrüne Höhlen und Grotten gebildet, die Tümpel auf der Oberfläche leuchteten tiefblau, Kanten und Grate blaugrün. Die Farben wechselten, je nachdem, wie die Sonne darauf schien – fast so wie Matthis Augen, die sehen auch in jedem Licht anders aus, mal grau, mal grün, mal blau.

Als wir auf einer Höhe mit dem Eisberg waren, hatte ich das Gefühl, als ob eine Insel mit einer Zauberstadt darauf an uns vorbeitreiben würde: mit Wällen und Türmen und Säulen und übereinander geschachtelten Häusern. Wenig später ging die Sonne unter – da konnten wir ihn immer noch sehen, aber jetzt war er nicht mehr weiß oder blaugrün, sondern rosa und gelbrot und purpur, als ob ein riesiges Feuer auf dem Wasser flammte. Als die Sonne versunken war, zog er davon wie eine gewaltige Rauchwolke.

Es ist deutlich kälter geworden. Ich habe Jane eine dicke Decke genäht für ihr Bett und einen Mantel für tagsüber. Sie hat sich so an mich gewöhnt, dass sie am liebsten dauernd in meiner Nähe ist, und da die Schiffsjungen jeden Morgen das Deck schrubben müssen, turnt sie währenddessen in der Takelage herum, und das ist zu kalt für sie mit ihrem dünnen Fell.

Matthi hat sich sehr gewundert, als er mich nähen sah, dabei muss das jeder Seemann können. Allerdings hab ich das vor einem Jahr auch nicht gewusst. Ich werde es ihm beibringen und er mir das Stricken, das hat er von den Schäfern gelernt. Er hat für Jane einen Pullover gestrickt und eine Mütze und für mich eine in derselben Farbe, als Dank dafür, dass ich ihn am Anfang der Fahrt gepflegt habe. Wir haben ja eine ganze Menge Neulinge auf dem Schiff und alle haben gespuckt wie die Reiher, aber noch schlimmer seekrank als Matthi war bloß noch einer und der musste auf der Insel Rona mit den Schlepper-Schiffen zurückfahren.
Das Wetter war auch wirklich schrecklich, tagelang Sturm und Wellen wie Berge. In der Offiziersmesse, wo die Tische festgeschraubt sind, konnte man nur halbe Portionen servieren, weil die Tische so schräg standen, dass sonst alles herausgeschwappt wäre, und die Offiziere mussten sich am Tisch festhalten. Im Mannschaftslogis gibt es keine Tische, da werden bloß Holzplatten von der Decke herabgelassen und die haben so geschaukelt, dass wir sie wieder hochgezogen und im Stehen am Herd gegessen haben. So ein Wetter habe ich im Mittelmeer nicht erlebt und mir war fast etwas unheimlich, aber unser Eismeister Mr Reid fand alles ganz normal und der muss es wissen, denn er fährt schon sein halbes Leben die Grönland-Route und hat früher auf einem Walfänger gearbeitet.
Der Sturm war so schlimm, dass von den zehn lebenden Ochsen, die wir dabeihaben, zwei gestorben sind, aber in Stromness auf den Orkney-Inseln sind vier neue gekauft worden. Hoffentlich überstehen die die Fahrt besser, denn der Wind ist immer noch sehr stark. Ich kann mein Tagebuch kaum gerade halten und die Buchstaben werden ganz krakelig.

30. Juni

Vorgestern haben wir die Südspitze Grönlands erreicht. Mir ist ja der Eisberg schon riesig vorgekommen, aber der war nichts gegen die gigantische Mauer aus Eis, an der wir jetzt entlangfahren. Mr Reid sagt, sie ist viele tausend Jahre alt und Grönland ist zehnmal so groß wie England und fast völlig bedeckt von diesem gewaltigen Eispanzer.

Wir haben den nördlichen Polarkreis überquert. Das merkt man daran, dass die Sonne nicht mehr untergeht. Es ist ein merkwürdiges Gefühl, die Hängematten herunterzulassen und zu schlafen, wenn der Himmel draußen noch hell ist. Jane wurde ganz nervös und turnte die halbe Nacht durchs Logis. Jetzt habe ich eine Decke mit herunterhängenden Seiten über ihr Bett gespannt, darunter liegt sie wie in einem Zelt und wird von der Helligkeit nicht gestört. Auch Old Neptun und Jacko waren eine Nacht lang unruhig, haben sich aber schnell an das fremde Licht gewöhnt.

Das Wasser ist völlig durchsichtig wie grünes Glas und tief, tief unten sieht man schwankende Wedel von Seetang. Heute hat Commander Fitzjames den ersten Kupferzylinder mit einer Nachricht über Bord geworfen. Darin steht, auf welcher Position wir uns befinden und was bisher passiert ist. Außerdem wird der Finder des Zylinders in sechs Sprachen gebeten die Nachricht sofort an die englische Admiralität weiterzuleiten. Diese Zylinder werden in regelmäßigen Abständen von beiden Schiffen über Bord geworfen, dann kann man in London unseren Weg verfolgen.

5. Juli

Heute habe ich Geburtstag. Jetzt bin ich genauso alt wie Matthi, obwohl ich immer noch viel jünger aussehe, weil ich so klein und mager bin. Aber ich werde schon noch wachsen! Matthi hat gesagt, er ist auch erst in diesem Frühjahr so in die Höhe geschossen, vorher war er gar nicht viel größer als ich. Aber vielleicht sagt er das bloß, weil er mich trösten will. Ich bin sehr froh, dass er mit dabei ist. Man kann mit ihm über alles reden, über Albert und über Vater und über den unheimlichen Gefreiten Braine. Das heißt, meistens rede ich und Matthi hört zu, aber das kann er wirklich toll.

Mr Wall sagt, er ist ein Stockfisch, weil er so wenig sagt. Mr Wall ist der Koch. Er fühlt sich den meisten an Bord überlegen, weil er schon während der Antarktisfahrt auf der *Erebus* war, aber eigentlich ist er sehr nett und er kann ganz toll von diesen Jahren erzählen. Wir bringen ihm jeden Morgen die Eier, wenn wir den Hühnerkäfig sauber gemacht haben, und wenn wir mit Deckschrubben und den Hunden fertig sind, helfen wir ihm in der Küche.

Aber dass Matthi ein Stockfisch ist, das stimmt nicht. Als ich neu war auf der *Vesuvius*, im vorigen Jahr, da hab ich mich auch ganz still verhalten und bloß aufgepasst, was die anderen taten, damit ich nichts falsch machte. Jetzt erkläre ich Matthi alles, was ich schon weiß. Er lernt sehr schnell. Gefreiter Braine nennt ihn immer Vogelscheuche, weil er so lang und knochig ist, dabei könnte er selbst heilfroh sein, wenn er so ein nettes Gesicht hätte wie Matthi und so lustige weißblonde Haare, die um seinen Kopf stehen wie Igelstacheln, statt der verfilzten braunen Mähne, die er hat.

Gestern sind wir auf der Disko-Insel gelandet. Zwischen den Eisbergen schossen Eingeborene in ihren Booten umher und dirigierten uns zum Hafen. Man nennt sie Eskimos und ihre Boote Kajaks und beim ersten Anblick kamen sie mir etwas beängstigend vor, denn sie tragen pelzgefütterte Kapuzenjacken, die nur das Gesicht freilassen. Ihre Ärmel gehen in die Paddel über und ihre Jackenschöße sind mit den Booten verbunden, sodass sie aussehen wie Bootsmenschen oder Menschenboote.

An Land sah man dann, dass sie doch Beine haben und eigentlich ganz normal aussehen, nur kleiner und stämmiger und dunkelhäutiger als wir. Sie haben uns getrockneten Fisch verkauft, den haben wir in die Takelage gehängt, und sie haben uns auch geholfen die Ochsen zu schlachten und zu zerlegen, und das war gut, denn die Einzigen, die sich damit auskannten, waren die beiden Köche und Matthi. Die zwei Ärzte von unserem Schiff, die zufällig vorbeikamen, haben ihn sogar ausdrücklich gelobt, und zwar so, dass alle es hörten. Das war auch gut, denn der Gefreite Braine macht sich ständig über ihn lustig, weil Matthi so seekrank war. Ich würd mich ja schwarz ärgern an seiner Stelle, aber Matthi sagt, ihm ist der Mann völlig egal, er ist schlimmere gewöhnt.

12. Juli

Eine Woche lang haben wir jetzt alle Vorräte von der *Barretto Junior* auf unsere Schiffe umgeladen. Mr Osmer und der Zahlmeister von der *Terror* haben von früh bis spät mit ihren Listen dagestanden und alles verglichen. Die Mengen, die wir an Bord haben, sind einfach unvorstellbar und auf der *Terror* lagert fast genausoviel. Aus dem Mehl kann man 56.000 Brotlaibe oder 100.000 Portionen Zwieback backen, dabei gibt es noch zusätzlich 10.000 Pfund Mehl für Kuchen oder Puddings und 16.000 Pfund fertigen Zwieback.

Außer den 15.000 Pfund Fleisch in Konserven haben wir noch 30.000 Pfund Pökelfleisch, halb Rind, halb Schwein. Es gibt über 2.000 Gallonen Rum und 2.500 Gallonen Bier. Mr Osmer sagt, dass jedem Mann pro Tag eine Unze Zucker und eine Unze Tabak zustehen, aber Zucker braucht man ja auch zum Backen und Kochen, deshalb haben wir davon fast 7.000 Pfund und nur 3.500 Pfund Tabak, außerdem 4.500 Pfund Zitronensaft in Krügen und noch mal so viel Pfund Zucker zum Süßen, weil man ihn pur nicht herunterkriegt.

Als wir alles verstaut hatten, gab es an Bord kein freies Plätzchen mehr, sogar im Mannschaftsraum und auf Deck waren Kisten gestapelt und vertäut. Heute Mittag hat Sir Franklin für den Kapitän der *Barretto Junior* und alle Offiziere der drei Schiffe ein Abschiedsessen gegeben. Dann wurden die Briefe an zu Hause eingesammelt und die Leute von der *Barretto* gingen von Bord. Die Anker wurden gelichtet, die Segel gesetzt, die Schiffe gingen längsseits und alle Mannschaften schrien dreimal Hurra. Jetzt segelt die *Barretto* zurück nach England. Und wir durch die Baffin-Bucht in den Lancaster-Sund!

Was tun mir die drei Kranken Leid, die auf die *Barretto* geschickt worden sind! Wenn ich mir vorstelle, ich wäre schon in Grönland und müsste jetzt noch zurück, das wäre wirklich das Schrecklichste, was mir passieren könnte. Ich bin bloß froh, dass Matthi wieder rechtzeitig gesund geworden ist.

Das Wetter ist so warm, dass die Männer mit Polar-Erfahrung

davon reden, dass wir vielleicht bereits im ersten Anlauf die Durchfahrt finden und in ein paar Wochen schon in der Bering-Straße und auf dem Weg ins Japanische Meer sind. Ich fände das sehr schade! Wozu haben wir jetzt schon zum zweiten Mal all die Vorräte an Bord geschleppt, wenn wir sie am Ende gar nicht brauchen?
Matthi findet das auch. Er war mächtig beeindruckt, als Mr Wall ihm erzählt hat, dass es laut Essensplan jeden Tag Fleisch geben wird. Bei ihm zu Hause gab es das bloß am Sonntag und auch dann nicht immer. Schokolade hat er noch nie gegessen und auch noch nie Kakao getrunken und davon kriegt man an Bord jeden Tag einen Becher voll. Er sagt, von ihm aus kann die Reise ruhig mehr als drei Jahre dauern, so gutes Essen bekommt er bestimmt so schnell nicht wieder.

24. Juli

Heute haben Matthi und ich den ganzen Tag Vögel gerupft und ausgenommen. Am Abend waren die Decksplanken kaum noch zu sehen vor lauter blutverklebten Federn. Wir ankern an einem Eisberg, der oben eine Plattform hat, die fast so groß ist wie der Trafalgar Square. Und die war bedeckt von großen, schwarz-weißen Vögeln. Sie hatten offenbar noch nie Menschen gesehen, denn sie sind ganz ruhig sitzen geblieben, als die Soldaten mit ihren Gewehren gekommen sind. Nach ein paar Salven lagen hunderte am Boden. Die werden jetzt in großen Fässern eingesalzen, dann haben wir auch Geflügelfleisch.

Kapitel 7

»Schiff ahoi!«, schrie die Wache im Mastkorb.

Chris sprang auf und lief zur Reling, den halb gerupften Alk noch in der Hand. *Terror* und *Erebus* ankerten seit zwei Tagen an dem Eisberg und einige Soldaten hatten gerade neue Beute gebracht. Matthi drehte sich so, dass er das Meer überblicken konnte, blieb aber auf seiner Taurolle sitzen.

»Lass dich bloß nicht von Braine erwischen«, warnte er Chris. »Der packt dich am Kragen und schüttelt dich, dass dir alle Knochen klappern, wenn er sieht, dass du nicht arbeitest.«

»Kann er nicht!« Chris zeigte auf den Eisberg. »Er ist noch drüben und spielt den großen Jäger. Da, siehst du? Gerade legt er an. Tut so, als ob er zielen würde, dabei braucht man bloß einfach loszuballern, so viele Vögel sind da.«

Das Deck füllte sich mit Männern. Sogar Mr Wall ließ seinen Ofen im Stich. Wenn man sich so weit nördlich in der Baffin-Bucht befand, nämlich knapp oberhalb des 74. Längengrades, dann war das Auftauchen eines Schiffes eine Überraschung. Es fuhr unter vollen Segeln und näherte sich rasch.

»Ein Walfänger«, sagte Eismeister Reid. »Erstaunlich spät im Jahr.«

Die Offiziere standen am Bug und hielten ihre Ferngläser an die Augen.

»Die *Enterprise*, Sir«, meldete Commander Fitzjames. »Ausgezeichnetes Tempo.«

Sir Franklin nickte. »Sie hat genau den Wind, der uns hier festhält. Aber auf diese Art erfahren wir wenigstens das Neueste vom Eis vor uns.«

Wenig später ging die *Enterprise* längsseits. Ein Gestank nach faulem Fisch umgab sie, das Deck war fast fußhoch von weißlichen Fettschichten und gestocktem Blut bedeckt und auch die Männer, die sich an der Reling drängten, waren fett- und blutverschmiert.

»Was können wir froh sein, dass wir nicht auf einem Walfänger arbeiten müssen!«, flüsterte Chris.

Matthi nickte. Die *Erebus* war ein schwimmender Palast gegen die *Enterprise* und jeder war ein Glückspilz, der auf ihr sein durfte. Ihm jedenfalls war es noch nie in den letzten vier Jahren so gut gegangen wie jetzt.

»Captain Martin mit der *Enterprise* auf dem Heimweg nach England«, tönte es herüber.

Commander Fitzjames reichte Sir John ein Sprachrohr, aber der schüttelte den Kopf. »Captain Franklin mit den Schiffen Ihrer Majestät *Erebus* und *Terror* auf der Suche nach der Nordwest-Passage.« Seine Stimme war so laut und kräftig, dass er wirklich kein Sprachrohr brauchte.

»Welchen Weg wollen Sie nehmen, Sir?«

»Ich habe Befehl, durch die Barrow-Straße zum Kap Walker zu fahren und von dort die kürzeste Verbindung zur Bering-Straße zu suchen.«

Captain Martin schüttelte den Kopf. »Das wird nicht möglich sein, Sir. Wir sind gerade noch mit knapper Not durch die Barrow-Straße gekommen. Inzwischen ist sie bestimmt zugefroren.«

Die Offiziere wechselten Blicke. Sir Franklin sah Eismeister Reid an. Der trat neben ihm an die Reling.
»Trotz der Wärme der letzten Woche?«, fragte er.
Captain Martin hob die Schultern. »Das Wetter ist ungewöhnlich in diesem Jahr, das stimmt. Der wärmste Sommer seit vielen Jahren. Ich will nicht ausschließen, dass das Eis wieder aufgebrochen ist. Aber die Barrow-Straße ist fast genauso unberechenbar und tückisch wie die Victoria-Straße, da lässt sich kaum etwas vorhersagen. Wie lange soll Ihre Suche dauern, Sir?«
»Ich habe Proviant für vier Jahre. Wenn wir alle Möglichkeiten zur Jagd nutzen, kann er notfalls auch für sieben Jahre reichen.« Sir Franklin zeigte auf die Soldaten auf dem Eisberg. »Wir legen gerade einen Geflügelvorrat an.«
»Menschenskind, stell dir das mal vor!« Chris brachte es kaum fertig seine Stimme zu dämpfen. »Dann sind wir einundzwanzig. Volljährig!«
»Wie kommt er denn auf die Zahlen?«, fragte Matthi leise. »Es war doch immer von Proviant für drei Jahre die Rede. Wieso denn jetzt vier oder sogar sieben?«
»Du hörst doch, wir gehen auf Jagd. Hoffentlich dürfen wir auch mit. Ich würde am liebsten einen Eisbären schießen, dann kann ich Mutter das Fell mitbringen.«
»Kannst du denn schießen?«
Chris grinste. »Ich werde den Gefreiten Braine bitten, dass er's mir beibringt.«
Inzwischen hatte die *Enterprise* ebenfalls an dem Eisberg festgemacht und die Kapitäne tauschten Einladungen aus. Einige Offiziere gingen an Bord des Walfängers und Captain Martin versprach sehr erfreut am nächsten Abend zum Dinner zu kommen.

Aber am Morgen des 27. Juli drehte der Wind plötzlich und brachte günstigen Wind, sodass Sir Franklin den sofortigen Aufbruch befahl.
Am Nachmittag trafen sie einen weiteren Walfänger, die *Prince of Wales*, deren Kapitän in seinem Logbuch vermerkte, dass die Mannschaften der *Erebus* und der *Terror* in bester Laune gewesen seien und davon gesprochen hätten, die Suche nach der Nordwest-Passage möglichst schnell zu einem erfolgreichen Ende zu bringen.

Der günstige Wind hielt an. Im August segelten sie durch den Lancaster-Sund an Nord-Devon vorbei, dessen Felsenküste so abweisend wirkte wie eine riesige Gefängnismauer. Chris hatte einmal Urlaub bei Freunden seiner Eltern in Devon gemacht und erinnerte sich an sanfte grüne Hügel mit großen Schaf- und Rinderherden, an kleine Wäldchen und blumengeschmückte Dörfer. Warum hatte man diese düstere Gegend in der Arktis wohl nach einer so freundlichen Grafschaft genannt? Vielleicht wollten die Entdecker einen makabren Witz machen? Vielleicht hatten sie auch an Dartmoor, das riesige Moorgebiet gedacht, von dem die Leute sich Schauergeschichten über versunkene Wanderer und entsprungene Sträflinge und konservierte Moorleichen erzählten. Dartmoor sah tatsächlich so unheimlich aus wie Nord-Devon, wenn auch nicht so felsig.
Als die Schiffe sich der Barrow-Straße näherten, bewahrheitete sich Captain Martins Vorhersage: Eine Barriere aus Eis versperrte ihnen den Weg. Sir Franklin befahl eine Änderung der Route und ließ die Schiffe direkt nach Norden steuern, durch den Wellington-Kanal zwischen Cornwallis-Land und Nord-Devon.

Eines Morgens kniete Matthi vor dem Hühnerkäfig und hob behutsam eine Henne nach der anderen heraus, um sie in einen leeren Käfig zu setzen. Die Tiere stimmten ein derartiges Geschrei an, wenn er nach Eiern suchte, dass er sie vorher immer ausquartierte. Schritte näherten sich und machten in seiner Nähe Halt.
»Was denkt Sir John sich eigentlich dabei, immer weiter nach Norden zu fahren?«
»Das kann ich Ihnen sagen.«
Matthi spitzte die Ohren. Das mussten zwei Offiziere sein. Die Matrosen nannten Sir Franklin insgeheim Old Frank, denn er war mit seinen 59 Jahren bei weitem der Älteste auf beiden Schiffen. Aber sie sagten es immer mit einem anerkennenden Unterton, denn alle waren seit der Atlantikfahrt sehr beeindruckt von ihm, da hatte er trotz des Sturms alle Segel setzen lassen. Wie ein junger Draufgänger! Die Offiziere erlaubten sich solche Freiheiten nicht, sie sprachen nur von Sir John. Von den Stewards hatte Matthi gehört, dass alle für den Kapitän schwärmten, weil er sogar die ganz Jungen wie Kameraden behandelte.
»Sie kennen doch die Theorie, dass sich hinter dem Packeisgürtel eine freie Wasserfläche erstreckt, die bis über den Nordpol reicht?«
»Ja, ich habe davon gehört. Das richtige Polarmeer gewissermaßen.«
Das waren Mr Osmer und Mr Reid. Inzwischen konnte Matthi jeden an Bord an der Stimme unterscheiden, sie waren immerhin schon über ein Vierteljahr unterwegs.
»Sir Franklin ist ein Anhänger dieser Theorie«, erklärte der Zahlmeister. »Ich weiß, dass er mehrmals versucht hat bei der Admiralität diese Route durchzusetzen. Und sie ist tatsächlich in den

Anweisungen für diese Expedition als eine Möglichkeit anerkannt worden.«

»Aber doch nicht in dieser Jahreszeit!« Der Eismeister klang entsetzt. »Ich habe lange genug bei den Walfängern gearbeitet. Nach deren Erfahrungen sind wir jetzt schon viel zu spät dran. Ich hab mit eigenen Augen gesehen, dass bereits im August Schiffe von den Schollen wie Haselnüsse geknackt wurden, in weit südlicheren Positionen als unserer jetzt. Nur im Juni und Juli kann man vor dem Eis einigermaßen sicher sein. Und ich sage bewusst *einigermaßen.* Sicher ist man nie.«

»Sie haben doch gehört, was Captain Martin gesagt hat: Es ist der wärmste Sommer seit Menschengedenken. Außerdem haben wir ja Dampfmotoren an Bord und . . .«

»Die sind für den Notfall reserviert«, unterbrach ihn Eismeister Reid. »Das steht auch in den Anweisungen der Admiralität. Sie dürfen nur in Betrieb genommen werden, wenn ein Einfrieren der Schiffe droht oder wenn wir hinter einem schmalen Eisgürtel eine freie Passage entdecken.«

»Nun gut, dann werden wir eben weitersegeln. Bis jetzt ist doch alles ausgezeichnet gelaufen. Sie kennen die Karte so gut wie ich, Mr Reid. Wir sind so weit nördlich wie noch kein Mensch vor uns. Wir haben die Küstenlinie von Nord-Devon vermessen und haben entdeckt, dass Cornwallis eine Halbinsel ist, vielleicht sogar eine Insel. Und dass zwischen beiden ein Kanal hindurchführt.«

»Die Frage ist nur, wohin«, murmelte Eismeister Reid.

Das wird Old Frank schon noch herausfinden, hätte Matthi am liebsten gerufen, aber er hielt den Mund. Schiffsjungen redeten mit Offizieren nur, wenn sie gefragt wurden, das war eine der ersten Regeln, die Chris ihm eingeschärft hatte.

»Es ist durchaus möglich, dass er uns direkt in die Nordwest-Passage führt«, erklärte der Zahlmeister etwas gereizt. »Man merkt, dass Sie noch nie auf einem Expeditionsschiff gefahren sind – mit Verlaub, Mr Reid. Deshalb sind wir ja unterwegs, um die Frage nach dem Wohin zu beantworten. Und Sir John ist der ideale Mann dafür. Er hat mehr Schiffbrüche und Schlachten und Todesgefahren überstanden als jeder andere auf diesem Schiff. Es ist, als ob das Schicksal ihm nichts anhaben könnte. Wahrscheinlich hat ihm die Admiralität deshalb diese Expedition übertragen, weil sie sicher ist, dass Sir John Erfolg haben wird. Und jetzt entschuldigen Sie mich, ich habe zu tun.«

Seine Schritte entfernten sich auf den Planken. Matthi richtete sich auf und sah gerade noch, wie Mr Reid kopfschüttelnd hinter dem Zahlmeister hersah und sich dabei bekreuzigte. Als er Matthi sah, kam er zu ihm herüber.

»Hast du das gehört, Evans? Das Schicksal kann ihm nichts anhaben? Das nenne ich den Himmel versuchen!« Er bekreuzigte sich gleich noch einmal.

Matthi stellte den Korb mit den Eiern auf eine Kiste und hob die Hennen wieder in ihren Käfig. »Vielleicht meint er, dass Gottes Segen auf Old – auf Sir John ruht, weil er so fromm ist und so viel betet?«

»Dein Wort in Gottes Ohr, Evans! Aber das sag ich dir und das kannst du mir glauben, auch wenn ich noch nie auf einem Expeditionsschiff gefahren bin: Die Arktis ist die grausamste, erbarmungsloseste Gegend der Erde, und wenn man in ihr unterwegs ist, dann muss man ständig mit dem Schlimmsten rechnen.« Immer noch kopfschüttelnd, ging er davon.

Am Abend schrie die Wache im Mastkorb: »Land in Sicht!« Aber beim Näherkommen sahen die Männer, dass es kein Land war. Eine Mauer aus Eis erhob sich vor ihnen, so hoch, dass nur der Mann im Krähennest sie überblicken konnte.

»Geschlossene Eisdecke«, meldete er. »Kein Riss zu sehen.«

Zwei Tage lang kreuzten die Schiffe vor der Mauer, fanden aber keinen Durchschlupf. Schließlich gab Sir Franklin den Befehl zur Umkehr. Die Schiffe nahmen nicht denselben Weg wie auf der Hinfahrt, sondern fuhren westlich an Cornwallis-Land vorbei und bewiesen so, dass es eine Insel war.

Das erfuhren Matthi und Chris von Mr Wall, während sie den großen Ofen mit Kohlen fütterten. Der Koch war mit Unteroffizier Brown befreundet, der ebenfalls mit der *Erebus* in der Antarktis gewesen war, und der versorgte ihn mit allen Neuigkeiten.

»Old Frank ist auf der Suche nach einem sicheren Winterhafen«, fuhr Mr Wall fort. »Wenn ihr mich fragt, so gehen wir am besten schleunigst vor Anker. Es gibt entschieden zu viele Eisschollen auf dem Wasser für meinen Geschmack. Und mein linker Fuß plagt mich schon den ganzen Tag, das ist immer ein schlechtes Zeichen. Aber Old Frank will so weit südlich wie möglich, damit er im nächsten Jahr noch einmal die Barrow-Straße in Angriff nehmen kann. Geht an die Pumpen, Jungs, ich brauche Wasser für die Suppe.«

Vor der winzigen Küche mitten im Mannschaftsquartier waren zwei Pumpen installiert worden, die mit Wassertanks im Schiffsbauch verbunden waren. Matthi und Chris nahmen jeder einen großen Kessel, aber bevor sie die Pumpenschwengel bewegen konnten, schüttelte sich das Schiff wie ein bockendes Pferd. Die beiden Jungen wurden gegen die Wand der Kombüse geschleudert, die Kessel rollten zu Boden. Von oben schrillte die Schiffspfeife das Kommando: »Alle Mann an Deck!«.

Im Mannschaftsraum wurde es lebendig. Chris drückte Matthi seinen Kessel in die Hand.

»Sag Mister Wall, er muss alleine pumpen. Ich geh schon mal vor.«

Er rannte hinter den Matrosen her, die im Gang zur Schiffsleiter verschwanden.

Mr Wall winkte ab, als Matthi zu einer Erklärung ansetzte. »Ich kannte schon alle Signale, da lagst du noch in den Windeln. Beeil dich, Evans! Vorläufig kommen wir sowieso nicht zum Essen.«

Als Matthi seinen Kopf aus der Luke steckte, verschlug ihm der Anblick den Atem. Während er mit Chris einen Sack Kohle aus dem untersten Deck in die Küche geschleppt und teilweise verfeuert hatte, war draußen eine schreckliche Veränderung vor sich gegangen. Der Himmel hoch oben leuchtete noch weißblau, aber weiter unten hatte er sich pechschwarz verfärbt und aus den dunklen Wolkenbergen brachen heulende Böen. Die lockeren Eisschollen hatten sich übereinander getürmt und bildeten jetzt eine fast geschlossene Fläche, die sich in Schwindel erregendem Tempo hob und senkte, gepeitscht vom Sturm. Matthi geriet ins Taumeln, als er sich an Deck schob.

»Enter auf! Auf Marsrahe! Auf Bramrahe!« Commander Fitzjames schrie Kommandos. »Alle Segel reffen!«

Die Matrosen griffen in die Wanten, kletterten immer höher. Das Schiff bebte in der Wucht des Sturms. Matthi fühlte das Holz des mittleren Mastes unter seinen Händen zittern. Dort war sein Platz, neben Chris, der sich ebenfalls mit einer Hand am Mast

festhielt, während er mit der anderen versuchte die herabrauschenden Segel zu bergen.
Eine weiße Wand wuchs vor der Reling in die Höhe, zersplitterte in dunkelgrüne Risse, brach über das Deck. Eisiges Wasser strudelte über die Planken, kleine Eisbrocken zischten wie Geschosse durch die Luft, große krachten herunter, dass die Bohlen zitterten. Matthi hatte das Gefühl, als ob man unter ihm einen Teppich weggezogen hätte, das Wasser riss ihn einfach von den Füßen. Er umklammerte den Mast mit beiden Armen. Das ist das Ende, dachte er. Ein Schlag traf seine Stirn, brannte scharf, etwas lief warm über sein Gesicht, sein Kopf dröhnte – er ließ nicht los.
Irgendwie kam er wieder auf die Füße und versuchte das eisenharte, gefrorene Segeltuch zu bergen, das seine Finger zum Bluten brachte. Die Luft war von schrecklichen Geräuschen erfüllt, die einander übertönten: das durchdringende Sirren, wenn die Leinwand der Segel riss, das an- und abschwellende Brüllen des Sturmes, der je nach Stärke der Böen höher oder tiefer heulte, das knirschende Mahlen und Bersten der Schollen, das explodierende Klatschen, als die nächste Sturzsee das Deck traf. Von der schwindelnden Höhe eines Wogenkammes stürzte das Schiff in ein Wellental, wurde emporgeschleudert, stürzte wieder nach unten.
Stunde um Stunde ging das so. Matthi war müde zum Umfallen und fast blind vom Salzwasser, jeder Knochen tat ihm weh, seine Kleider trieften vor Nässe und begannen zu frieren. Er war wie betäubt von Erschöpfung und Schmerzen. Trotzdem hörte er den Schrei dicht neben seinem Ohr. Er drehte den Kopf und sah, dass Chris mit angstverzerrtem Gesicht nach vorne starrte. Mat-

thi folgte seinem Blick: Ein riesiger Eisberg türmte sich vor ihnen auf.

Matthi brauchte ein paar Augenblicke, ehe er merkte, dass der Eisberg nicht wie das Schiff vom Sturm nach Nordwesten gepeitscht wurde, sondern sich in die entgegengesetzte Richtung bewegte, nämlich auf sie zu. Dieser gewaltige Klotz trotzte den Orkanböen, als ob sie ein Lufthauch wären. Eine unsichtbare Kraft trieb ihn nach Süden und der Sturm konnte ihn nicht von diesem Weg abbringen.

Und erst dann begriff Matthi, dass damit ihr Todesurteil gesprochen war. Denn hinter dem Eisberg tauchte die eisgepanzerte Felsenküste der Cornwallis-Insel auf. Selbst wenn ein Wunder geschah und das Schiff an dem Eisberg vorbeikommen würde, dann würde der Sturm es gegen die Küste schmettern und zermalmen – und auch die *Terror,* die neben ihnen von den tobenden Wellen geschüttelt wurde und auf und nieder stieg wie ein Korken. Die beiden robusten Dreimaster, der Stolz der englischen Nation, würden von Wellen und Eis zermahlen werden und in wenigen Stunden nur noch zerfaserte Holzteile sein – trotz all ihrer verstärkten Planken und ihrer Dampfmaschinen.

Die nächste Sturzsee donnerte hinter ihnen her, überschlug sich, bevor sie das Heck erreicht hatte – und begrub das Schiff nicht unter sich, schleuderte es auch nicht gegen den Eisberg, sondern schwemmte es an seiner Spitze vorbei. Die gläserne Wand erhob sich so dicht neben der Reling, dass man sie mit ausgestrecktem Arm hätte berühren können.

Beten, dachte Matthi, ich muss beten. Lieber Gott, bitte, bitte, hilf mir, lass mich nicht untergehen. Bitte, lass mich nicht ertrinken. Nein, es musste etwas Feierliches sein, etwas aus dem Ge-

betbuch. Was hatte Großmutter immer gebetet beim Gewitter, wenn er sich so gefürchtet hatte? »Aus tiefster Not schrei ich zu Dir, höre, oh Herr, meine Stimme. Herr, lass mich nicht zu Schanden werden.« Er sah, dass Chris die Lippen bewegte, und wusste, er betete auch. Nur Gott konnte jetzt noch helfen.
Obwohl die *Erebus* kaum noch Segel oben hatte, jagte der Sturm sie am Eisberg entlang.
Eine Stimme brüllte: »Hart backbord!«.
Die *Erebus* schwenkte zur Seite. Und dann war auf einmal Stille, eine unbegreifliche Stille. War es nur ein Atemholen des Sturmes vor der nächsten Bö, vor der nächsten prasselnden Sturzsee?
»Dockt an!«, schrie die Stimme.
Matthi sah, dass längs der Reling mindestens zwanzig Mann standen, mit Eispickeln und Bootshaken und Tauen in den Händen. Die *Erebus* machte am Eisberg fest, in ruhigem Wasser, geschützt vor Sturm und Sturzseen! Das Deck kippte nicht mehr von einer Schräglage in die nächste, das fürchterliche Schütteln und Schwanken hörte auf. Matthi faltete die Hände. Lieber Gott, ich danke dir. Ich werde – ich werde –, es fällt mir jetzt nichts ein, mein Kopf ist ganz leer, aber ich werde irgendetwas geloben.
Gefreiter Braine, der zu den Verwegensten gehörte, sprang auf einen flachen Vorsprung des Eisbergs und schlug eine Talje ein, einen Flaschenzug, mit dem das Ankertau hinaufgehievt und befestigt werden konnte. Wenig später rettete sich auch die *Terror* in den Schutz des Eisbergs. Beide Schiffe blieben dort und ließen sich nach Süden ziehen wie von einer gewaltigen, lautlosen Lokomotive, bis der Orkan in den frühen Morgenstunden abflaute.

Kapitel 8

Unter Überwintern hab ich mir was anderes vorgestellt, verflucht – äh –, verflixt noch mal!« Gefreiter Braine war der Einzige, der den strikten Befehl von Sir Franklin noch manchmal vergaß. Aber nachdem ihm einmal wegen seines Fluchens die tägliche Rumration gekürzt worden war, verbesserte er sich wenigstens jedes Mal.

»Hast wohl geglaubt, du könntest den ganzen Tag rauchen und Kartenspielen, was?« Unteroffizier Brown, der drei Jahre lang mit der *Erebus* in der Antarktis gewesen war, lächelte überlegen. »Dienst im Eis ist doppelter Dienst, das wirst du schon noch merken. Jedenfalls in den ersten Wochen. Wir müssen jeden Tag nutzen, bevor der Boden friert. Also zieht durch, zieht durch.«

Gefreiter Braine legte sich in die Riemen, die anderen Ruderer ebenso. Aber das Rettungsboot bewegte sich nur langsam durch die Bucht, denn es war fast randvoll mit Holzbalken beladen. Schließlich knirschte der Bug auf dem Kies. Officer Brown sprang heraus und hielt ihn fest, gefolgt von Matthi und Chris, während die Männer die Balken heraushoben.

»Nehmt einen und tragt ihn zum Bauplatz«, befahl Officer Brown den Jungen. »Und holt euch von dort Verstärkung. Wenn wir mit der nächsten Fuhre kommen, möchte ich den Strand frei sehen.«

»Aye, aye, Sir!«, sagten Matthi und Chris wie aus einem Munde.

Knirschend legte das Boot ab. Auch die Stiefel der beiden knirschten über den Kies.

»Komisches Geräusch«, sagte Matthi. »Ich hab mich immer noch nicht dran gewöhnt. Tut einem fast an den Zähnen weh.«

»Das kommt, weil wir fast fünf Monate lang bloß Holz unter den Füßen gehabt haben.« Chris stolperte. »Verflixte Steine!«

Matthi schnaufte. »Bloß Holz ist gut. Ich weiß noch genau, wie die Eisbrocken kniehoch auf Deck lagen. Kein Stückchen Planke war mehr zu sehen.«

Unwillkürlich fasste er an seine Stirn. Wo ihn der Eissplitter getroffen hatte, verlief ein breiter Schorfstreifen. Das würde wohl eine Narbe geben, hatte der Arzt gesagt: »Das ist die passende Erinnerung an deinen ersten Orkan, Evans. Und wenn du immer mit so einem Kratzer davonkommst, kannst du dem Herrgott danken.«

Chris ließ sein Ende des Balkens fallen. »Warte mal, ich habe einen Stein im Schuh.«

»Lass uns lieber weitergehen, solange Officer Brown uns noch im Blickfeld hat. Der tut so, als ob es auf jede Minute ankäme. Dahinten ist ein großer Steinblock, da können wir anhalten.«

Während Chris seinen Stiefel aufschnürte, betrachtete Matthi die düsteren Felswände der Beechey-Insel, vor der die beiden Schiffe Anker geworfen hatten. Ein schmaler Kiesstreifen verband die Insel mit Nord-Devon, an dem sie schon vor einigen Wochen vorbeigesegelt waren. Auch dort ragten dunkelgraue Felsen in die Höhe.

»Ein idealer Platz«, hatte Officer Brown seinem Freund Mr Wall zufrieden erklärt. »Ein kleiner natürlicher Hafen zwischen zwei Inseln. Der Kieseluntergrund bietet guten Halt für die Anker und die Berge schützen uns auf drei Seiten vor Sturm und Schnee. Außerdem ist der Strand an einer Stelle so flach, dass wir dort bauen können. Sir Franklin hat in einer Ansprache an die Offiziere klargestellt, dass ein Überwintern im Plan der Admiralität vorgesehen war, sogar ein mehrmaliges, und dass wir die nächsten Monate angenehm und ertragreich gestalten werden.«

Das war vor zwei Wochen gewesen und seither hatten sie in neu eingeteilten Schichten fast rund um die Uhr gearbeitet, und zwar nicht nur die Seeleute, sondern auch die Soldaten und alle Unteroffiziere und Deckoffiziere. Die Rettungsboote waren zu Lastkähnen umfunktioniert worden, denn die Schiffe ankerten einen Musketenschuss vom Strand entfernt, und alles musste an Land gerudert werden.

Matthi und Chris nahmen den Balken wieder hoch und trugen ihn zum Bauplatz. Dort waren die Zimmermänner der beiden Schiffe dabei, aus dem mitgebrachten Bauholz vier Hütten aufzurichten: eine große, die als Lager dienen sollte, zwei kleine als Werkstätten für Schreiner und Schmiede, eine noch kleinere als Observatorium. In der Schmiede, die am wärmsten sein würde, wurde ein Waschraum abgeteilt.

Während die Zimmermänner und ihre Gehilfen die Stämme in den steinigen Boden trieben, die Ritzen dichteten, die Dächer befestigten, arbeiteten die Matrosen an Deck: Alle Masten wurden abgebaut und samt allen Segeln und Seilen an Land gebracht. Zum Schluss standen nur noch die unteren Stümpfe der drei Masten, knapp zwei Meter hoch.

So ohne alle Aufbauten sahen die Schiffe irgendwie fremd und traurig aus, fand Matthi, aber er verstand, was die alten Polar-Hasen erklärt hatten: Masten und Takelage würden während der

Wintermonate durch die dicken Eisschichten, die sich auf ihnen bilden würden, um viele Tonnen schwerer werden. Und dann konnten sie in einem Sturm abbrechen oder das Schiff sogar zum Kentern bringen.

Mitte Oktober begriffen auch die Neulinge, warum die Offiziere sie so zur Eile angetrieben hatten: Die Temperaturen sanken stetig, die Sonne stand immer kürzer am Himmel und schob sich nur noch ein Stückchen über den Horizont, sodass ein eigenartiges Zwielicht herrschte. Matthi fühlte sich an seinen ersten Besuch in London und an den Nebel erinnert. Der war in den Außenbezirken auch so fahl und grünlich gewesen, bis man sich schließlich zwischen den hohen Häusern gefühlt hatte, als bewege man sich in stinkender, feuchter Watte.

Er wusste noch genau, was für ein unheimliches Gefühl das gewesen war und dass er sich fast gefürchtet hätte. Ein knappes halbes Jahr war das erst her. Jeden Morgen, wenn er an Deck kam, ging sein erster Blick zur Sonne. Beklommen beobachtete er, wie sie immer tiefer sank. Schließlich fragte er Mr Wall. Der lachte.

»Hat dir Officer Brown Angst gemacht? Der fühlt sich als alter *Erebus*-Mann den meisten an Bord überlegen. Außer uns beiden und den zwei Offizieren hat ja noch niemand in der Arktis überwintert. Na ja, Old Frank natürlich, aber der war nicht auf einem Schiff, sondern an Land. Obwohl's ihm da viel schlimmer gegangen ist als uns, das muss ich zugeben.« Er hob den Deckel von einem Fass mit Pökelfleisch. »Lieber Himmel, das ist ja wieder fast mehr Lake als Fleisch. So ein versalzenes Zeug hab ich lange nicht erlebt. Wahrscheinlich, weil's drei Jahre halten soll. Hier, leg die Stücke mal ins Wasser.«

Jeder wusste, dass der Koch genauso stolz war auf seine Antarktis-Expedition wie Officer Brown und auf die Neulinge an Bord herabsah. Aber weil Matthi ihm in seinen Freistunden unaufgefordert in der Küche half, war er viel freundlicher zu ihm als zu den anderen. Jetzt nahm er einen Sack mit Zwiebeln und fing an sie zu schälen. Auch Matthi holte sich ein Messer und ein Brett. Die Kombüse war einer seiner Lieblingsplätze an Bord. Dass es tatsächlich jeden Tag drei Mahlzeiten gab, begeisterte ihn immer noch. Nichts war schöner, als bei der Zubereitung zu helfen. Außer vielleicht, die Masten zu entern.

»Also die Polarnacht macht dir Sorgen?« Innerhalb von Sekunden hatte Mr Watt eine dicke Zwiebel in kleine Würfel gehackt und griff nach der nächsten. »Na ja, am Anfang ist es schon ein bisschen unheimlich – da beißt die Maus kein'n Faden von ab. Du merkst zum ersten Mal in deinem Leben, wie abhängig du von der Sonne bist. Dass sie einfach wegbleibt und überhaupt nicht mehr auftaucht, nicht mal ein halbes Stündchen, und das drei Monate lang – das kann einem schon zusetzen. Hat Officer Brown dir von den Matrosen erzählt, die den Verstand verloren haben?«

Matthi schüttelte den Kopf. »Ich hab noch mit niemandem drüber geredet. Über die Polarnacht, meine ich. Den Verstand verloren? Tatsächlich?«

Der Koch strich einen Berg Zwiebelwürfel in einen Topf. »Es ist eine Frage der Einstellung, wenn du mich fragst. Du musst dir nur Folgendes klarmachen: Du bist nicht lebendig begraben. Und es lauern auch keine bösen Geister in der Dunkelheit auf dich. Die Polarnacht ist in der Arktis und in der Antarktis eine völlig natürliche Erscheinung. Captain Crozier hat das der Mannschaft damals so gut erklärt, dass ich es bis heute behalten habe.« Er hielt eine dicke Zwiebel hoch und eine kleinere daneben. »Das ist die Sonne. Und das die Erde. An Wurzel und Spitze liegen die Pole. Die Erde dreht sich um sich selbst und um die Sonne. Und wenn die Erde in dieser Lage ist«, er veränderte die Position der Zwiebeln zueinander, »dann zeigt sie der Sonne gewissermaßen voll die eine Seite und die andere liegt im Dunkeln. Das ist ein naturwissenschaftliches Gesetz, verstehst du? Und nach demselben Gesetz taucht die Sonne immer wieder auf. Zum Fürchten besteht überhaupt kein Grund.«

Er zog Sonne und Mond die Haut ab und verwandelte sie in Würfel. Matthi fragte sich, ob er wohl irgendwann einmal das Messer auch so schnell bewegen könnte. Wenn er wenigstens Fleisch vor sich gehabt hätte! Damit kannte er sich aus. Aber Zwiebeln! Er war immer noch bei seiner dritten.

»Wenn es wochenlang finster ist, was machen wir denn dann den ganzen Tag?«

»Na, ich hoffe, du hilfst mir weiter in der Küche. Im Zwiebelschneiden zum Beispiel kannst du dich noch steigern.« Mr Wall begutachtete die ungleichmäßigen Stückchen auf Matthis Brett. »Das kommt schon noch. Übung macht den Meister. Und weißt du, das ist das Entscheidende im arktischen Winter: Man muss sich ständig beschäftigen. Wenn man nur darauf horcht, wie der Wind heult und das Eis stöhnt, dann dreht man tatsächlich durch. Deshalb hab ich mich doch sofort für diese Expedition gemeldet, als ich gehört hab, dass Captain Crozier mit von der Partie ist. Denn der weiß, was überwintern heißt. Drei Jahre haben wir ausgehalten in der Antarktis und keine Seele verloren. Er hat uns ständig auf Trab gehalten. Eine Bordzeitung haben wir gemacht und Konzerte und Theateraufführungen. Er hat sogar selbst mitgespielt. Und Unterricht hat er gegeben, wie in der Schule. Am Schluss waren wir mindestens doppelt so schlau wie vorher. Wart's nur ab, wenn du erst zwei-, dreimal in der Arktis überwintert hast, dann machst du deine Midshipman-Prüfung mit links.«

In den nächsten Tagen waren alle Männer damit beschäftigt, die Schiffe zu entladen, um sie leichter zu machen, damit eine noch so große Schnee- und Eislast sie nicht unter Wasser drücken konnte – oder eher unters Eis, denn das Wasser des kleinen Hafens war längst gefroren. Tonnenweise wurden Ketten, Kohlensäcke, Segel, Seile, Fässer mit Pökelfleisch und Konserven an Land gebracht und unter Planen oder im Vorratshaus verstaut. Es dauerte viel länger als vor der Abfahrt in London, denn inzwischen herrschte mehrere Stunden am Tag dichtes Schneetreiben.

Es gehörte jetzt nicht mehr zu den Aufgaben der Schiffsjungen, jeden Morgen das Deck zu säubern, sondern sie mussten den frisch gefallenen Schnee festtrampeln, bis diese Isolierungsschicht mehr als einen Fuß dick war. Nun verstanden Matthi und Chris auch, warum die Zimmerleute in den ersten Tagen eimerweise Sand aufs Schiff geschleppt hatten, wenn sie von ihrer Arbeit auf der Insel zurückkamen: Er wurde auf die Schneeschicht gestreut, damit man nicht ausrutschte. Anschließend spannten die Männer ein Gerüst aus Latten und Schnüren zwischen den Unterteilen der Masten aus und überdeckten es mit Segeltuch, das an der Reling festgezurrt wurde. So entstand ein Schutzdach, unter dem man sich bei schlechtem Wetter bewegen konnte.

Auch um die Außenwände der Schiffe wurde der Schnee aufgehäuft und festgeklopft, sodass sie hinter der schützenden, isolierenden Eismauer fast verschwanden. Zwischen Schiffen und Hafen wurden mannshohe Pfähle ins Eis gerammt und mit Schildern versehen: Eine schwarze Hand auf weißem Grund für den Weg zum Schiff, eine weiße auf schwarzem für den Weg zu den Blockhäusern am Ufer. Zwischen den Pfählen wurden Seile gespannt. Am Anfang kamen den Jungen diese Maßnahmen übertrieben vor – bis zu dem Tag, an dem sie von einem Schneesturm überrascht wurden.

Sie hatten wie jeden Vormittag den kleinen Ofen im Observatorium geheizt. Auf gefrorenen Sockeln aus Kies standen dort zwei Apparate, die Magnetometer und Teleskop hießen und mit denen die Offiziere täglich Messungen und Berechnungen anstellten. Chris interessierte sich sehr dafür, aber er hatte noch nicht zu fragen gewagt, wie die Apparate funktionierten. Eines Tages würde er sich ein Herz fassen, das nahm er sich jeden Morgen vor. Als er die Türe öffnete, war die Luft weiß von Flocken und der Wind sauste.

»Wir sollten besser hier bleiben und warten, bis der Schnee schwächer wird«, sagte Chris.

»Aber das kann Stunden dauern und es gibt bald Mittagessen! Das willst du doch wohl nicht verpassen?«

»Warum denn nicht? Ja, ja, schon gut, ich sehe deinem Gesicht an, dass du bis zum Abendessen verhungert sein wirst. Du bist wirklich fast so gefräßig wie Old Neptun.« Chris schob den Riegel vor. »Los, wir machen ein Wettrennen bis zum ersten Pfosten.«

Aber sobald sie aus dem Windschatten der Felsen herauskamen, fuhr ihnen der Schnee entgegen wie ein waagerechter Wasserfall. Es war, als ob man gegen eine starke Strömung ankämpfen würde. Sie konnten keinen schnellen Schritt mehr machen. Die Eiskristalle peitschten ihnen ins Gesicht. Die Jungen legten die Hände vor die Augen. Es war ohnehin nichts mehr zu sehen außer Schnee. Nach einigen Minuten war der Wind so stark geworden, dass sie sich kaum noch auf den Beinen halten konnten. Sie kämpften um ihr Gleichgewicht. Matthi zog Chris zu sich heran.

»Wir kehren doch besser wieder um«, schrie er.

Chris nickte. Sie drehten sich um. Einen Augenblick lang war es eine Erleichterung, den Wind im Rücken zu haben Sie wischten sich den Schnee aus Brauen und Wimpern, aber das half nur wenig, denn sie konnten gerade noch ihre Füße erkennen, mehr nicht. Sie waren umgeben von einer wirbelnden weißen Masse, so dicht und so schwer wie Stoff. Zögernd machten sie ein paar Schritte und blieben wieder stehen.

»Wir sind schon zu weit weg von der Hütte. Wir suchen besser den Pfosten.«

Sie drehten sich wieder um und versuchten ihre Spuren zu erkennen, aber die eisige Flut um sie herum war undurchdringlich. Unwillkürlich fassten sie sich bei den Händen. Ein, zwei Schritte auseinander und jeder wäre im Schneetreiben verschwunden. Wo war der Pfosten? Wo war hinten und vorne, rechts und links? Der Wind war ihnen erst entgegengefahren und dann hatten sie ihn im Rücken gehabt. Auch jetzt schien er wieder von vorn zu kommen. Aber hatten sie sich wirklich jedes Mal um genau 180 Grad gedreht, sodass ihre Füße jetzt in dieselbe Richtung zeigten wie am Anfang? Wenn sie sich auch nur um eine halbe Drehung irrten und den Pfosten nicht fanden, dann würden sie an den Schiffen vorbei gegen die Felsenküste von Nord-Devon laufen oder schlimmstenfalls sogar auf die endlose Eisfläche des Lancaster-Sundes.

Matthi wusste, dass die Gänsehaut, die er am ganzen Körper spürte, nicht nur von der eisigen Kälte kam. Er spürte, dass Chris' Hand in seiner zitterte. Ein paar Augenblicke lang war sein Kopf ganz leer. Dann fiel ihm auf einmal das Knirschen und Splittern ein, mit dem die Schneedecke eben unter ihren Schritten geborsten war. Die obere Schicht war gefroren und sie waren bis zu den Knien in die weichere Schicht darunter eingesunken.

Er ging in die Hocke und tastete mit den Händen nach einem Loch im Schnee. Da war eines. Er robbte weiter, hielt aber plötzlich inne, zog seinen Schal vom Hals, band sich das eine Ende ums Handgelenk und gab Chris das andere in die Hand. Sie durften sich jetzt auf keinen Fall verlieren. Er tastete weiter, in die Richtung, von der er eigentlich sicher war, dass sie die richtige war. Nichts. Seine Arme beschrieben einen Halbkreis nach links. Wieder nichts. Dann also nach rechts.

Da war das nächste Loch im Schnee. Noch ein Stück weiter. Wieder ein Loch. Jetzt stimmte die Richtung. Er kam in die Höhe. Aber wieso peitschte der Wind jetzt nicht mehr von vorne, sondern von der Seite? Matthi schrie Chris die Frage ins Ohr.

»Ich weiß auch nicht, warum. Lass uns lieber weiter die Spur am Boden suchen, das ist sicherer!«, schrie Chris zurück.

Er ließ sich auf die Knie nieder und tastete nach den Spuren ihrer Tritte. Nach ein paar Metern löste Matthi ihn wieder ab. Langsam arbeiteten sie sich vorwärts. War der Weg wirklich so lang? Sie waren ihn doch jeden Morgen gegangen, aber noch nie hatten sie so viel Zeit gebraucht, da war sich Matthi ganz sicher. Wir sind ihn ja auch noch nie auf allen vieren entlanggekrabbelt, tröstete er sich.

Jetzt änderte sich der Untergrund. Nicht mehr einzelne Löcher waren zu spüren, sondern eine buckelige, eisige Rinne. Das musste der Weg sein, der von vielen Füßen in den Schnee getrampelt worden war.

Matthi rutschte nach rechts, so weit der Schal reichte, hob die Arme und fuhr mit den Händen in der Luft herum. Er fühlte keinen Widerstand. Er stand auf und tastete weiter wie ein Blinder. Nichts. Er ging am Schal entlang zu Chris zurück und versuchte es auf der anderen Seite. Da – da war das Seil.

»Ich hab's! Ich hab's!«

Er wusste nicht, ob seine Stimme den Sturm übertönte, und wackelte kräftig mit dem Schal. Chris tauchte aus dem Schneetreiben auf und griff nach dem Seil. Dicht hintereinander gingen sie weiter. Den Schal ließen sie vorsichtshalber um ihre Handgelenke gewunden.

Sie sahen das Schiff noch nicht einmal, als sie unmittelbar davor waren. Sie merkten es nur daran, dass der Wind plötzlich schwächer wurde und dass ein steif gefrorenes Seilende am Pfosten herunterhing. Darüber war das Schild mit einer weißen Hand auf schwarzem Grund.

Aus Christophers Tagebuch

3. Januar 1846

Es ist etwas Schlimmes passiert: Wir haben einen Toten. Am Neujahrsmorgen ist er gestorben. Gott sei Dank nicht auf unserem Schiff, sondern auf der *Terror*, das macht irgendwie einen Unterschied, finde ich. Aber es ist trotzdem eine Tatsache, dass die Expedition einen Toten hat, nachdem sie erst ein halbes Jahr unterwegs ist. Ein paar Matrosen haben angefangen zu unken, das wäre ein schlechtes Vorzeichen. Aber Mr Wall hat gesagt, man kann den Aberglauben auch übertreiben, denn diesen Tod hätten alle auf der *Terror* erwartet. Er weiß natürlich wieder genau Bescheid, denn Mr Diggle, der Koch der *Terror*, war auch mit in der Antarktis und ist immer noch mit Mr Wall und Officer Brown befreundet.

Der Tote heißt John Torrington und war Erster Heizer und wäre auch an Land gestorben, sagt Mr Wall, denn er müsse schon als Kranker an Bord gekommen sein. Wahrscheinlich hätte er seine Schwindsucht in der Seeluft kurieren wollen, aber er hat ja jeden Tag Kohlen schippen müssen und mit kaputten Lungen ist Kohlenstaub Gift. Jedenfalls hat er schon seit Wochen in der Krankenabteilung gelegen und unentwegt gehustet und ist immer magerer geworden, obwohl ihm der Arzt das Essen der Offiziere verschrieben hat.

Die kriegen nämlich viel bessere Sachen als wir, nicht so viel Eintopf aus Pökelfleisch und Schiffszwieback, sondern jeden Tag mehrere Gänge, erst Suppe, dann zwei Sorten Fleisch und Gemüse aus Konserven und dann noch Nachtisch und Käse. »Aber das alles hat Torrington nichts genützt, er war nur noch

Haut und Knochen«, sagt Mr Diggle, »und seine Finger haben so weiß und durchscheinend ausgesehen, als ob er nie im Leben Kohlen geschaufelt hätte. Das hat er wohl auch nicht lange, denn er war gerade erst 20 und auf seiner ersten Heuer.«
Mr Wall findet es komisch, dass er gleich Erster Heizer geworden ist und nicht Luke Smith, der acht Jahre älter ist und mit Captain Crozier in der Antarktis war, aber Torrington hätte wohl Erfahrung mit Maschinen gehabt, auch wenn er noch nie zur See gefahren war.
Heute haben wir ihn begraben. Die Männer von der *Terror* haben zwei Tage lang den gefrorenen Boden aufgehackt, bis sie ein Loch hatten, das tief genug war für ein Grab. In der Zeit haben die beiden Schreiner einen wirklich sehr schönen Sarg gezimmert, aus Mahagoni, mit Messinggriffen an den Seiten und Messingringen am Kopf und Fußteil und obenauf eine Messingplatte mit Namen und Lebensdaten.
Wir haben einen langen Zug gebildet, erst zwei Fackelträger, dann der Sarg, von sechs Männern getragen, dahinter Sir John, Captain Crozier, Captain Fitzjames und alle Offiziere der *Terror* und der *Erebus*, dann die Mannschaften und die Soldaten, alle mit Fackeln. Als wir über das Eis der Bucht gezogen sind, war ganz tief am Horizont ein schwaches rotes Glühen zu sehen, wie immer um die Mittagszeit, das ist der Widerschein der versunkenen Sonne. Aber noch bevor wir am Ufer waren, hat es wieder angefangen zu schneien. Sir John hat die Grabrede gehalten, aber der Wind hat so gepfiffen, dass ich fast kein Wort verstanden habe, bloß den Schluss: »Von Staub bist du und zu Staub wirst du wieder werden.«
Ich weiß von Großvaters Beerdigung, dass dabei Erde auf den

Sarg gestreut wird, aber die gibt es auf der Beechey-Insel nicht, nur gefrorene Brocken und Kies und Steine, und es hat richtig geprasselt, als alle nacheinander ans Grab getreten sind und eine Schaufel voll hineingeworfen haben. Matthi und ich waren die Letzten und da war die Grube schon voll und ein flacher Hügel hat sich erhoben, denn wir sind ja 128 Mann. Die meisten Fackeln waren inzwischen verloschen und wir hatten dicke Hauben und Schulterpolster aus Schnee. Bestimmt waren alle froh, als wir zu den Schiffen zurückkonnten. Da gibt es zwar auch bloß Tranlampen, die mit Walöl brennen, aber nach der Kälte und Dunkelheit draußen kommt es einem an Bord trotzdem immer richtig warm und gemütlich vor.

5. Januar

Es ist schrecklich. Wir haben schon wieder einen Toten. Diesmal bei uns. Niemand kann sich erklären, wieso. Er war nicht lange krank wie Torrington und kann sich auch nicht bei ihm angesteckt haben, denn die Mannschaften der beiden Schiffe haben wenig Kontakt, bloß die Antarktis-Veteranen. Er heißt John Hartnell und war Vollmatrose. Sein jüngerer Bruder ist auch auf der *Erebus*.

Diesmal hat Mr Wall nichts gesagt, als wieder das Gerede von den schlechten Vorzeichen losging. Und Matthi hat etwas erlebt, worum ich ihn überhaupt nicht beneide. Das Krankenquartier ist ja im Bug, gleich hinter der Kombüse, dort ist John Hartnell bloß zwei Nächte gewesen, weil er sich tagsüber mehrmals übergeben hatte, und am zweiten Morgen war er tot. Später sind beide Ärzte zu ihm gegangen und haben ihn untersucht. Dann hat der Steward mehrere Lampen aus den Offizierskabinen geholt und Matthi musste flache Schüsseln aus der Kombüse nach vorn bringen. Dr. Stanley hat zu ihm gesagt: »Du hast dich doch bei den Ochsen so geschickt angestellt, du fällst doch nicht um, wenn du Blut siehst, oder?« Und Matthi hat gesagt: »Bestimmt nicht, Sir!« Er hat die Lampen in die Höhe gehalten und den beiden Ärzten geleuchtet, weil der Steward sich wohl nicht getraut hat. Dr. Stanley hat die Leiche aufgeschnitten und Dr. Goodsir hat das Fleisch zur Seite geklappt und die Innereien in einzelne Schüsseln verteilt.

Mir ist schon beim Zuhören schlecht geworden, aber Matthi war sehr beeindruckt und sagt, er hat noch nie jemanden so schnelle, glatte Schnitte machen sehen, nicht einmal seinen Vater, erst von den Hüftknochen zum Nabel und dann rauf zum Brustbein. Anschließend haben sie Herz und Lunge und Luftröhre untersucht und Dr. Stanley hat gesagt: »Aha, das ist es. Narben von einer alten Tuberkulose. Und eine akute Lungenentzündung. Daneben eindeutige Zeichen von Auszehrung. Trotzdem sehr sonderbar, dass es so schnell gegangen ist. Und so ohne jedes Vorzeichen.«

Dann hat er Matthi verboten über die Obduktion zu sprechen, denn es gäbe Leute, die hielten so etwas für Leichenschändung, dabei wäre es doch Dienst an der Wissenschaft. Und der arme Hartnell hätte bestimmt nichts dagegen gehabt, denn wenn sie etwas Ansteckendes gefunden hätten, dann hätten sie die anderen vielleicht schützen können. Deshalb hat Matthi es mir erst beim Hundestriegeln erzählt, als uns niemand hören konnte.

Unsere Leute hacken schon eine Grube neben Torringtons Grab, die Zimmerleute arbeiten am Sarg und sein Bruder hat ihm eine Steinplatte gemeißelt mit der Inschrift »Geweiht dem Andenken von John Hartnell, Vollmatrose auf HMS *Erebus*, gest. am 4. Januar 1846 im Alter von 25 Jahren. ›So spricht der Herr der Heerscharen: Bedenke deine Wege.‹ Haggai I, 7.«

Kapitel 9

Matthi hockte neben der Hundehütte und gab Old Neptun einen Klaps aufs Hinterteil.
»Du bist fertig, alter Junge. Dein Fell glänzt wie eine Speckschwarte. Jetzt ist Jacko an der Reihe. Nun komm schon, Jacko! Bildest du dir etwa ein, dass ich dich nicht sehen kann?« Er langte in die Hundehütte und packte den Neufundländer am Halsband. »Du bist viel zu groß, um dich zu verstecken. Na los, komm raus! Und bleib gefälligst stehen, sonst komm ich nicht an dein Bauchfell.«
Sobald das Schiff fürs Überwintern eingerichtet war und die Schneestürme tobten, hatten Matthi und Chris gemerkt, dass der Hundekäfig nicht genug Schutz bot. Deshalb hatten sie ein leeres Pökelfleischfass gereinigt, mit der Öffnung nach vorne auf dem Deck verkeilt und mit Stroh und Stoffresten ausgepolstert. Auf dieser Matratze lagen die beiden Hunde weich und warm und keine Schneeflocke konnte sie stören, denn der Zimmermann hatte den Fassdeckel mit einem Scharnier befestigt, sodass die zwei ihn von innen aufstoßen konnten, aber Wind und Kälte abgehalten wurden. Für die Hühner brauchten sich die Jungen diese Mühe nicht zu machen, denn wegen der dauernden Dunkelheit hatten sie aufgehört zu legen und waren nacheinander in Mr Walls Töpfen gelandet.
Jacko brummte unwillig. Im Gegensatz zu Old Neptun verab-

scheute er das Bürsten und musste jeden Tag halb gezwungen, halb überredet werden.

»Nun komm schon, Jacko, sei ein gutes Tier und stell dich hin.«

Der Neufundländer wog bestimmt 40 Kilo, und wenn er nicht wollte, dann war es für Matthi fast unmöglich, ihn hochzuheben.

»Was dir fehlt, ist ein Hund wie Leo! Was glaubst du, wie der dich hochscheuchen würde? Selbst der größte Hammel hatte vor ihm Respekt. Wenn der jetzt . . .«

Eine heisere Stimme unterbrach ihn. »Was das Vieh braucht, sind ein paar ordentliche Hiebe mit der Peitsche. Und zwar auf die Nase. Dann würde es schon parieren.«

Schon bei den ersten Worten hatte Matthi unwillkürlich den Kopf zwischen die Schultern gezogen. Der Gefreite Braine hatte es auf ihn abgesehen. Und auf Chris auch. Er trug ihnen immer noch nach, dass er das rote Seidentuch hatte hergeben müssen und sich dabei von Old Frank eine Rüge eingehandelt hatte. Matthi versuchte ihm möglichst aus den Weg zu gehen, aber das war nicht einfach, wenn man auf derartig engem Raum zusammenlebte.

Matthi zerrte weiter an Jackos Halsband, ohne aufzusehen. »Auf Old Fr . . . – auf Sir Johns Schiffen wird nicht geschlagen. Es gibt gar keine Peitsche an Bord, glaube ich. Außerdem . . .«

Eine knochige Hand fegte ihm die Mütze vom Kopf und riss ihn an den Haaren in die Höhe.

»Willst du wohl stramm stehen, wenn ich mit dir rede! Und wieso machst du dein ungewaschenes Maul auf? Hab ich dich um deine Meinung gefragt, du Vogelscheuche?«

Er beutelte Matthis Kopf hin und her. Dem schossen die Tränen in die Augen, er konnte nichts dagegen tun.

»Das gibt's doch nicht! Du Jammerlappen! Heulst schon, wenn dir die Haare wehtun? Und so was heuert auf einem Segler an! Was glaubst du, was dir bei der Marine passieren würde? Du kriegtest jetzt einen . . .«

Er kam nicht dazu, Matthi die Praktiken bei der Marine näher zu erläutern. Jacko stieß ein Knurren aus, das ganz anders klang als das widerwillige Brummen eben, nämlich ausgesprochen gefährlich. Auf diesen Laut hin sprang Old Neptun aus dem Fass und fing an wütend zu bellen. Selbst ein Mann, der keine Ahnung von Hunden hatte, konnte diesem Bellen anhören, dass der Riesenschnauzer keineswegs spielen, sondern warnen wollte. Dafür sprach auch sein Aussehen: Seine Lefzen waren zurückgezogen, sodass seine spitzen, langen Zähne zu sehen waren, sein Nackenfell war gesträubt.

Gefreiter Braine ließ Matthi los und trat einen Schritt zurück. Er war gewiss nicht der Mann, der sich von einem Hund einschüchtern ließ. Auch nicht von zwei Hunden, selbst wenn sie noch so groß und gefährlich aussahen. Aber diese beiden hier, die ihn jetzt so wütend anknurrten und -bellten, waren die Maskottchen der Expedition, und er würde es mit jedem Mitglied der Mannschaft zu tun kriegen, wenn er sich mit ihnen anlegte.

Es juckte ihm in den Fingern, den beiden einen Fausthieb auf die Nase zu versetzen. Bei Jacko würde ihm das wohl gelingen, der dachte bestimmt nicht ans Beißen, dafür war er viel zu gutmütig und zu langsam. Aber Old Neptun war ein anderes Kaliber, draufgängerisch und angriffslustig wie jeder Terrier. Und er war mit in der Antarktis gewesen und wurde deshalb von den beiden Antarktis-Veteranen an Bord gehätschelt wie ein Kleinkind. Sie hatten mittlerweile dem Rest der Besatzung klargemacht, dass Old

Neptun eine Art Garant für einen guten Verlauf der Expedition war. Und sie würden sofort die fünf Antarktis-Fahrer auf der *Terror* alarmieren, wenn es jemand wagen sollte, ihrem Liebling ein Haar zu krümmen.

Matthi sah Mr Braine an – die vorquellenden Augen, die klobige, lange Nase, das grobe, zerfurchte Gesicht, die tiefe Narbe, die jetzt pulsierte vor Zorn – und er konnte sich denken, welche Überlegungen dem Gefreiten durch den Kopf gingen. Aber ehe er selbst noch einen Gedanken fassen konnte, wie er sich außerhalb seiner Reichweite bringen könnte, ertönten vier schrille Pfiffe: lang – kurz – kurz – lang. Die Hunde hörten auf zu knurren und zu bellen und wandten die Köpfe. Das war das Signal für ihren morgendlichen Spaziergang. Officer Brown kam übers Deck, mit Chris auf den Fersen.

»Bist du immer noch nicht fertig, Evans? Marsch, aufs Eis mit euch, die zwei brauchen ihren Auslauf. Schon gut, Old Neptun, schon gut, du brauchst mich vor Liebe nicht gleich aufzufressen!«

Der Riesenschnauzer hatte ihm die Pfoten gegen die Brust gestemmt und versuchte, sein Gesicht abzuschlecken. Gefreiter Braine betrachtete diese rührende Szene mit schiefem Mund, drehte sich um und verschwand unter Deck. Matthi bückte sich aufatmend nach seiner Mütze und holte die Leinen unter der Hundematratze hervor. Dort blieben sie einigermaßen geschmeidig; wenn man sie draußen aufbewahrt hätte, wären sie steif und brüchig geworden vom Frost.

»Das war aber dein Glück, dass Officer Brown in der Nähe war«, keuchte Chris, als sie mit den beiden Hunden über den Trampelpfad um das Schiff trabten. Sie gingen immer zwei Runden im

Laufschritt, rannten eine Schiffslänge und verfielen dann wieder in Laufschritt, bis die Hunde müde wurden. »Und dass ich ihm einen Tipp gegeben habe.«

»Hast du ihn etwa angesprochen?«

»Wo denkst du hin? Er ist zwar bloß ein Unteroffizier und außerdem sehr nett, weil er uns nie wegscheucht, wenn er mit Mr Wall spricht. Aber das trau ich mich doch nicht. Ich hab bloß vor mich hin gesagt: ›Armer Old Neptun!‹, da hat er gleich geschaltet. Ich hab mir schon gedacht, dass du Ärger kriegst, als ich Braine gesehen habe. Wir müssen uns unbedingt etwas überlegen, wie wir ihn uns vom Hals halten. Irgendwie ist mir der Kerl richtig unheimlich.«

Matthi zuckte nur mit den Schultern. »Das kommt bloß daher, weil du nichts gewöhnt bist. Wenn du so viel Schläge gekriegt hättest in deinem Leben wie ich, käm er dir ganz normal vor.«

»Aber ich sehe nicht ein, dass ich mich von einem Kerl tyrannisieren lassen soll, der mir gar nichts zu sagen hat. Wir sind den Seeleuten unterstellt, nicht den Soldaten. Wir . . .«

»Was heißt tyrannisieren?«, fragte Matthi, aber Chris merkte seiner Stimme an, dass er gar nicht bei der Sache war.

»Ein Tyrann ist ein Gewaltherrscher, der seine Untertanen drangsaliert und – warum bleibst du stehen?«

Matthi hatte den Kopf in den Nacken gelegt und starrte nach oben. »Ich versteh überhaupt nicht, dass ich mich mal vor der Polarnacht gefürchtet habe. Ich hätte nie gedacht, dass sie so schön ist. Sind die Farben nicht toll? Und jeden Tag anders. Ich kann gar nicht genug davon kriegen.«

Über ihnen bewegte sich das Polarlicht wie ein schimmernder, durchsichtiger Vorhang in blassem Grün und weichem Rosenrot.

Am Horizont blähten sich wellenförmige Schichten von dunklem Violett, bläulichem Rot und tiefem Blau, darüber zog sich Lavendellila und eine schwache gelbliche Linie.

Matthi seufzte vor Bewunderung. »Ich weiß noch, wie ich das erste Mal in London war, in diesem unheimlichen Nebel, und auf einmal kam die Sonne durch und da fuhr eine rote Kutsche mit vier Schimmeln und dahinter kam ein Soldat in einer hellblauen Uniform und ein Herr in Dunkelbraun und eine Dame so grün wie ein Laubfrosch – da war ich richtig erleichtert, dass die Farben wieder da waren. Aber so schön wie hier waren sie nicht.«

»Na, ich weiß nicht.« Chris blickte etwas zweifelnd zum Himmel empor. »Schön sind sie, das stimmt. Aber auch ein bisschen gespenstisch, findest du nicht? Den meisten an Bord sind sie jedenfalls nicht ganz geheuer. Sie machen nie alleine die Runden ums Schiff, sondern immer in Gruppen. Und wenn sie an Land müssen, ist es genauso. Ob Mr Braine sich am Ende auch fürchtet? Dann könnten wir ihm vielleicht als Gespenster erscheinen, dann kriegt er einen solchen Schock, dass er uns in Ruhe lässt.«

»Vergiss es.« Matthi setzte sich wieder in Trab, denn Jacko zog ungeduldig an der Leine. »Ich glaube, der fürchtet sich vor gar nichts.«

Den ganzen Tag über war Chris schweigsam und in sich gekehrt. Matthi wusste inzwischen, dass er nicht aufgab, wenn er sich einmal etwas in den Kopf gesetzt hatte. Wahrscheinlich war er mit einem Plan für die Behandlung von Mr Braine beschäftigt.

Für den Abend war ein Vortrag von Eismeister Reid angekündigt. Denn Sir Franklin hatte seinen Plan, den Winter »angenehm und ertragreich zu gestalten«, in die Tat umgesetzt. Reihum gaben die Offiziere nach dem Abendessen eine Stunde Unterricht in Navigation, Sternenkunde, Kartenlesen, Geografie und Meereskunde für die Mannschaft oder hielten einen Vortrag über ihr Spezialgebiet. Jeden Samstagabend gab es ein Wunschkonzert mit dem Leierkasten und sonntags leitete Sir Franklin zwei Gottesdienste, einen am Vormittag für den größten Teil der Besatzung und einen am Nachmittag für die, die morgens Dienst gehabt hatten.

»Es ist allgemein bekannt, dass Süßwasser bei null Grad friert, und zwar zu einer harten Schicht, die bricht wie eine Fensterscheibe, den Menschen aber schon bei fünf Zentimeter Dicke trägt. Meerwasser hingegen friert erst bei minus zwei Grad, ist sehr elastisch, biegt sich vorm Brechen und ist selbst bei einer Dicke von zehn Zentimetern noch nicht sicher. Also höchste Vorsicht auf jungem Eis! Falls dieses Thema im Herbst wieder aktuell wird, werde ich diese Warnung noch einmal wiederholen.«

»Im Herbst tanzen wir schon mit den Mädchen auf den Sandwich-Inseln«, rief einer übermütig.

»Schon möglich«, sagte Mr Reid. »Deshalb ist jetzt der beste Zeitpunkt, um etwas über die Arktis zu lernen. Packeis zum Beispiel, von dem wir gerade umgeben sind, entsteht im Laufe von Monaten und Jahren. Und zwar aus dem Eisbrei, der sich im Herbst wie eine durchsichtige Haut auf dem Wasser bildet, immer dicker und undurchsichtiger wird, bis er im Frühling anderthalb bis zwei Meter misst. Falls er im Sommer nicht schmilzt, kann er bis auf dreieinhalb Meter wachsen. Dieses Packeis ist in dauernder Bewegung, weil es sich ständig an die Windrichtung anpasst. Die

Polarfahrer unter euch wissen, was das heißt, und ich möchte alle anderen hiermit nachdrücklich warnen: Wer sich vom Küstenfesteis auf das Packeis hinauswagt, spielt mit dem Tod. Es kommt immer wieder vor, dass riesige Schollen abbrechen und vom Wind ins offene Meer getrieben werden, oft so behutsam, dass man die Bewegung gar nicht wahrnimmt.«

Mit einem leisen Schaudern dachte Matthi an den Schneesturm, bei dem sie fast auf das Packeis geraten wären. Ob Chris sich jetzt auch daran erinnerte? Er sah zu ihm hinüber. Was war denn das? Chris hörte gar nicht zu, sondern versteckte sich hinter dem Rücken seines Vordermannes und schrieb in sein Tagebuch. Matthi verstand das nicht. Chris hatte zwar viel mehr gelernt als er, aber er konnte doch unmöglich so viel über das arktische Eis wissen wie Mr Reid.

»Man muss unentwegt den Himmel beobachten. Ein dunkler Schatten auf den Wolken, der so genannte Wasserhimmel, bedeutet eine ferne Fläche von offenem Wasser im Meereis. Eis, das sich über den Horizont erstreckt, erzeugt einen weichen weißen Schimmer in der Luft. Ein geübtes Auge kann zwischen den verschiedenen Arten von diesem Eisblinken unterscheiden. Schneebedecktes Land leuchtet gelblich weiß am Himmel, Packeis reinweiß, Meereis in Buchten grauweiß. Ganz anders als das Packeis verhalten sich die Eisberge. Sie treiben wegen ihres Tiefgangs mit der Strömung und können deshalb eine Fahrrinne durch entgegenkommendes Meereis pflügen. Diese Tatsache haben wir uns während des letzten Orkans zu Nutze gemacht, wie ihr euch erinnern werdet. Es besteht allerdings die Gefahr, dass der Eisberg bricht. Dem Walfänger Shannon ist das vor vierzehn Jahren passiert. Er hatte gerade an einem Eisberg geankert, als der kalbte und dabei die Steuerbordwand aufriss. Sechzehn Matrosen und drei Schiffsjungen verschwanden im Wasser. Die Übrigen klammerten sich auf dem Wrack fest. Ihr Glück war, dass bei der Havarie eine Luftblase entstanden war, die das Wrack über Wasser hielt. Eine Woche lang sind sie so getrieben, ohne Wasser, ohne Nahrungsmittel. Dann hat sie ein Walfänger aufgefischt.«

Dr. Stanley hob die Hand. »Gestatten Sie einen medizinischen Einwand, Mr Reid? Eine Woche ohne Wasser? Das kommt mir unwahrscheinlich vor.«

»Sie haben völlig Recht, Doktor. Normalerweise stirbt man nach drei Tagen. Aber im Angesicht des Todes kommt der Mensch auf die abwegigsten Ideen. Sie haben sich gegenseitig zur Ader gelassen und das Blut aus einem Schuh getrunken. Und ihren Urin.«

In der Kajüte erhob sich ein Murmeln. Die Männer sahen sich ungläubig an und verzogen angewidert die Gesichter. Sogar Dr. Stanley wirkte überrascht.

»Das ist dann wohl ein grönländischer Walfänger gewesen?«

»Keineswegs, Doktor. Die Shannon kam aus Hull und die Besatzung war britisch bis auf die Knochen.«

Wieder sah Matthi zu Chris hinüber. Der hatte aufgehört zu schreiben und hob die Hand. Bei den Vortragsabenden durfte jeder reden, sogar die Schiffsjungen.

»Auf Sir Franklins erster Expedition, als alle kurz vorm Verhungern waren und zwei schon erfroren, da hat ein Teilnehmer sogar von den Leichen gegessen. ›Meinem treuen Diener Hepburn war aufgefallen, dass Michel immer gestärkt aus dem Walde zurückkam und keineswegs so geschwächt war wie wir. Wahrscheinlich hatte er dort die anderen getötet und verspeiste sie nun.‹ Das hat der Arzt der Expedition geschrieben. Aber Michel war ein Indianer.«

Diesmal machte Mr Reid ein überraschtes Gesicht. »Kannst du den Bericht etwa auswendig?«

»Nicht ganz – aber doch das meiste.«

»Ausgezeichnet. Dann haben wir ab sofort einen weiteren Vortragenden. Mr Ashley rezitiert ausgewählte Stücke aus – wie ist der genaue Titel?«, fragte Mr Reid.

»Vorstoß in die kanadische Arktis. Bericht von einer Reise in den Jahren 1819–22 von John Franklin«, antwortete Chris prompt.

Aber er war doch ein bisschen blass um die Nase, und das konnte Matthi ihm nachfühlen. Er wäre eher freiwillig auf Rattenjagd im untersten Deck gegangen als vor der versammelten Mannschaft zu sprechen. Allein bei der Vorstellung brach ihm der Schweiß aus. Auch Chris rutschte unruhig hin und her. Auf den Rest des Vortrags konnten sich beide nicht mehr richtig konzentrieren, obwohl Mr Reid sehr interessante Beispiele dafür anführte, wie schwierig die Wahrnehmung von Größe und Entfernung im Eis war. So konnte man sich an einen Eisbären anpirschen, der sich dann als Schneeeule entpuppte. Oder ein schroffes Vorgebirge mit Gletschern entdecken und schon auf der Landkarte eintragen – bis es sich als Walross erwies. Oder Inseln von mehreren Quadratkilometern Fläche umfahren, die sich als Luftspiegelung buchstäblich auflösten.

Der Vortrag war kaum zu Ende, da lief Chris schon zur Leiter, die auf Deck führte. Wahrscheinlich war ihm der Schreck auf den Magen geschlagen und er musste in eins von den beiden winzigen Klohäuschen, die seitlich am Bug angebracht waren. Die Offiziere verließen den Mannschaftsraum und zogen sich in ihre Kabinen zurück. Die Männer unterhielten sich noch über den Vortrag, die Stimmen tönten durcheinander.

»He, Braine, hier steht dein Name!«, schrie einer auf einmal.

Die anderen hörten auf zu reden und sahen zu Corporal Paterson hinüber, der Chris' Tagebuch in die Höhe hielt. Matthi sprang auf.

»Das ist privat!«, rief er. »Das ist ein Tagebuch. Das darf ein Fremder nicht einfach lesen.«

»Was du nicht sagst! Ein Tagebuch! Und warum hält er's dann nicht unter Verschluss, sondern lässt es hier aufgeklappt liegen, mitten auf seiner Seekiste?«

»Er – er hat es wohl vergessen«, sagte Matthi lahm.

»Red keinen Quatsch!« Gefreiter Braine wurde immer gleich grob. »Los, Paterson, lies vor. Ich will wissen, was da über mich steht.«

Matthi setzte sich langsam wieder hin. Jetzt war es aus mit ihnen. Wenn Chris auch nur einen Bruchteil von dem geschrieben hatte, was sie beide schon über Mr Braine gesagt hatten, dann würde der ihnen das Leben zur Hölle machen. Der Corporal räusperte sich. Seine Stimme konnte mühelos einen ganzen Kasernenhof füllen. 44 Männer saßen auf ihren Seekisten und hörten ihm zu.

»Wenn ich einmal groß bin, dann will ich so werden wie Mr Braine. Ich hoffe bloß, ich wachse noch ordentlich, denn Mr Braine ist sehr groß und schlank. Er sieht überhaupt sehr gut aus, aber das ist es eigentlich nicht, was ich so toll finde an ihm, obwohl ich auch gern so schöne braune Haare hätte statt meiner roten. Viel wichtiger ist, dass er unwahrscheinlich stark ist. Und unwahrscheinlich tapfer. Ich glaube, nie-

mand an Bord ist so stark und tapfer wie er, ausgenommen vielleicht Old Frank, aber der ist ja auch ein berühmter Held. Bestimmt wird Mr Braine das auch einmal. Denn als wir fast untergegangen sind in dem schrecklichen Orkan, da hat er uns allen das Leben gerettet. Das Schiff hat auf dem Wasser getanzt wie ein Korken und viele sind umgefallen und haben sich grad noch mit Mühe irgendwo festklammern können, aber Mr Braine ist an der Reling gestanden, als ob ihm das Schleudern und Schütteln überhaupt nichts ausmachen würde. Er hat genau den Moment abgepasst, als ein kleiner, flacher Vorsprung an dem Eisberg auftauchte, und dann ist er gesprungen – vom Schiff weg über das tobende Meer auf einen riesigen Eisberg! Ich hab ihn springen sehen, einen gewaltigen Satz, grad als die Reling sich neigte, und dann war er drüben. Ich hab am Boden gelegen, halb begraben unter einem Segel, das Wasser hat um mich gezischt und geschäumt, aber das Schiff hat trotzdem noch sicherer gewirkt als dieser glitschige, turmhohe Eisberg. Dann haben sie ihm einen Hammer und eine Talje zugeworfen und er hat die Talje ins Eis gehämmert mit ein paar Schlägen, als ob er einen Nagel in Holz treiben würde, und hat den Anker und die Kette damit nach drüben gezogen. Wenn er das nicht fertig gebracht hätte, dann wäre die Erebus *untergegangen mit Mann und Maus und die* Terror *bestimmt auch. Die Expedition wäre gescheitert, kein Mensch würde wissen, was aus uns geworden ist, und die Nordwest-Passage würde immer noch nicht entdeckt werden. Deshalb ist Mr Braine eigentlich jetzt schon ein Held und deshalb will ich so werden wie er. Matthi will das auch. Er sagt, Mr Braine ist bestimmt auch ein toller Schütze. Vielleicht traut er sich mal ihn zu fragen, ob er uns das Schießen beibringt.«*

In der Kajüte war es still. Matthi wagte kaum zu atmen. Nach den ersten Sätzen war er auf seiner Seekiste zusammengesackt, schwach vor Erleichterung. Dann hatte er zur Mr Braine hinübergeschielt. An dessen Hals war eine dunkle Röte aufgestiegen und hatte sich über sein Gesicht ausgebreitet. Sogar die Narbe färbte sich dunkelrot. Und dann hatte er gelächelt – ein breites Lächeln, das seinen abgebrochenen Zahn sehen ließ.

Kapitel 10

An einem Morgen Ende Januar färbte sich der südliche Horizont, der wochenlang nur die dunkelsten Lila- und Blautöne gezeigt hatte, leuchtend orangerot und blieb so mehrere Stunden lang. Am Abend wiederholte sich das Schauspiel. Die Arktis-Veteranen wussten sofort, was das bedeutete: Die Sonne kam wieder.

Aber es dauerte noch bis zur zweiten Februarwoche, ehe sie tatsächlich erschien. Ein heller Bogen spaltete den Horizont, das Licht veränderte sich von Violett und Rotblau zu Tiefrot, Hellrot und Gold. Dann schob sich die leuchtende Scheibe in die Höhe und ließ sich auf dem vereisten Bergrücken der Beechey-Insel nieder.

Ein Aufatmen ging durch die Schiffe. Der Frühling war in Sicht. Das Eis würde brechen und schließlich ganz verschwinden, das blaue Meer würde vor ihnen liegen und irgendwo auch die Nordwest-Passage. Eine neue Geschäftigkeit brach aus. Die Soldaten errichteten in einem lang gestreckten Tal hinter dem Bergrücken einen Schießstand und bereiteten sich auf die Jagdsaison vor, denn im Frühjahr beendeten die Eisbären ihren Winterschlaf, die arktischen Vögel kehrten zurück, Robben und Walrösser zogen wieder nordwärts. Mr Braine erklärte sich tatsächlich bereit Matthi und Chris in seinen Freistunden das Schießen beizubringen. Seit der Lesung aus Chris' Tagebuch

war er wie ausgewechselt. Sogar mit den Hunden hatte er sich angefreundet.
Es wurden kleine Trupps zusammengestellt, die die Umgebung erkunden sollten und von der Beechey-Insel nach Nord-Devon hinüberzogen. Die Offiziere zeichneten die entdeckten Täler, Felsen, Buchten in ihre Karten ein. Dr. Stanley und Dr. Goodsir waren ständig auf der Suche nach Rinnen im Eis, in denen sie mit Rechen nach Seetang und mit steinebeschwerten Netzen nach unbekannten Fischen fahnden konnten.
Allmählich wurden die Ausflüge länger und weiter. Die Trupps beluden die Schlitten mit Zelten, Schlafsäcken, Waffen, wissenschaftlichen Geräten, Konserven und einem tragbaren Herd, der von Spirituskanistern beheizt wurde, und kampierten ein oder zwei Nächte im Eis. Matthi und Chris wären zu gerne mitgegangen, aber die Offiziere suchten immer nur die kräftigsten Männer aus, die die schweren Schlitten ziehen mussten. Matthi hatte zwar bei der reichlichen Kost der letzten Monate etwas zugenommen, war aber immer noch ziemlich knochig. Und Chris wirkte noch schmaler als zu Beginn der Reise, weil er um mehr als einen Kopf gewachsen war.
Im März begannen die Temperaturen anzusteigen, die Schneefälle ließen nach. Die Männer bauten das Schutzdach ab, Matthi und Chris hackten die isolierende Eisschicht vom Deck, die Masten wurden wieder aufgerichtet. Während die allgemeine Stimmung stieg, wurde Mr Walls Laune immer schlechter. Die Jungen hörten ihn manchmal vor sich hin schimpfen, aber sie verbrachten ihre Freistunden jetzt lieber am Schießstand oder mit den Hunden.
»Das ist doch der Gipfel der Frechheit. Was hat sich der Kerl da-

bei gedacht? Aber dafür wird er büßen, so wahr ich Richard Wall heiße! Und wenn ich bis zu Admiral Barrow höchstpersönlich gehen muss!«

Aus der Kombüse kam ein metallisches Klirren. Chris sah nur kurz von seinem Tagebuch hoch und schrieb dann weiter, ohne sich von Jane stören zu lassen, die seinen Kopf als Sprungbrett benutzte. Sie machte einen Satz zum Seil, mit dem die Hängematten heruntergelassen und zur Decke gezogen wurden, turnte daran empor, schaukelte in der Hängematte und sprang dann wieder auf Chris' Kopf. Draußen schneite es kräftig, zum ersten Mal seit Tagen. Matthi stopfte sein Strickzeug in seine Seekiste und schob sich an den Wasserpumpen und dem großen Ofen vorbei.

»Na, lässt du dich auch mal wieder blicken?« Aber Mr Wall war zu wütend, um ihm ernsthafte Vorwürfe zu machen. Er hielt ihm eine geöffnete Konserve entgegen. »Da, schau dir das an. Da muss einem doch der Kragen platzen.«

Matthi schnupperte. »Die stinkt.«

»Das will ich meinen! Verdorben ist sie. Und das ist nicht die erste, sondern die zehnte. Ich hab eine Liste gemacht und jede aufgeschrieben. Und das werd ich auch weiter tun. Sobald wir wieder in London sind, geh ich zur Admiralität und dann soll der Kerl die Dosen ersetzen. Hat angeblich ein Patent für Konserven, aber woher er das hat, das möchte ich wissen.« Er kippte das stinkende Fleisch in einen Abfalleimer und zeigte dem Jungen die leere Dose. »Hier, siehst du das? Die Schweißnähte sind nicht richtig geschlossen. So etwas habe ich noch nie erlebt.«

Matthi nahm die Dose und untersuchte sie. *Goldner Patent* stand auf dem Boden. Er sah sich auf einmal wieder in dem schmutzigen Saal in der Fabrik in Houndsditch, als er zur Nachtschicht eingeteilt war. Er hörte den alten Klempner, der darüber schimpfte, dass er der einzige Fachmann wäre und dass die ungelernten Arbeiter nicht begriffen, in welcher Reihenfolge und mit welchen Materialien die Dosen herzustellen und zu verlöten waren. Blei durfte nur an der äußeren Naht verwendet werden, weil es giftig war, und Zinn an der inneren und Arsenik im Lötmaterial sollte nur in einem bestimmten Anteil zugesetzt werden und ... und ... Es war eine endlose Litanei von Vorschriften, die man einfach nicht behalten konnte, und da die Aufseher genauso zur Eile antrieben wie bei der Tagschicht, arbeiteten alle so schnell sie irgend konnten.

»Was ist los mit dir, Evans? Hast du den Klabautermann gesehen?«

Matthi fuhr zusammen. Er stand in der Kombüse der *Erebus,* eine stinkende Konservendose in der Hand und hatte gerade die schreckliche Vorstellung von Bergen von verdorbenem Fleisch gehabt, die über Bord gekippt werden mussten, weil die Dosen nicht richtig verschlossen waren. Aber wovon sollten sie dann leben? Die Konserven machten den größten Anteil aller Vorräte aus! Er räusperte sich. Mr Wall war ein erfahrener Mann, einer der wenigen an Bord, die schon über vierzig waren, und hatte schon an mehreren Expeditionen teilgenommen. Er würde wissen, was zu tun war.

»Ich habe in Goldners Fabrik gearbeitet.« Matthi drehte die Dose um, damit die Namensprägung zu sehen war. »In der Abteilung fürs Schlachten. Und bei der Dosenherstellung. Das war nämlich so ...«

Mr Wall unterbrach ihn nur ein einziges Mal.

»Sprich leise!«, flüsterte er und wies mit dem Kopf zur Kajüte, wo sich die Männer der Freiwache unterhielten. Als Matthi fertig war, sah der Koch schweigend vor sich hin, während seine Finger automatisch nach dem Meißel griffen, um die nächste Dose zu öffnen. Sein düsteres Gesicht hellte sich etwas auf, als er daran schnupperte.

»Die ist in Ordnung. Aber die Sache ist mir nicht geheuer. Das ist ein Fall für Captain Crozier, würd ich sagen. Nichts gegen Captain Fitzjames, er ist ein schneidiger Soldat, geradezu tollkühn, sagt man. In der Marine kursieren die tollsten Geschichten, wie er in Arabien mit Beduinen-Banditen gekämpft hat und aus ihrer Gefangenschaft entkommen ist und wie er in China mehrere Angriffe mit Granaten kommandiert hat, obwohl er schon verwundet war. Aber er ist halt erst 33 und noch nie in der Arktis gewesen. Hm.«

Er versank wieder in seinen Gedanken, während er die nächste Dose aufmeißelte. »Die ist auch in Ordnung. Vielleicht ist es doch nur ein unglücklicher Zufall. Weißt du, was? Captain Crozier geht jeden Morgen Punkt zehn ins Observatorium, um die magnetischen Messungen vorzunehmen, darin ist er Experte. Du passt ihn da ab, wenn du morgen Konserven aus dem Schuppen holst, und erzählst ihm alles.«

»Ich? Captain Crozier? Aber der kennt mich doch gar nicht! Ich kann ihn doch nicht einfach ansprechen.«

»Klar kannst du. Captain Crozier ist ganz einsame Klasse. So einen gibt's nicht noch mal. Die meisten Offiziere halten sich ja für was Besseres. Aber er nicht. Kümmert sich um jeden Mann, als ob's sein Kumpel wäre.« Mr Wall geriet richtig in Begeisterung. »Und lustig kann er sein! Ich weiß noch, wie er auf unserer letzten Fahrt Richtung Südpol eine Seemannsbraut gespielt hat, mit Häubchen und Schürzenkleid. Wir haben fast auf dem Boden gelegen vor Lachen. Und niemand hat ihn erkannt, erst ganz zum Schluss, als er uns mit der Rumflasche zugeprostet hat. Er hat nämlich eine Schwäche für hochprozentige Sachen. Na ja, was bleibt einem Mann anderes übrig, wenn er mehr als zehn Jahre seines Lebens im Eis zugebracht hat, ohne Sonne, ohne Frauen, ohne die schönen Dinge des Daseins. Und niemanden hat er, der auf ihn wartet. Nicht mal zum Heiraten hat er Zeit gefunden.«

Mr Wall klang auf einmal ganz wehmütig und schien seine Umgebung gar nicht mehr wahrzunehmen, während er Hammer und Meißel bewegungslos in den Händen hielt. Ob er wohl auch Junggeselle war, fragte sich Matthi. Und ob er traurig darüber war? Die Soldaten tönten manchmal ganz groß, dass man in jedem Hafen ein Mädchen haben müsste und dass ein Mann mit Grips im Kopf sich von keinem Frauenzimmer einfangen ließe. Aber dann fuhren ihnen die Quartiermeister über den Mund, denn sie waren verheiratet, und der Segelmeister und der Zimmermannsgeselle hatten Kinder, eine ganze Menge sogar. Die waren auch der Grund, warum sie sich für die Expedition gemeldet hatten, denn viele hungrige Mäuler konnte man von einem normalen Lohn nicht füttern, aber die doppelte Heuer auf der *Erebus* und der *Terror* machte ein Mehrfaches des Verdienstes an Land aus.

Der Koch fuhr aus seinen Gedanken auf. »Tja, also wie gesagt, mit Captain Crozier kann man reden. Richte ihm aus, dass ich dich schicke, das genügt.«

Es genügte tatsächlich. Matthi hatte kaum gesagt: »Schiffsjunge

Evans meldet sich zum Rapport, Sir. Auf Befehl von Mr Wall«, da drehte sich der Kapitän vom Magnetometer weg.
»Ich höre«, sagte er nur.
Während Matthi seine Geschichte erzählte, betrachtete er den Kapitän verstohlen. Er sah aus wie der sprichwörtliche Ire mit ungebärdigen rotblonden Locken, himmelblauen Augen, vollen Lippen und Sommersprossen auf der leicht geschwungenen Nase. Der dicke Mantel ließ ihn stämmig wirken, die Hände waren breit und kräftig. Matthi wusste, dass er schon 49 Jahre alt war, aber sein fröhlicher Ausdruck und die runden rosigen Wangen machten ihn jünger.
»Gut beobachtet, Evans. Und du hast ganz Recht, mit den Konserven steht und fällt die Expedition.« Sein irischer Akzent war sehr ausgeprägt. Er nickte Matthi anerkennend zu. »Sag Mr Wall, dass es richtig war, dich zu mir zu schicken. Daran erkenn ich meine Polar-Leute. Die denken mit und warten nicht bloß auf Befehle.«
Er ging ein paar Mal zwischen Ofen und Türe hin und her, wobei er fast tonlos eine Melodie pfiff. Dann blieb er vor Matthi stehen. Der kam sich vor wie aus Glas unter dem durchdringenden Blick.
»Ich kenne dich schon – wenn auch nur indirekt. Du bist ein tapferer, selbstloser, guter Junge. Du gleichst Chris sehr. Weißt du, wer das gesagt hat?«
Wie damals im Haus der Ashtons fühlte Matthi, dass ihm das Blut ins Gesicht stieg und dass sogar seine Ohren brannten.
»Mrs Ashton«, sagte er leise.
»Ganz richtig. Sie hat mich gebeten dich anzuheuern, weil du Chris das Leben gerettet hast und sie dich für eine Art Schutzen-

gel hält. Und ich habe keinen Augenblick gezögert ihre Bitte zu erfüllen. Du kannst dir das vielleicht nicht vorstellen, aber wenn man viele Male in Lebensgefahr war und immer wieder dem Tod entkommen ist, dann ist einem ein Schutzengel sehr willkommen, egal, in welcher Gestalt.«

Es war nicht zu fassen, dachte Matthi. Mr Wall hatte Recht. Einer der berühmtesten Polarforscher Englands, der Kapitän der *Terror,* sprach mit einem kleinen Schiffsjungen wie mit seinesgleichen. Jetzt ging er wieder hin und her und pfiff dabei leise. Matthi kannte die Melodie und jetzt fielen ihm auch die Worte ein. *It's a long way to Tipperary, it's a long way to go.*

»Ich werde Sir Franklin Meldung machen«, sagte Captain Crozier schließlich. »Die Frage ist zu wichtig. Ich werde ihm vorschlagen, dass die beiden Schiffsjungen der *Erebus* die Konserven in der Reihenfolge stapeln, wie sie wieder eingeladen werden und dabei unauffällig jede einzelne überprüfen. Außerdem sollen sie alle Dosen, die bis zu unserer Abfahrt gebraucht werden, bereits im Vorratsschuppen öffnen. Verstanden?«

»Äh – nein, Sir.« Es tat Matthi Leid, dass er die hohe Meinung, die Captain Crozier offenbar von ihm hatte, erschüttern musste. »Wie sollen wir sie denn unauffällig überprüfen?«

»Indem ihr an ihnen schnuppert. Wenn die Nähte an den Dosen nicht vorschriftsmäßig geschlossen sind, muss sich das am Geruch bemerkbar machen.«

Matthi zögerte. »Aye, Sir.« Dann fasste er sich ein Herz. »Melde gehorsamst, Sir: Gefrorenes Fleisch riecht fast gar nicht. Die Ochsen, die wir auf Grönland geschlachtet und in die Takelage gehängt haben, von denen haben ein paar Stücke Sonne abgekriegt und sind verdorben, aber das war kaum zu merken, erst als sie in der Kombüse angetaut waren. Gott sei Dank hat Mr Wall sie nicht gefroren in den Eintopf getan.«

»Wir werden bald über null Grad haben, dann werden die schlechten Konserven schon stinken. Aber schafft so viele Dosen wie möglich in die Vorratskammer neben der Kombüse, da ist es warm. Dann kann Mr Wall sie dort kontrollieren, bevor ihr sie in die Frachträume im Zwischendeck bringt. Und es muss eine genaue Liste geführt werden über die verdorbenen Teile, damit wir den Schaden ermessen können. Noch etwas ist wichtig: Die Sache bleibt unter uns! Kein Wort darüber – außer zu Ashton. Auf Mr Wall ist unbedingt Verlass, auf meinen Koch Mr Diggle auch. Es hat keinen Sinn, die Mannschaft zu beunruhigen. Vor allem wenn vielleicht doch alles in Ordnung ist.«

In der folgenden Woche kamen sich Matthi und Chris vor wie zwei Spürhunde auf der Fährte. Jeden Morgen, nachdem sie Old Neptun und Jacko versorgt hatten, gingen sie in den Vorratsschuppen und beschnupperten die Konserven. Wenn eine verdächtig roch, wurde sie aussortiert, die anderen wurden auf den Schlitten geladen und aufs Schiff gebracht.

Der Speiseplan war von der Admiralität festgesetzt worden. Demnach standen jedem Mann pro Woche viereinhalb Pfund Fleisch zu, und zwar montags und freitags drei viertel Pfund Pökelfleisch vom Rind, mittwochs und sonntags drei viertel Pfund Pökelfleisch vom Schwein, dienstags, donnerstags und samstags ein halbes Pfund Fleisch aus Konserven. An diesen drei Tagen öffneten die Jungen auch die Dosen, die für das Mittagessen vorgesehen waren, an den restlichen Tagen nur die fürs Abendessen, zu dem immer eine Suppe oder ein Eintopf gehörte, beide

mit Fleisch oder Gemüse. Sie wurden aus einem Konzentrat in Konserven hergestellt, das mit Wasser aufgefüllt wurde.
Gleich am ersten Tag hatten sie gemerkt, dass es genügte, ein Loch in die Dosen zu schlagen, dann machte sich der Geruch sofort bemerkbar. Sie waren froh, dass sie nicht den ganzen Deckel abnehmen mussten, denn das war eine Zeit raubende Arbeit, bei der man mit Meißel und Hammer eine Naht aus nebeneinander liegenden Löchern setzen musste. Mr Wall behauptete immer, aus diesem Grund würden sich Konserven im normalen Leben nicht durchsetzen.
»Vielleicht erfindet mal jemand ein Werkzeug, mit dem man den Deckel ganz leicht öffnen kann.« Chris betrachtete seinen blauen Daumennagel. Er hatte schon ein paar Mal mit dem Hammer daneben geschlagen.
»Dann hoffe ich bloß, dass du dieser Jemand bist, und zwar möglichst bald. Ich habe manchmal das Gefühl, dass ich als Zimmermann angeheuert habe und nicht als Koch. Mehr als zweihundert Pfund Fleisch pro Woche hämmere ich aus den Dosen«, brummte Mr Wall. Dann senkte er seine Stimme. »Wie viele verdorbene waren es heute?«
»Nur eine einzige«, sagte Chris ebenso leise. »Und die war richtig verbeult. Wahrscheinlich ist sie bei dem Orkan aus dem Regal geschleudert worden und dabei an den Nähten geplatzt.«
Mr Wall nickte erleichtert. »Ich habe auch nur eine gefunden. Hier, nimm sie mit an Land und stell sie zu den aussortierten. Morgen könnt ihr alle Konserven aus dem Vorratsraum in den Frachtraum tragen, die sind in Ordnung.«
Als Matthi und Chris mit der Prüfung aller Konserven fertig waren, hatten sie nur vierzig verdorbene gefunden. Dazu kamen

die dreißig, die die beiden Köche entdeckt hatten. Matthi hatte sehr befürchtet, dass die Expedition abgebrochen würde, wenn ein hoher Prozentsatz der Dosen nicht zu verwerten gewesen wäre. Aber 70 – das war kein Grund, sich Sorgen zu machen. Außerdem hatten sie durch die Todesfälle zwei Mann weniger.

Captain Crozier trug den Jungen auf, die Dosen in ein Tal am äußersten Ende der Insel zu bringen, dort auszuleeren und unterm Schnee zu vergraben. Damit niemand Verdacht schöpfte, lautete der offizielle Befehl, die leeren Konserven, die in Bergen um das Schiff lagen, zu entsorgen, weil sie bei steigenden Temperaturen anfingen zu stinken.

So kamen die Jungen doch noch zu ihren Schlittenfahrten. Es gab zwar keine Übernachtung im Zelt, aber sie waren immerhin mehrere Tage am Vormittag und am Nachmittag unterwegs. Nach Frühstück und Mittagessen war erst der Spaziergang mit den Hunden an der Reihe, dann sammelten sie die leeren Dosen in zwei Säcke, banden sie auf dem Schlitten fest, füllten im Vorratshaus einen dritten Sack mit den verdorbenen Konserven und brachten alles in das Tal in der Südostecke der Insel. Dort schlugen sie die Dosen an den Nähten auseinander, kippten das verdorbene Fleisch in eine Grube zwischen ein paar Felsen und häuften Schnee darüber.

Am dritten Tag sagte Chris plötzlich: »Ich habe eine tolle Idee. Wir füllen die leeren Dosen mit Kies und bauen daraus Pyramiden. Alle Polarforscher machen das. Sie schichten Steine zu einem Mal auf und hinterlassen darunter eine Nachricht für die Nachwelt.«

»Aber schau dir diese Unmenge von Dosen an! Das sind bestimmt über tausend. Damit können wir bis zum Abend unmöglich fertig werden.«

»Wir brauchen heute ja nicht alle zu füllen. Wir können weitermachen, wenn wir die nächste Fuhre bringen. Jetzt füllen wir nur so viele, dass wir eine richtig schöne, große Pyramide bauen können. Mannshoch sollte sie mindestens sein.«
»Aber müssten das nicht die Offiziere machen?«, wandte Matthi ein, obwohl er wusste, dass Chris sich durchsetzen würde. »Wir sind doch bloß Schiffsjungen. Dürfen wir das überhaupt?«
»Wir bauen doch keine Steinpyramide. Wir entsorgen ja bloß die Konserven. Die werden vielleicht nie untersucht. Wenn wir erst die Nordwest-Passage gefunden haben, dann ist es ja uninteressant, dass wir hier überwintert haben. Bloß wir beide wissen dann, dass unter den Dosen eine Nachricht versteckt ist. Hier, ich hab schon eine vorbereitet.«
Er zog ein Blatt Papier aus der Tasche und las: *»Ihrer Majestät Schiffe* Erebus *und* Terror *haben Lancaster-Sund durchfahren und Insel Cornwallis umrundet. Überwintern seit Oktober 46 vor der Beechey-Insel. Expedition unter Leitung von Sir John Franklin besteht aus 126 Offizieren und Männern. Zwei Männer starben. Alle anderen wohlauf. Warten auf Aufbrechen des Eises, um Suche nach Nordwest-Passage fortzusetzen.«*
Er sah Matthi erwartungsvoll an. Der nickte beeindruckt. »Klingt gut.«
»Find ich auch«, sagte Chris zufrieden. »Richtig echt. Jetzt fehlen nur noch Datum und Unterschrift.«
»Ich weiß nie, welcher Tag ist. Ich vergess immer auf den Kalender zu gucken.«
»Ich hab heut früh extra dran gedacht. Heute ist der 26. März.«
»Tatsächlich? Dann hab ich heute Geburtstag!«
»Herzlichen Glückwunsch!« Chris schüttelte Matthi feierlich die

Hand. »Dann darfst du das Datum und die erste Unterschrift schreiben. Mit Alter und Rang.«
Er reichte Matthi seinen Bleistift. Matthi nahm den Schlitten als Unterlage und schrieb in seiner schönsten Schrift:
26. März 1846
Matthew Evans, Schiffsjunge (15)
Es war irgendwie ein erhebendes Gefühl, dachte er. Eine Nachricht für die Nachwelt. Er fand Chris' Idee jetzt auch toll.
»Gut! Jetzt ich.« Chris hockte sich neben ihn und nahm den Bleistift.
Christopher Ashton, Schiffsjunge (14)
Er faltete den Bogen und schnürte einen roten Wollfaden darum. Sie reinigten zwei verschieden große Dosen mit Schnee, schoben das Papier in die kleinere und hämmerten sie mit einem Stein flach, sodass sie die Nachricht umschloss wie ein blecherner Umschlag. Der kam in die größere Dose, die ebenfalls flach gehämmert wurde. Dann fingen sie an die leeren Konserven mit Kies zu füllen und einen Sockel für die Pyramide zu bauen.
Nach einigen Stunden sagte Matthi sein knurrender Magen, dass das Mittagessen längst vorüber sein musste. Aber trotz seines Hungers und obwohl ihm die Hände wehtaten, hätte er es nicht fertig gebracht, jetzt aufzuhören. Die Pyramide ging ihnen schon bis zu den Schultern. Und sie sah wirklich beeindruckend aus. Die Nachricht war tief in ihrem Inneren verborgen. Die gebogenen Wände der Dosen schimmerten in der Sonne.
»Jetzt haben wir's bald geschafft. Nach oben zu brauchen wir immer weniger.« Chris trat ein paar Schritte zurück und begutachtete ihr Bauwerk. »Sieht toll aus. Und ganz gleichmäßig. Würde

den alten Ägyptern auch gefallen, glaube ich. Komm, wir machen eine Pause.«

Sie setzten sich auf den Schlitten und streckten die Beine aus.

»Meinst du denn, sie bleibt stehen? Auch bei einem richtigen Orkan?«

Chris hob die Schultern. »Ich meine schon. Wir sind ja hier in einer Senke, an der tiefsten Stelle. Vielleicht können wir in ein paar Jahren mal nachschauen gehn, wenn die Nordwest-Passage eine normale Schiffsroute geworden ist. Wir könnten – Was hast du?«

Er folgte Matthis Blick. Vor dem weißen Hintergrund des ansteigenden Geländes bewegte sich ein großer gelblicher Schatten: ein Eisbär! Chris spürte, wie sich seine Nackenhaare aufrichteten.

»Rühr dich nicht!«, flüsterte er. »Vielleicht sieht er uns nicht. Oh Gott, was ist der riesig!«

Der Bär hatte sie noch nicht bemerkt. Er musste trotz seiner Größe ein junges Tier sein oder vielleicht war er auch nur froh, dass der Winterschlaf vorbei war und die Sonne schien. Er machte einen Purzelbaum, dass der Schnee stäubte, patschte mit den Vordertatzen Schneehaufen auseinander, wälzte sich auf den Rücken und strampelt mit allen vieren in der Luft.

»Er sieht ganz harmlos aus«, flüsterte Matthi.

»Das sieht nur so aus. Er . . .«

Der Bär kollerte den Hang hinunter und kam in der Nähe der Konserven-Pyramide zum Stillstand. Er reckte den Kopf vor und witterte. Seine lange Schnauze bewegte sich fast unmerklich hin und her, die kleinen, runden Ohren zitterten. Plötzlich erhob er sich auf die Hinterbeine. Seine Größe war erschreckend. Sie

übertraf alles, was die Jungen bei einem lebenden Wesen gesehen hatten. Der größte Ochse, das größte Pferd würden wie Lämmlein wirken gegen ihn.
Er ist bestimmt zweieinhalb Meter hoch, dachte Chris. Das weiße, langhaarige Fell umwallte ihn wie ein Mantel. Durch das aufrechte Stehen bekam er eine unheimliche Ähnlichkeit mit einem Menschen oder eher mir einem Riesen. Einen Herzschlag lang spürte Chris den spähenden, ungerührten Blick aus den kleinen dunklen Augen auf sich gerichtet. Ein Brechreiz stieg in seiner Kehle hoch. Der Mörder im Tunnel hatte diesen Blick gehabt.
Chris schloss die Augen. Wenn ich ihn nicht sehe, dann sieht er mich auch nicht, dachte er inbrünstig, obwohl er wusste, wie lächerlich dieser Gedanke war. Er saß reglos und wagte kaum zu atmen. War nicht einmal ein Polarforscher dadurch einem Eisbären entkommen, dass er sich tot gestellt hatte?
Nach einer endlos langen Zeit hörte er ein Flüstern: »Er wittert das Fleisch.«
Chris öffnete die Augen. Die fürchterliche Riesengestalt stand nicht mehr vor ihnen. Sie hatte sich wieder auf alle viere niedergelassen und trottete auf die Grube zwischen den Felsen zu, wo sie das verdorbene Fleisch vergraben hatten.
In diesem Augenblick ertönte ein lautes Bellen, ein zweistimmiges Heulen und zwei Hunde jagten den Hang hinunter. Der Eisbär erhob sich wieder auf die Hinterbeine. Old Neptun und Jacko stemmten die Pfoten in den Schnee und bremsten. So ein Ungetüm hatten sie noch nie gesehen.
Ein Schuss peitschte. Das Echo knatterte von den Hügeln. Der Eisbär schwankte und fiel auf die Vordertatzen. Dann setzte er im Galopp davon, so schnell wie ein Pferd. Noch ein Schuss!

Aber der Bär unterbrach seinen Lauf nicht. Er verschwand hinter einem Felsen.

»Verdammt noch mal! Verfluchte Scheiße!«

Nie hätte Chris gedacht, dass er über Flüche derartig erleichtert sein könnte. Mr Braine lief auf sie zu, das Gewehr in der Hand.

»Los, hinterher! Schaut, wo er hin ist.«

Die Jungen sprangen auf und rannten zu dem Felsen. Mit einem bewaffneten Mann im Rücken konnte man das wohl riskieren. Sie sahen den Bären übers Eis jagen, Richtung Süden.

»Na, der legt ja ein Tempo vor, da könnte ich nicht mithalten.« Mr Braine keuchte, als er die Jungen erreicht hatte. »Ich krieg jetzt schon kaum noch Luft. Scheine irgendwie nicht in Form zu sein. Das ist mir noch nie passiert, dass ich auf diese Entfernung so ein großes Ziel verfehlt habe. Die erste Kugel hat ihn erwischt, da bin ich sicher. So ein verfluchtes Pech! Jetzt könnt ich ein Eisbärenfell haben, als Erster an Bord.«

»Vielleicht kommt noch mal ein anderer. Aber dann möchte ich lieber nicht dabei sein.« Chris schüttelte sich. »Jedenfalls sind wir Ihnen sehr dankbar, dass Sie gekommen sind.«

»Bedankt euch bei den Hunden. Ich hab sie ausgeführt und sie hatten auf einmal die Nase am Boden und waren nicht von der Spur wegzubringen.« Mr Braine rieb sich mit einer Hand die Lider und blinzelte. »Mit meinen Augen stimmt was nicht. Ich hab ihn doppelt gesehen, glaube ich. Ihr seid auf einmal auch ganz undeutlich. Komisch.«

Er schwankte ein bisschen. Die Jungen betrachteten ihn beunruhigt. Nach der monatelangen Dunkelheit waren alle Männer bleich gewesen wie die gekochten Kartoffeln aus den Konserven. Aber seit die Sonne zurückgekehrt war, hatten sie wieder Farbe bekommen. Nur Mr Braine sah immer noch fahl und grau aus. Und er war so mager geworden, dass sein Kopf wirkte wie ein mit papierdünner Haut überzogener Totenschädel.

»Na, Unkraut vergeht nicht. Kommt jetzt! Zeit fürs Abendessen.« Er grinste die Jungen mit seinen hässlichen gelben Zähnen und dem abgebrochenen Vorderzahn an. Im grellen Sonnenlicht sahen sie, dass sein Zahnfleisch noch grauer war als seine Haut. Entlang der Zahnwurzeln zog sich ein dunkler Streifen.

Aus Christophers Tagebuch

7. April 1846

Mr Braine ist tot! Schon seit drei Tagen. Morgen wird er neben Mr Torrington und Mr Hartnell beerdigt. Das Grab ist schon fast fertig, das Hacken geht jetzt schneller als in der Dunkelheit. Er war mit einem Erkundungstrupp auf Nord-Devon, und wie sie zwei Tagesmärsche vom Schiff weg waren, hat er auf einmal fürchterliche Bauchschmerzen gekriegt. »Koliken«, sagt Officer Brown dazu, der war nämlich auch dabei, deshalb weiß ich alles genau. Es hat bloß ein paar Stunden gedauert, dann ist er gestorben. Gestern Abend ist der Trupp mit seiner Leiche zurückgekommen.

Alle sind sehr beunruhigt, das merkt man, obwohl die beiden anderen Toten in der Dunkelheit und Kälte des Winters unheimlicher waren. Jetzt scheint den ganzen Tag die Sonne und mittags ist es fast warm. Die Ärzte haben den Leichnam natürlich untersucht und Matthi hat schon geglaubt, es gibt wieder eine Autopsie, so nennt man das Aufschneiden, aber sie haben nur die Zimmerleute aufgefordert sich mit dem Sarg zu beeilen. Officer Brown sagt, sie hätten Auszehrung als Todesursache angegeben, und tatsächlich war Mr Braine ja zum Schluss mager wie ein Skelett. Aber wie er das sein konnte bei dem guten Essen, das wir kriegen, das begreife ich nicht. Matthi hat jedenfalls zugenommen dabei und ich bin ein ordentliches Stück gewachsen und gehe ihm schon fast bis zum Kinn.

Gestern und heute haben ständig die Offiziere zwischen den beiden Schiffen hin- und hergewechselt und ich bin sicher, dass sie über diesen Tod reden, aber wir erfahren nichts Ge-

naues. Ich bin richtig traurig. Es stimmt zwar, dass ich mich die meiste Zeit vor Mr Braine gefürchtet habe, aber in den letzten Wochen war er sehr nett und vielleicht hat er Matthi und mir das Leben gerettet, als er den Eisbär verjagt hat. Angeblich sollen Eisbären Menschen fressen, obwohl manche Forscher sagen: nur wenn sie sehr hungrig oder gereizt sind.
Jedenfalls wollte ich dem armen Mr Braine eine Art Abschiedsgeschenk machen und habe aus einer Konservendose ein Herz ausgestanzt, es mit dunkelblauer Ölfarbe angestrichen und mit weißen Buchstaben darauf geschrieben: »Geweiht dem Andenken von William Braine, Royal Marine von *HMS Erebus*, gestorben am 3. April 1846 im Alter von 32 Jahren.«
Es sah sehr schön aus und Mr Weekes und Mr Watson, die beiden Zimmerleute, fanden das auch. Sie haben den Sargdeckel noch mal hochgehoben, den sie gerade zunageln wollten, damit ich Mr Braine das Herz auf die Brust legen konnte. Jetzt weiß ich auch, warum sich alle so beeilt haben, denn die Leiche stank ganz fürchterlich. Sie ist während der Nächte gefroren und am Tag wieder aufgetaut und deshalb schon teilweise in Verwesung übergegangen, sagt Mr Weekes und in der Nacht auf dem Schiff sind die Ratten an ihn rangekommen, obwohl sie ihn in seine Hängematte eingewickelt hatten. Sein Halstuch war über sein Gesicht gebreitet, Gott sei Dank, aber mir ist trotzdem schlecht geworden und ich brachte am Abend keinen Bissen herunter, obwohl es ein Ragout aus frischen Seevögeln gab, das wunderbar roch, anders als das ewige Pökelfleisch und die Konserven.

16. April

Heute ist unser Kapitän 60 Jahre alt geworden. Es hat ein Festessen mit mehreren Gängen für alle gegeben, nicht nur für die Offiziere, und einen Extrabecher Rum, obwohl Old Frank eigentlich Abstinenzler ist. Commander Fitzjames hat in seiner Tischrede eine Bemerkung von Admiral Ross über Old Frank zitiert: »Trotz seines Alters ist der Mann in besserer Form als die meisten, und wenn er das Kommando über die Expedition nicht bekommt, wird er vor Enttäuschung sterben.«

5. Juli

Wenn das nicht ein gutes Zeichen ist! Heute habe ich Geburtstag und in der Nacht ist das Eis aufgebrochen! Nein, das stimmt nicht ganz, es bricht schon seit Wochen und macht dabei einen Lärm wie eine Armee bei der Schlacht, als ob Kanonen donnern und Granaten explodieren und Gewehre knallen. Aus dem Mastkorb konnte man sehen, wie sich riesige Eisplatten gegen- und übereinander schoben mit einer Gewalt, als ob Lokomotiven gegeneinander krachten, und manchmal war sogar eine blaue Wasserrinne zu entdecken.

Das Eis in unserer Bucht ist schon seit zwei Wochen aufgetaut, die Schiffe schwimmen wieder im Wasser. Nach einem Dreivierteljahr Unbeweglichkeit, in dem man sich gefühlt hat wie in einem Haus, ist es ein tolles Gefühl, dass man wieder von Wellen geschaukelt wird. Die gibt es natürlich nur, wenn das Eis draußen sich so wild aufbäumt, dass Brocken absplittern und über die Landbrücke in unsere Bucht geschleudert werden. Einmal ist ein richtiger kleiner Eisberg geflogen gekommen, der wäre uns vielleicht gefährlich geworden, wenn wir schon im tiefen Wasser gelegen hätten, aber so ist er einfach auf dem Eis unter Wasser aufgeschlagen und in tausend Stücke zerborsten.

Es war jedem klar, dass man sich trotz der Rinnen nicht ins Packeis wagen konnte, solange es noch in derartiger Bewegung war, aber heute Nacht hat sich eine Wasserstraße aufgetan, so breit wie unsere ganze Bucht. Und der Wind treibt das Eis in großen Schollen von der Beechey-Insel weg nach Süden.

Seit fast einem Monat haben wir auf diesen Augenblick gewartet. Mr Reid hat gesagt, dass die Barrow-Straße normalerweise bloß von Mitte Juli bis September eisfrei ist, nur nach einem außergewöhnlich warmem Frühjahr kann sie auch eher befahren werden.

Wir haben die Schuppen an Land abgebaut und alles wieder an Bord geholt. Die Marinesoldaten sind auf die Jagd gegangen und waren ganz wild auf Eisbären, aber sie haben nur einen einzigen erwischt, bei unseren Pyramiden. Der hat bestimmt das vergrabene Fleisch gefunden und eine Pyramide hat er auch demoliert. Captain Crozier hat verboten, dass seine Leber gegessen wird, weil die giftig ist, und hat die Gallenblase samt Inhalt in ein kleines Fass verpacken und im untersten Deck verwahren lassen, wo es am kältesten ist, denn mit Cognac gemischt soll die Flüssigkeit ein gutes Mittel gegen Gicht sein. Nicht mal Officer Brown und Mr Wall wussten das, denn sie waren ja nur in der Antarktis und da gibt es keine Eisbären.

Die Bärenschinken haben noch besser geschmeckt als Roastbeef zu Hause, und der Rest vom Bären auch, jedenfalls viel besser als das Seehundfleisch, das es in der folgenden Woche gegeben hat – zum Glück nur einmal, weil die Seehunde wohl ein unheimlich gutes Gehör haben und sofort in einem Eisloch verschwinden, selbst wenn die Jäger noch weit entfernt sind. Mr Wall hat gesagt, ich soll nicht so mäkelig sein, nichts wäre wichtiger und besser gegen Skorbut als frisches Fleisch, egal, wie tranig es schmeckt. Aber schließlich müssen wir ja schon jeden Tag eine Unze Zitronensaft schlucken, der ist so sauer, dass man ihn kaum hinunterkriegt, trotz Zucker, und die meisten finden ihn so widerlich, dass immer ein Offizier daneben steht und aufpasst, dass auch jeder seine Portion schluckt. Das langt ja wohl gegen Skorbut und die Konserven haben wir noch außerdem.

20. Juli

Seit zwei Wochen fahren wir jetzt Richtung Süden in einem dauernden Zickzackkurs, denn es ist immer noch viel Eis auf dem Wasser, um das wir herumkurven müssen. Die Wache im Mastkorb deutet mit dem rechten oder linken Arm, ob wir Luv oder Lee steuern müssen, und Mr Reid ist unentwegt an Deck. Manche Eisberge sind 30 oder sogar 50 m hoch und unter Wasser bis zu siebenmal so tief. Mr Reid sagt, diese Eisfüße sind mindestens so gefährlich wie Granitfelsen und schneiden jeden Schiffsrumpf auf, egal, wie dick gepanzert er ist. Deshalb muss man immer auf Abstand bleiben, auch wegen der Gefahr, dass ein Eisberg plötzlich kalbt und das Schiff unter Wasser drückt.

Matthi hat ja immer vom Nordlicht und von den Farben des Winterhimmels geschwärmt, aber ich finde, es geht nichts über Sommerfarben. Das Wasser wechselt dauernd zwischen Blau- und Grüntönen, es sieht aus wie Mutters Smaragde und Aquamarine und Saphire, manchmal sogar wie Amethyste. Die Eisberge sind rubinrot, zartlila wie Lavendel oder sonnenblumengelb. Am schönsten sind die kleinen Inseln im Lancaster-Sund. Sie sind überzogen von einem Teppich aus Flechten und Moos und der leuchtet so grün wie der Rasen in unserem Park in Farnham. Da blühen jetzt bestimmt die Rosen. Die gibt es hier natürlich nicht, aber Blüten gibt es tatsächlich auch: purpurnen Steinbrech und niedrige Preiselbeergebüsche und zartblaue Glockenblumen.

Die See wimmelt von Seehunden, Walrossen, Walen und Fischen. Und die Luft wimmelt von Vögeln. Heute haben sich hunderte von kleinen Narwalen um die Schiffe gedrängt und so gepustet, als ob das Meer selbst atmen würde. Mr Reid hat zu Officer Brown gesagt, dass jetzt von den Häfen an den Atlantik-Küsten die Walfänger und Fischkutter zur Jagd aufbrechen. Er hat das ganz eigentümlich betont und ich frage mich, ob er meint, dass wir auch Vorräte anlegen sollen. Aber wir haben noch Proviant für mehr als zwei Jahre, warum sollen wir da die Zeit mit Jagen vertun?

Wir haben gestern ein Schleppnetz ausgehängt, ohne deshalb die Fahrt groß zu verlangsamen. Anschließend war das Deck überschwemmt von golden und silbern schimmernden Fischen und wir haben sie stundenlang geschuppt und ausgenommen. Matthi und ich haben gestunken wie Fischweiber, weil wir anschließend noch Mr Wall geholfen haben Fischsuppe zu kochen und Fischfilets zu braten, aber das war uns ganz egal. Frische Fische schmecken jedenfalls viel besser als Konserven und Pökelfleisch.

Überhaupt ist seit unserem Aufbruch von der Beechey-Insel alles wieder normaler. Das Eis im untersten Deck ist getaut, man hört das Schlappen des Wassers und es riecht faulig, aber dafür sind im Mannschaftsraum nicht mehr alle Ritzen und Luken verstopft, sogar der zweite Niedergang samt Türe ist geöffnet worden, sodass man Durchzug machen kann. Der monatealte Dunst von 44 Männern, die in einem einzigen Raum schlafen, essen, kochen und arbeiten, ist abgezogen.

20. August

Eismeister Reid sagt, er hat noch nie einen so warmen Sommer im Polarmeer erlebt. An der Stelle, wo wir im vorigen Jahr wegen der Eisbarriere umkehren mussten, haben wir eine unbekannte Wasserstraße entdeckt, die direkt nach Süden und auf Kanada zuführt. Sir Franklin hat sie Peel-Sund genannt. Alle sind sicher, dass die Nordwest-Passage unmittelbar vor uns liegt. Eigentlich schade! Es war zwar alles sehr spannend, aber so richtige Abenteuer wie damals Sir Franklin bei seiner Kanada-Expedition haben wir noch nicht erlebt.
Wir rauschen ohne Pause an unbekannten Küsten entlang und sind noch kein einziges Mal an Land gegangen, um Steinpyramiden mit Nachrichten über unsere Route aufzurichten, weil das Wetter so günstig ist, dass wir möglichst viele Seemeilen hinter uns bringen wollen. Ich hätte Mutter so gerne ein Eisbärenfell mitgebracht!

Kapitel 11

Nein, Jane, das geht nicht! Du musst warten, bis wir gerufen werden!«

Chris versuchte, das Äffchen am Halsband zu packen, aber das machte einen Purzelbaum, entwischte ihm und sprang den Gang zwischen den Offizierskabinen hinunter. Es durfte jeden Nachmittag in Sir Franklins Kabine, wenn er eine Patience legte. Jane war fasziniert von den bunten Karten und saß ganz still, bis er fertig war und ihr den Stapel reichte. Den verteilte sie dann langsam auf dem Tisch und ahmte dabei mit schief gelegtem Kopf und brummenden Lauten Sir John nach, der sich darüber sehr amüsierte.

Chris lief hinter ihr her und bekam sie gerade noch rechtzeitig zu fassen. Die Offiziere waren zu Sir Franklin in die Bibliothek gerufen worden, um über die weitere Route zu beraten und seine Entscheidung zu hören. Undenkbar, dass ein Affe sie dabei unterbrechen würde! Er knotete ihr sein Halstuch wie einen Turban um den Kopf und ließ sie in einen kleinen Taschenspiegel schauen. Das wirkte immer bei Jane. Chris hockte sich auf die unterste Stufe der Decksleiter. Lange konnte die Beratung nicht mehr dauern. Von den Stimmen in der Bibliothek war nur ein undeutliches Gemurmel zu hören.

»Ich bin entschlossen dieses Risiko einzugehen.« Da sprach auf einmal jemand sehr laut. Und dieser Jemand war Old Frank, Chris

erkannte die Stimme sofort. »Wir sind nicht ausgeschickt worden, um einen sicheren Hafen zum Überwintern zu finden, sondern die Nordwest-Passage. Wenn ich auf der Ostseite am König-William-Land vorbeifahre, dann finde ich mich höchstwahrscheinlich in einer Sackgasse wieder, nämlich in einer Bucht ohne Verbindung zum Simpson-Kanal. Dann müssen wir dort überwintern und im nächsten Sommer die ganze Strecke wieder zurückfahren, um einen neuen Verbindungsweg zu suchen.«
Darauf erfolgte eine gemurmelte Antwort, von der Chris nur »Winter vor der Tür« und »Zeit wird knapp« verstand.
»Es ist durchaus möglich, dass der Winter noch wartet.« Old Frank musste verärgert sein, er sprach sonst nie laut. »Noch gibt es genug offene Rinnen im Eis. Wir haben gepanzerte Schiffe, wir haben Motoren. Wir werden also durch das Treibeis zum Simpson-Kanal vorstoßen, und zwar auf der Westseite.«
»Aber wenn wir nicht auf Treibeis stoßen, sondern auf solides Packeis, dann können uns auch Maschinen und Panzerung nicht helfen.« Das war Mr Reid. Er wagte es tatsächlich, Old Frank zu widersprechen.
»Sie haben eben selbst bestätigt, dass der Sommer ungewöhnlich warm ist, Mr Reid. Diese Chance müssen wir nutzen. Notfalls sprengen wir uns den Weg frei. Entdeckungen kann man nur machen, wenn man ein Risiko eingeht. Gott wird uns seine Hilfe und seinen Schutz nicht versagen. Ich danke Ihnen, meine Herren.«
In der Bibliothek ertönte Stühlerücken. Die Zusammenkunft schien zu Ende zu sein. Chris packte Jane fester. Old Frank war jetzt bestimmt nicht in der Stimmung für einen Besuch seines Lieblings.

»Land in Sicht!«, schrie die Wache im Krähennest.
Chris rannte nach oben und stellte sich neben Matthi an die Reling. Am Horizont war ein dunkler Streifen zu sehen.
»König-William-Land«, sagte jemand.
Matthi sah Chris fragend an. Der war, was Einzelheiten über die Erforschung der Polar-Regionen anging, ein lebendes Lexikon.
»Sir James Ross hat es vor siebzehn Jahren entdeckt«, erklärte Chris bereitwillig. »Zumindest einen Teil davon. Er hat eine Steinpyramide am Victory Point errichtet mit einem Bericht über seine Expedition. So, wie wir das mit den Konserven gemacht haben. Später hat er geschrieben, dass hier eine der schönsten Gegenden der kanadischen Küste ist. Im Frühling, wenn die Wasserstraßen offen sind, gibt es riesige Mengen von großen, fetten Lachsen. Etwas später kommen die Rentiere in gewaltigen Herden und bleiben den Sommer über dort. Und im Herbst gibt es Massen von Kabeljau. Bloß im Winter ist es ein Klotz aus Eis ohne jedes Leben.«
»Und Winter haben wir bald, nicht? Guck dir das an.« Matthi zeigte nach vorn.
Ein Treibeisfeld näherte sich ihnen, das aussah wie aus der Spielzeugkiste eines Riesen gepurzelt. Verschlungene Riesenbäume, bizarre Tiergestalten, Statuen von Menschen und Mischwesen, Tempel mit Säulenreihen, Burgen mit Türmen und Zinnen drängten sich aneinander. Eine große Scholle, die sich in der Dünung hob und senkte, ließ in regelmäßigen Abständen einen dicken Wasserstrahl in die Höhe spritzen. Als sie näher kam, sahen die Jungen, dass in der Mitte der Scholle ein Loch war und dass Wasser durch die Dünung wie ein Springbrunnen aufwärts gepresst wurde. Eine andere Scholle zog so dicht an der Reling vorbei,

dass man sie fast mit den Händen erreichen konnte. Sie war so groß wie ein Haus, mit einer dicken Schicht Schnee auf der Oberseite und grauen Längsstrichen an der Seite.

»Wie würdet ihr sie einordnen?« Eismeister Reid war neben die Jungen getreten. Weil er früher auf einem Walfänger gefahren war, benahm er sich nicht so förmlich wie die anderen höheren Offiziere. Er war ein vierschrötiger, kräftiger Mann mit einem vom Wetter gegerbten Gesicht und tiefen Falten um die Augen, der nur beim Essen und Schlafen die Pfeife aus dem Mund nahm. Wenn er gut gelaunt war, erzählte er von seinen unglaublichen Abenteuern an Bord und bei den Jägern auf Grönland und Baffin-Land. Die Jungen waren fasziniert von seinen Geschichten – und von der tätowierten Seejungfrau auf seinem Unterarm, die sich mit seinen Muskeln zu bewegen schien.

»Ich würde sagen, die Scholle ist Teil von altem Packeis, Sir«, schlug Chris vor.

»Man sieht nämlich die Gezeitenmarken an den Seiten, also ist sie älter als ein Winter«, ergänzte Matthi. »Wahrscheinlich hat sie sogar mehrere Winter mitgemacht, weil sie so hoch ist.«

»Sehr gut. Und deshalb müsste eigentlich jedem Menschen klar sein, dass wir Packeis voraus haben.« Er sprach so leise, dass ihn nur die Jungen verstehen konnten, die direkt neben ihm standen. »Dieser Brocken ist von einer geschlossenen Eisdecke abgebrochen, da bin ich sicher. Mehr als zehn Jahre lang bin ich um das Baffin-Land herumgeschippert, ich kann das Packeis förmlich riechen.«

Eismeister Reid musterte die Scholle mit finsterem Gesicht, stülpte sich seinen Südwester über die krausen dunklen Haare und nahm wieder seinen Platz am Bug des Schiffes ein.

»Er ist anderer Ansicht als Old Frank. Er meint, dass die Schiffe so schnell wie möglich einen sicheren Hafen suchen oder sich wenigstens auf der Ostseite vom König-William-Land halten sollten, um das schwere Eis im Westen zu vermeiden«, flüsterte Chris. »Aber Old Frank glaubt, dass dort bloß eine Bucht ist und keine Verbindung zur Simpson-Straße. Wir werden weiterfahren.«

Am nächsten Morgen hatten sich die Rinnen zwischen den Schollen mit einer glasklaren Eisschicht überzogen. Die *Erebus*, die die stärkere Dampfmaschine hatte, ging in Führung, und pflügte durch die Rinnen, dass das Eis splitterte. Die *Terror* folgte. Doch die Säule im Thermometer fiel weiter. Die gläserne Schicht verwandelte sich in eine breiige, zementähnliche Masse, die die schwimmenden Schollen zusammenklebte. Innerhalb weniger Tage steckten die Schiffe in einer geschlossenen Eisfläche.
Die Motoren, die schon im freien Wasser nicht besonders leistungsstark waren, erwiesen sich jetzt fast als überfordert: Die Schiffe schlichen durch den Eisbrei mit der Schnelligkeit eines müden Fußgängers. Es waren immerhin fast 370 Tonnen, die jede Lokomotive durch das wachsende Eis pressen musste, und die Ingenieure arbeiteten pausenlos an immer neuen Schäden, weil die Maschinen der Anstrengung nicht gewachsen waren.
Der Ausguck im Krähennest entdeckte blau blitzende Rinnen in wenigen Meilen Entfernung. Da war also noch freies Wasser! Da war eine Weiterfahrt möglich! Sir Franklin höchstpersönlich erschien an Deck und gab die Befehle. Alle Matrosen wurden mit Eissägen, Eispickeln, Eisäxten, Eismeißeln von Bord geschickt und öffneten mit ihren Werkzeugen einen Spalt in der Eisdecke.

Die *Erebus* wurde zurückmanövriert, dann kam das Kommando: »Volle Kraft voraus!«
Dicker schwarzer Rauch quoll aus dem Schornstein, wölbte sich über dem Schiff wie ein gewaltiger Baum, dämpfte das grellweiße Licht, wuchs immer höher. Das Schiff nahm einen Anlauf wie ein Springer, der einen Abgrund überqueren will, und preschte in den Spalt.
Das Eis ächzte, schrie, splitterte – und eine Stimme an Deck brüllte, genauso wild und schrill wie das Eis: »Volle Kraft voraus! Volle Kraft voraus!« Sir Franklin umklammerte mit beiden Händen die Reling, beugte sich weit vor und schrie, als ob er mit dem Einsatz seines Körpers den Feind bezwingen wollte. Die Offiziere blickten sich beklommen an. Der Kapitän war berühmt für seine Beherrschung. Noch nie hatte ihn jemand schreien hören.
Der Spalt brach auf. Wie eine klaffende Wunde öffnete sich die Oberfläche. Auf dem Eis ertönte Hurrageschrei.
Wieder und wieder wurde das Manöver wiederholt. Doch nach einigen Stunden schrie niemand mehr. Das Eis war härter als das härteste Holz. Die Männer sägten, schlugen und hämmerten mit aller Kraft, aber die mörderischste Anstrengung ergab nur ein Weiterkommen von einigen Schiffslängen. Chris und Matthi wurden unter Deck geschickt, weil noch mehr Leute bei den Kohlen gebraucht wurden.
In der Nähe des Kessels war es so heiß wie in der Hölle. Die Jungen schaufelten, bis ihnen der Schweiß in Strömen vom Körper lief und sie das Gefühl hatten, die Arme würden ihnen abfallen. Obwohl ihre Hände mit Hornhaut überzogen waren, hatten sich dicke Blasen gebildet. Der Kohlenstaub füllte ihren Mund und kroch in den Hals. Sie husteten unentwegt, aber das half nichts.

Wenn die *Erebus* wieder gegen das Eis donnerte, erschütterte ein Stoß den Kesselraum, der die Jungen von den Beinen riss und in die Kohlen schleuderte.
Als sie abgelöst wurden, waren sie so erschöpft, dass sie auf ihren Seekisten einschliefen. Nach vier Stunden weckte sie Mr Wall, indem er ihnen einen Napf mit heißem Eintopf in die Hand drückte. Dann ging die Plackerei weiter.
Einmal schrie der Erste Heizer dem Ingenieur zu, dass der Kohleverbrauch gemeldet werden müsse, denn der sei dreimal so hoch wie normal.
»Hast du das gehört?« Chris konnte vor Husten kaum sprechen, als sie das nächste Mal abgelöst wurden. »Mit dem Kohleverbrauch, meine ich.«
Matthi nickte nur. Er war zu müde zum Reden.
»Aber die Kohle ist fast das Wichtigste, was wir haben. Wir brauchen sie zum Kochen und zum Heizen und zum Schneeschmelzen.«
»Wenn wir hier wegkommen, nicht mehr«, krächzte Matthi. »Dann haben wir's sicher bald geschafft.«
»Menschenskind, stell dir doch mal die Karten vor! Bald geschafft? Dass ich nicht lache! Wir haben noch mehr als die Hälfte vor uns!«
»Okay, okay.« Matthi stritt nie mit Chris, schon gar nicht über Wissensfragen. Er erkannte neidlos an, dass sein Freund einfach mehr wusste. »Old Frank wird schon wissen, was er tut.«
»Weißt du, woran ich den ganzen Tag gedacht habe?«
Matthi schüttelte den Kopf. Das war wieder typisch Chris. Wie konnte man bloß denken bei der Schufterei? Sein eigener Kopf war völlig leer gewesen, gerade für ein stummes Kommando hat-

te es gereicht, das er endlos wiederholt hatte: »Schaufel hoch – und – Schaufel hoch – und –«

»Vielleicht hat Mr Reid Recht gehabt. Und Old Frank hat Unrecht.«

»Quatsch!«, sagte Matthi grob. Old Frank war ihr Idol. Dass Chris ausgerechnet jetzt an ihm zweifelte, erschütterte Matthi. »Sir Franklin ist Konteradmiral der königlichen Marine, der versteht doch seine Sache besser als ein Eismeister. Pass auf, morgen sind wir durch und können weiter.«

Chris gab keine Antwort und schaute mit zusammengezogenen Augenbrauen geradeaus. Genauso hatte Mary geguckt, wenn sie glaubte etwas besser zu wissen, daran erinnerte sich Matthi auf einmal. Er hustete wie ein krankes Pferd, um das beklemmende Gefühl in seiner Kehle loszuwerden.

Ein Trupp von Freiwilligen arbeitete sogar im Mondlicht weiter auf dem Eis. Jeder wusste nach der Überwinterung im sicheren Hafen der Beechey-Insel, was es heißen würde, mitten auf dem Meer vom Packeis eingeschlossen zu werden. Hier gab es keine Bucht mit flachem Wasser, keine Felsen, die vor Stürmen schützten, keine Möglichkeit, Ausrüstung und Proviant an Land zu bringen.

In den frühen Morgenstunden fiel die Temperatur um volle zehn Grad. Auch vom Krähennest aus war nicht die kleinste Rinne mehr zu entdecken. Die Schiffe waren gefangen.

Die erschöpften Männer sahen schweigend über die endlose Eisfläche. Sie war in Bewegung, als ob verschiedene Strömungen gegeneinander kämpften. Riesige Schollen kippten hoch und brachen wieder um, Grate wuchsen empor und krachten zusammen, die Massen drehten und schoben sich in- und übereinander, als würden sie von einer unsichtbaren Gewalt umgepflügt. Was hatte Mr Reid damals gesagt?, überlegte Matthi. Dass das Packeis Schiffe zerknacken kann wie Haselnüsse. Und dass man nie sicher sein konnte, nicht einmal im Sommer, aber erst recht nicht –

Ein Grauen erregendes Geräusch unterbrach seine Gedanken, ein Prasseln und Mahlen und Knirschen und Heulen, das eher zu einer Feuersbrunst zu passen schien als zu dem gewaltigen Eisberg, der sich durch das Packeis auf sie zu schob und dabei tonnenschwere Platten wie Kieselsteine aus dem Weg räumte. Jetzt ist es aus mit uns, dachte Matthi. Die *Erebus* ist nicht mehr als ein Schneeball für diesen Koloss. Wir ...

Ein Stoß erschütterte den gesamten Schiffskörper. Die Masten schlugen hin und her wie Uhrpendel, die Planken bebten, das Oberdeck schüttelte sich, alles, was nicht festgezurrt war, flog von seinem Platz. Die Männer fielen durcheinander. Matthi fand sich vor der Hundehütte wieder und schob sich mit einer halb unbewussten Bewegung rückwärts hinein, er hatte ganz einfach das Gefühl, dass er in einer Art Höhle Zuflucht suchen müsste. Old Neptun und Jacko winselten.

Wieder ein Stoß. Plötzlich wurden beide Schiffe samt der riesigen Scholle, in der sie festgefroren waren, in die Höhe gehoben. Ein Gewicht von mehreren tausend Tonnen schwebte empor so leicht wie ein Blatt. Matthi stemmte Hände und Füße gegen die Fasswände, um nicht herauszurollen. Er spürte, wie das Schiff sich neigte. Die Hunde pressten sich an ihn. Er hob die Klappe hoch und sah, dass sie sich fast zwei Meter über dem restlichen Packeis befanden. Der Fuß des Eisberges musste sich unter ihre

Scholle geschoben haben und auf ihm glitten sie jetzt langsam höher.

Noch ein Stoß. Plötzlich hörte die Bewegung auf. Das Schiff schwankte zurück in die Horizontale. Die schimmernde weiße Wand zog an der Reling vorbei, durchzogen von Furchen und Rillen, von Graten und Plattformen, groß wie eine Festung, neben der die Schiffe wirklich nur zwei Nussschalen waren. Aber die Nussschalen lagen still. Der Eisberg ließ sie in seinem Kielwasser liegen und schwamm davon. Das grausige Geräusch wurde ganz allmählich schwächer.

Matthi krabbelte aus dem Fass und schaute sich um. Der Eisberg hatte die Scholle samt Schiffen auf einem Eissockel abgesetzt, groß wie ein Marktplatz, der das restliche Packeis um ungefähr zwei Meter überragte.

»Gott ist unsere Zuversicht und Stärke, eine Hilfe in den großen Nöten, die uns getroffen haben. Darum fürchten wir uns nicht, wenngleich die Welt unterginge und die Berge mitten ins Meer sänken, wenngleich das Meer wütete und wallte und von seinem Ungestüm die Berge einfielen. Der Herr ist mit uns, der Gott Jakobs ist unser Schutz.«

Die Worte klangen laut und feierlich über das Deck. Während Sir Franklin mit erhobenen Händen betete, betrachtete Matthi beklommen die Gesichter der Umstehenden. Wie konnte man in einer solchen Lage ein Dankgebet sprechen? Der Eisberg zog davon und die Schiffe konnten die breite Wasserrinne hinter ihm nicht nutzen, weil sie hilflos in der Luft schwebten. Old Frank musste den Verstand verloren haben. Aber die Männer hatten die Hände gefaltet und sprachen das Amen, als der Psalm zu Ende war.

Matthi schob sich neben Eismeister Reid. »Warum haben wir eigentlich gebetet?«
»Weil es fast ein Wunder ist, dass wir hier oben gelandet sind. Hier können uns die Schollen nicht zerquetschen. Sobald die Kälte größer wird und das Eis in tieferen Bereichen friert, werden die Pressungen und die Drift der Eisberge hoffentlich nachlassen. Am besten bauen wir eine Mauer aus Schnee und Eis um die Schiffe, als Schutz vor den Stürmen, dann lässt es sich hier ganz gemütlich überwintern.«

Kapitel 12

Gegen Mitternacht setzte heftiger Regen ein, der ohne Unterbrechung bis fünf Uhr morgens anhielt. Dann begann es zu schneien. Der Wind drehte auf Nordwest und steigerte sich zu einem heftigen Sturm. Da wir nichts zu essen hatten und nichts besaßen, um ein Feuer zu entzünden, blieben wir den ganzen Tag liegen. Aber unsere dünnen Decken schützten uns nicht vor dem Frost und der Schnee wehte in unsere Zelte. Auch am nächsten Tag ließ der Sturm nicht nach. Unsere Zelte waren vollkommen gefroren und ringsherum hatte sich der Schnee drei Fuß hoch aufgetürmt, selbst im Inneren lag er einige Zoll hoch auf unseren Decken. Am nächsten Morgen, am 7. September, klärte es ein wenig auf, doch der Wind blieb heftig und es war extrem kalt.

Wir bereiteten uns auf den Abmarsch vor, obwohl wir – schwach durch das Fasten, die Kleidung gefroren – nicht so recht marschfähig waren. Gerade, als wir aufbrechen wollten, erlitt ich vor Erschöpfung einen Ohnmachtsanfall. Ich aß ein Stückchen Trockensuppe und erholte mich so weit, dass ich weitergehen konnte. Der Boden war einen Fuß hoch mit Schnee bedeckt, die Ufer der Seen hatten einen Eisrand, die Sümpfe waren gefroren. Das Eis war jedoch nicht stark genug uns zu tragen, oft brachen wir knietief ins Wasser. Mehrmals warf uns der Sturm zu Boden oder wir rutschten auf den glitschigen Steinen aus.

Dabei zerbrach das größere Kanu. Wir machten das Beste daraus, nämlich ein Feuer, auf dem wir den Rest unserer Suppe kochten. Nach drei Fastentagen war das ein karges Mahl, aber es half unsere Hunger-

qualen zu unterdrücken und schneller als bisher zu marschieren. Der Schnee war jetzt so tief, dass wir im Gänsemarsch liefen, damit einer in die Fußstapfen des anderen treten konnte. Der Mann an der Spitze wurde regelmäßig ausgewechselt.«

Chris räusperte sich und trank einen Schluck Wasser. Er hatte schon im Hafen der Beechey-Insel angefangen aus dem Reisebericht von John Franklin vorzutragen, und seit sie vor dem König-William-Land im Eis festsaßen, war diese Abendunterhaltung wieder aufgenommen worden. Die Männer liebten die Abenteuer von Old Frank. Manchmal musste Chris besonders spannende Passagen wiederholen. Jetzt fuhr er fort:

»Am 10. September sahen wir eine Herde Moschus-Ochsen in einem Tal unter uns. Wir schickten unsere beiden besten Jäger vor. Sie schlichen sich mit größter Vorsicht an und brauchten über zwei Stunden, bis sie in Schussweite kamen. Wir beobachteten sie voller Angst und beteten alle um einen Erfolg. Schließlich eröffneten sie das Feuer und eine der größten Kühe stürzte. Trotz unserer Schwäche rannten wir zu der Beute und in wenigen Minuten war das Tier abgehäutet und zerlegt. Wir verschlangen den Mageninhalt auf der Stelle und dann die rohen Innereien, die vorzüglich schmeckten. Dann gruben wir einige Weiden aus, deren Zweige durch die Schneedecke lugten, machten ein großes Feuer und kochten ein Abendessen. Es war die erste gute Mahlzeit seit sechs Tagen und wir verschlangen sie gierig.

Während der nächsten Woche lebten wir von den Resten der Kuh. Wenn wir abends ein Lager aufschlugen und genügend Holz für ein Feuer fanden, mussten wir als Erstes unsere gefrorenen Stiefel auftauen und trockene Schuhe anziehen. Dann schrieb jeder seine Notizen über die Ereignisse des Tages und wir verlasen ein Abendgebet. Zu essen gab es erst nach Einbruch der Dunkelheit. Dann legten wir uns hin, führten jedoch eine fröhliche Unterhaltung, bis unsere Decken durch die Wärme der Körper aufgetaut waren und wir so weit erwärmt waren, dass wir schlafen konnten. In manchen Nächten, wenn das Feuer nicht ausreichte die Stiefel zu trocknen, wagten wir nicht, sie abzustreifen, denn wir wussten inzwischen, dass sie am nächsten Morgen so hart gefroren waren, dass sie sich nicht anziehen ließen. Also versuchten wir in nassen Stiefeln zu schlafen.«

»Der Mann hat wirklich Nerven«, sagte einer. »Fröhliche Unterhaltung! In so einer Lage! Das muss man sich mal vorstellen!«

»Ruhe dahinten! Ashley soll weitermachen!«

Officer Brown nickte Chris zu. »Aber nur noch einen Absatz, Ashley. Es ist gleich Schlafenszeit.«

»Nachdem wir mehrere Tage ohne Nahrung marschiert waren, fanden wir unter einigen Weiden Hautreste und Knochen eines Rens, das wohl im letzten Jahr von den Wölfen gerissen worden war. Wir machten Knochen und Haut im Feuer mürbe und fügten Teile von altem Schuhwerk bei, außerdem Flechten, die wir von den Felsen gekratzt hatten. Zusammen ergab das immerhin eine Mahlzeit. Am nächsten Morgen regnete es in Strömen, was das Gehen im weich werdenden Schnee sehr mühsam machte. Als der Regen nachließ, rasteten wir eine Stunde und erfrischten uns, indem wir unser altes Schuhwerk und einige Lederfetzen aufaßen. Wenig später kam dichter Nebel auf, sodass wir ein Lager aufschlagen mussten, weil wir einander auf zehn Schritte Entfernung nicht mehr sahen und Angst hatten, uns zu verlieren. Am nächsten Morgen war uns das Schicksal gnädig: Wir schossen fünf kleine Rentiere. Fleisch, Haut und sogar der Mageninhalt der Tiere wurden gleichmäßig verteilt. Diese unerwartete Fleischration belebte den gesunkenen Mut unserer Männer und erfüllte jedes Herz mit Dankbarkeit.«

Chris machte eine Verbeugung und die Männer klatschten. Die

Vorträge aus dem *»Vorstoß in die kanadische Arktis«* von John Franklin gehörten zu den beliebtesten Abendunterhaltungen.
Als Matthi in seiner Hängematte lag, horchte er auf das Rumoren des Packeises und das gedämpfte Heulen des Windes. Fünf dicke Holzschichten, zusammen acht Fuß breit, lagen zwischen ihm und dem arktischen Winter draußen. Mit heißer Luft gefüllte Rohre schützten ihn vor der Kälte. Sein Bauch war wohl gefüllt mit einem Eintopf aus Hammelragout, Kartoffeln und Sauerkraut, zum Nachtisch hatte es sogar ein Stück Käse und ein Glas Bier gegeben.
Vom Küchenherd her drang Klirren und Rumpeln, als die Nachtwache Kohlen nachfüllte. Matthi versuchte sich vorzustellen, dass er in einem dünnen Zelt im Schnee übernachten müsste, halb tot vor Hunger, ohne Aussicht auf Nahrung, vor Verzweiflung an den Schuhsohlen kauend – er konnte es nicht. Warum nahmen Menschen solche Strapazen auf sich? Und riskierten sogar ihr Leben? Neun oder zehn der kanadischen Träger waren verhungert oder erfroren, hatte Chris ihm erzählt, damals, kurz vor ihrer Abreise, als er den Artikel in der Zeitung gelesen und nicht gewusst hatte, warum man Sir Franklin den »Mann, der seine Schuhe aß« nannte.
Matthi wickelte sich enger in seine Decke, die mit Wolfsfell gefüttert war. Diese Decken hatte die Admiralität auf ausdrücklichen Wunsch von Old Frank für die gesamte Besatzung anfertigen lassen, hatte Officer Brown gesagt. Wenn sie wieder in England waren, würde er sich die beiden Bücher ausleihen und von A bis Z lesen. Sie standen in Ashleys Bibliothek und Chris hatte sie so oft gelesen, dass er sie fast auswendig konnte. Er hoffte immer noch darauf, ähnliche Abenteuer zu erleben wie Old Frank

in Kanada, das wusste Matthi. Aber je mehr er davon hörte, desto froher war Matthi, dass sie sich auf diesem warmen, sicheren Schiff befanden – mit Vorräten für mindestens noch zwei Jahre und festen Regeln, nach denen ihr Leben ablief.
Um sechs Uhr wurden alle geweckt. Die Stewards brachten den Offizieren warmes Wasser zum Waschen und Rasieren, Matrosen und Soldaten wuschen sich vor den Pumpen, viele hatten sich Bärte wachsen lassen. Dann zogen sie ihre Hängematten unter die Decke und ließen die acht Hängetische herunter. Um sieben Uhr gab es Frühstück, das sich jeder in der Kombüse holte: Schiffszwieback mit Marmelade, Tee oder Kakao, Haferbrei mit Zucker. Den Offizieren wurde Brot, Butter, gebratener Speck, Kaffee und Tee serviert.
Um halb acht wurden Männer und Schiff inspiziert und die Arbeiten des Tages verteilt. Die wichtigste war, Schnee und Eis vom oberen Deck und allen Aufbauten zu entfernen – die reinste Knochenarbeit, denn jeder Zentimeter musste mit Hammer oder Meißel abgeschlagen und dann vom Deck geschaufelt werden, und das in der Dunkelheit der Polarnacht und bei Temperaturen von zwanzig, dreißig, manchmal sogar vierzig Grad unter null. Einige Männer kletterten aufs Eis und hielten mit Äxten und langen Sägen die Feuerlöcher offen, die über Nacht wieder zugefroren waren.
Die Putzbrigade reinigte den Mannschaftsraum und die Offiziersquartiere in drei Arbeitsgängen. Erst wurde Sand mit Bimssteinen auf den Planken zerrieben, dann mit heißem Wasser abgewaschen, zum Schluss mit Putzlappen getrocknet. Dabei galt als Vorschrift, dass eine Lady in einem weißen Kleid über den Boden gehen konnte, ohne ihr Kleid schmutzig zu machen. Officer

Brown hatte den Jungen erklärt, dass Damen in weißen Kleidern so gut wie nie zu Besuch kämen, dass aber Sauberkeit unerlässlich im Kampf gegen Krankheiten war.
Ein Trupp stieg mit Laternen ins ungeheizte Orlop-Deck hinunter, wo ein Teil der Vorräte lagerte, aber auch die zahllosen Werkzeuge von Zimmerleuten und Segelmachern. Auch die Brot-Kammer war hier untergebracht und der am besten bewachte Raum des Schiffes, der die Alkohol-Vorräte enthielt, außerdem die Musketen und Bajonette der Soldaten. In einer anderen Kammer lagerte die zusätzliche warme Kleidung, Stiefel mit Filzeinlegesohlen, Südwester und Filzkappen, Schlafsäcke und Felldecken, daneben die doppelte Segelausrüstung des Schiffes.
Noch ein Deck tiefer befand sich der große Kessel, der rund um die Uhr beheizt wurde und deshalb dauernd mit Kohlen versorgt werden musste. Matthi verabscheute diese Arbeit, denn sobald man sich ein Stück vom Kessel entfernt hatte, spürte man die eisige Kälte, die in diesem Deck herrschte. Außerdem stolperte man ständig über Ratten, die quietschend davonhuschten.
Um zwölf Uhr wurde der Grog ausgeteilt. Dazu stellten sich die Männer in einer Doppelreihe vor der so genannten Sägebütte auf, ein Fass, in dessen Wand man eine Öffnung gesägt hatte, sodass genau 63 Gallonen Wasser hineinpassten. Jeder Mann bekam zuerst seine tägliche Dosis Zitronensaft mit Zucker, danach ein achtel Pint konzentrierten Rum, der sofort mit drei viertel Pint Wasser aus der Sägebütte verdünnt wurde. Dieser Grog war immer noch so stark, dass Matthi und Chris nur ein paar Schluck tranken und den Rest reihum bei den Männern gegen Rosinen,

Nüsse oder Datteln vom Nachtisch der vergangenen Tage tauschten.

Nach einer weiteren Stunde Arbeit gab es um ein Uhr das Mittagessen, entweder einen Eintopf aus Stockfisch und Zwieback oder Pökelfleisch mit Gemüse, an Sonntagen manchmal etwas so Luxuriöses wie Roastbeef mit warmem Brot und Butter. Dazu wurde heißer, gesüßter Tee ausgeschenkt.

Nachmittags ging die Arbeit weiter, entweder auf Deck, auf dem Eis, in den unteren Decks oder im Mannschaftsraum, wo Segel geflickt, Taue gedreht, alte Seile aufgedröselt und in Werg für das Abdichten der Fugen verwandelt wurden. Die Stewards polierten Silberbestecke, reinigten Lampen und Geschirr. Um vier Uhr gab es Tee und Zwieback, um sechs Uhr Abendessen mit Suppe, Fleisch, Gemüse und einem halben Liter Bier. Die Offiziere bekamen ein Vier- oder Fünf-Gang-Menü mit verschiedenen Bier- oder Weinsorten.

Deshalb war Mr Wall der Mann mit der meisten Arbeit an Bord. Während die Mannschaft von sieben bis neun Uhr den Unterrichts- oder Vortragsreihen folgte, stand er immer noch am Herd und bereitete die Mahlzeiten des folgenden Tages vor. Die unentwegt dampfenden Töpfe machten die Luft im Mannschaftsquartier so feucht, dass manchmal das Wasser an den Wänden herablief. Aber der bullernde Ofen mit sechs Kochstellen bedeutete zusätzliche Wärme und die Essengerüche überdeckten die Ausdünstungen von über vierzig verschwitzten Männern, feuchten Kleidern und qualmenden Pfeifen.

Auch wenn um neun Uhr die Hängematten herabgelassen wurden, hörte man noch oft das Schlagen von Ofentüren, das Klappern von Topfdeckeln, das Klirren von Kellen und Messern aus der Kombüse. Matthi machte dieser Lärm überhaupt nichts aus. Im Gegenteil, er war die Garantie dafür, dass es morgen wieder drei warme Mahlzeiten geben würde.

»Und dafür danke ich dir, lieber Gott«, betete Matthi schläfrig und machte die Augen zu. Der ohrenbetäubende Knall, mit dem sich zwei Schollen im Packeis gegeneinander bäumten, störte ihn genauso wenig wie die Schläge, mit denen Mr Wall ein zu großes Stück Kohle zertrümmerte.

Aus Christophers Tagebuch

12. April 1847

Heute sind wir seit genau sieben Monaten vom Eis eingeschlossen. Am 12. September 1846 haben sich die Schiffe zum letzten Mal im Wasser bewegt. Wir haben den Winter auf unserem Eissockel gut überstanden. In den letzten Tagen ist er ziemlich zusammengeschmolzen und wir sind nur noch einen halben Meter über dem Eis, aber bis jetzt hat es noch keine Pressung gegeben.

Eismeister Reid macht sich deshalb Sorgen. Er redet zwar nicht darüber, aber wenn man ihm genau zuhört, merkt man es doch. Gestern hat er Matthi und mir davon erzählt, dass jetzt in der Baffin-Bucht um die Disko-Insel, wo wir damals den Proviant umgeladen haben, in den Rinnen im Eis die Wale auftauchen, dass man Walrösser sehen kann, die Austern und Krabben vom Meeresgrund holen, und dass die Sonne verdunkelt wird von tausenden von Seevögeln, die an ihre Nistplätze zurückkehren. Vater hat immer die neuesten Karten der Admiralität gehabt und deshalb weiß ich, dass die Disko-Insel fast genau auf demselben Breitengrad liegt wie unsere Schiffe jetzt. Nämlich auf dem siebzigsten Breitengrad. Doch hier ist kein einziger Vogel zu sehen – von Walen und Walrössern ganz zu schweigen.

»Und warum kommt der Frühling nicht zu uns?«, hab ich gefragt.

»Das kann zwei Gründe haben. Entweder wir liegen hier in einer verflixt ungünstigen Strömung, die direkt vom Polarmeer kommt und einfach kälter ist als die Baffin-Bucht. Oder ich habe euch etwas Falsches erzählt und bei der Disko-Insel herrscht auch noch der Winter.« Mr Reid hat ziemlich ratlos ausgesehen. »Aber das hab ich in all meinen Jahren als Eismeister noch nicht erlebt. Allerdings so einen warmen Sommer wie den letzten auch nicht. In der Arktis sollte man nie Wettervorhersagen machen. Vielleicht erleben wir jetzt das kälteste Jahr seit Menschengedenken.«

20. Mai

Ich fürchte, Mr Reid hat Recht gehabt mit seiner Vermutung. Die Sonne scheint zwar, die Temperaturen sind auch gestiegen, liegen aber immer noch unter null. Der Frühling hat uns vergessen. Nicht eine einzige Rinne ist aufgebrochen, das Packeis liegt fast reglos. Einerseits ist das gut, weil die Schiffe dadurch keinen Pressungen ausgesetzt sind, aber andererseits sind wir weiter eingeschlossen und können die Suche nach der Nordwest-Passage nicht wieder aufnehmen.

Im vorigen Jahr sind wir zwar auch erst im Juli von der Beechey-Insel abgefahren, aber die liegt ja viel weiter nördlich, deshalb kann das Eis dort erst später aufbrechen. Immerhin haben wir damals wochenlang gesehen, wie es in Bewegung geriet. Außerdem war jede Menge Tiere da. Hier ist weit und breit keine Feder, keine Flosse, kein Fell zu sehen, an Jagd braucht man überhaupt nicht zu denken.

Old Frank will einen Erkundungstrupp zum König-William-Land schicken. Heute früh haben Matthi und ich warme Sachen für acht Mann aus der Kleiderkammer geholt: Flanellunterwäsche, wollene Unterhosen, dicke Tuchhosen, rote Wollhemden, blaue Strickjacken, schwere Mäntel, handgestrickte Handschuhe, Socken, Mützen, lange Schals, genagelte Stiefel.

Zwei Offiziere sollen gehen und sechs Seeleute. Old Frank hat zum Leiter der Gruppe Leutnant Gore bestimmt und Maat Des-Voeux als seinen Vertreter. Alle rätseln darüber, was der Zweck des Unternehmens ist. Sollen sie jagdbare Tiere auf König-William-Land suchen? Oder das Stück Küste von König-William-Land erforschen, das noch unbekannt ist? Oder erkunden, ob es irgendwo Rinnen gibt? Dann könnte man nämlich versuchen die Nordwest-Passage mit Booten zu erreichen. Oder vielleicht auch zu Fuß, über das Eis.

24. Mai

Heute Morgen sind die acht aufgebrochen. Sie haben zwei Schlitten mitgenommen. Auf dem einen waren Wolffell-Decken, Schlafsäcke, ein Zelt, eine Axt, zwei Gewehre, Munition, auf dem anderen ein Spirituskocher, ein Kessel, eine Pfanne und 250 Pfund Nahrungsmittel, die Hälfte in Konserven. Sie sahen ein bisschen unheimlich aus, weil sie alle Schneebrillen aufhatten. Dr. Stanley hat ihnen eingeschärft sie ständig zu tragen. Er hat vor ein paar Wochen einen Vortrag über Schneeblindheit gehalten, das müssen ganz scheußliche Schmerzen sein, weil die Sonne durch den Schnee so zurückgeworfen und verstärkt wird, dass sogar die Innenseiten der Lider verbrennen.

1. Juni

Leutnant Gore ist mit seiner Truppe zurückgekehrt. Alle sind völlig erschöpft. Sie haben für 23 Meilen fünf Tage gebraucht, denn das Küsteneis ist keine ebene Fläche, so wie um unsere Schiffe herum, sondern besteht aus Graten und Schluchten und Bergen, dass man sich vorkommt wie im Hochgebirge, sagen sie. Es muss eine elende Plackerei gewesen sein, schlimmer als der 11. September, als wir versucht haben das Eis aufzuhacken. Sie haben an der Küste von König-William-Land eine steinerne Pyramide errichtet mit einer Nachricht über den bisherigen Verlauf unserer Fahrt und dass alle an Bord wohlauf sind.

3. Juni

Heute hat Sir John eine Rede vor der Besatzung gehalten.
Er hat uns mitgeteilt, dass Leutnant Gore nirgendwo eine offene Rinne gefunden hat, in der man notfalls mit den Walbooten und Kuttern, die wir an Bord haben, hätte weiterfahren können. Wir müssen uns also auf eine dritte Überwinterung einrichten. Sicherheitshalber werden die Rationen reduziert. Sechs Männer werden den Anteil von vieren bekommen. Als Ausgleich dafür wird die Heuer erhöht. Auch der Verbrauch von Kohle muss eingeschränkt werden, denn jedes Schiff hat nur noch 20 Tonnen. Das ist nicht genug, um Tag und Nacht zu heizen, drei warme Mahlzeiten pro Tag zu kochen und ausreichend Wasser zu schmelzen, vor allem weil wir ja im nächsten Sommer weiterfahren wollen. Deshalb gibt es ab sofort nur noch eine warme Mahlzeit pro Tag, geheizt wird nur noch stundenweise und am Wasser soll möglichst gespart werden.
Er hat das alles so ruhig erklärt, als ob er diese Entwicklung geplant hätte und als ob gar kein Grund zur Sorge bestünde.
»Es gibt auch zwei gute Nachrichten«, hat er zum Schluss gesagt. »Die Sommerration von einem viertel Pint Rum pro Tag wird im Winter beibehalten. Die Tabakration auch. Und denkt

daran, dass ihr die Taschen voller Geld haben werdet, wenn wir nächstes Jahr in China landen.«
Ein paar Männer wirkten zwar etwas beklommen nach dieser Rede, aber die meisten waren ganz gefasst. Warum sollen wir uns auch aufregen? Die Admiralität ist ja von einer mindestens dreijährigen Fahrt ausgegangen. Bis jetzt haben wir großes Glück gehabt. Beide Schiffe haben den Winter ohne Schaden überstanden und könnten sofort losfahren, wenn das Eis doch noch aufbräche. Jedenfalls sind alle gesund, das ist die Hauptsache. Wenn man bedenkt, welche Situationen Old Frank überlebt hat, dann kann man sicher sein, dass er uns schon durchbringt.
Über die gekürzten Rationen macht sich nur Matthi Sorgen. Aber Old Frank hat damals in Kanada mehr als einen Monat lang von Flechten und ausgekochten Häuten gelebt, da können wir überhaupt nicht mitreden. Das hab ich Matthi auch gesagt, aber er hat gefragt, ob ich die neun Kanadier vergessen habe, die dabei verhungert sind. Er ist wirklich ein bisschen sehr aufs Essen fixiert. Vielleicht wird man so, wenn man oft Hunger gehabt hat. Wahrscheinlich ist das auch der Grund, dass Old Frank jeden Tag zwei Fünf-Gang-Menues vertilgt. Er ist fast so dick wie Vater, und das will schon was heißen.
Und ich glaube, Mr Wall macht sich auch Sorgen, denn er hat wieder stinkende Konserven gefunden. Es waren nicht viele, aber in unserer Lage ist natürlich jede einzelne ein schlimmer Verlust.

11. Juni

Sir John ist tot. Er starb in der Nacht. Die Ärzte wissen nicht, ob es ein Schlaganfall war oder Herzversagen oder etwas ganz anderes. Als sein Steward ihn wecken wollte, lag er tot im Bett. Wir sind alle fassungslos vor Entsetzen.

12. Juni

Sir John Franklin ist heute begraben worden. Der Leichnam, in Segeltuch eingenäht, mit dem Union Jack bedeckt, wurde übers Eis zu einem Feuerloch getragen, das der Sprengmeister vergrößert hatte. Captain Crozier, der neue Kommandant, hielt die Totenandacht. Während der leinene Sarg ins Wasser glitt, schossen die Soldaten Salut. Wir alle hatten Tränen in den Augen.

Kapitel 13

Matthi spitzte die Lippen und versuchte zu pfeifen: *It's a long way to Tipperary.* Aber es kam kein Ton heraus. Seine Lippen waren zu ausgetrocknet. Er versuchte sie mit der Zunge zu befeuchten, aber die war ebenfalls so trocken, dass sie sich fast pelzig anfühlte. Er versuchte es mit Summen, aber er konnte nur brummen. Seine Kehle war auch ausgedörrt.

Nun gut, dann nicht, dachte er. Dann singe ich eben im Kopf. Ich muss etwas haben, nach dem ich meine Füße bewegen kann, und der lange Weg nach Tipperary eignet sich zum Marschieren besonders gut. Ich will nicht an die Schlittenleinen denken, die in meine Schultern schneiden, und nicht an die eiskalte Feldflasche auf meiner Brust, die direkt auf der Haut liegt, damit der Schnee darin schneller schmilzt. So, wie ich schwitze bei dieser Zieherei, müsste es eigentlich flott gehen, aber ich weiß inzwischen, dass es mindestens eine Stunde dauert, gerade bis zur nächsten Rast.

Matthi sah auf Chris hinunter, der neben ihm ging und ganz verändert aussah in der neuen Winterkleidung: mit einem Südwester auf dem Kopf und einer Schneebrille vor den Augen. Sein Mund stand offen, er atmete keuchend. Er bemerkte Matthis Blick und drehte ihm das Gesicht zu.

»Ich könnte ein ganzes Fass austrinken.«

Matthi seufzte. »Ich auch.«

Aber weit und breit gab es kein Fass und sie marschierten durstig weiter. Sie waren zum ersten Mal für eine Schlittengruppe eingeteilt worden und hatten deshalb die warme Winterkleidung bekommen, die für Fahrten übers Eis ausgegeben wurde. Beide waren sehr zufrieden damit. Das waren endlich einmal Sachen, die ihnen passten und die sie nicht schon mehrfach verlängert hatten wie die Hosenbeine und Ärmel an ihrer Schiffskleidung.

Normalerweise waren die Schlittengruppen eine Woche unterwegs und bestanden aus zwei Offizieren und sechs Männern. Aber da in den Befehlen der Admiralität die magnetischen Beobachtungen als besonders wichtig bezeichnet worden waren, hatte Captain Crozier eine doppelt so große Gruppe ausgeschickt, die in zwei Wochen versuchen sollte den magnetischen Nordpol auf der Halbinsel Boothia zu erreichen und dort Messungen vorzunehmen.

Nach Sir Franklins Tod leitete Captain Crozier die Expedition. Commander Fitzjames war Kapitän der *Erebus* geworden und Erster Leutnant Gore Commander. Unter seiner Leitung stand die Gruppe. Zwei Offiziere kamen von der *Terror*, ebenso sechs Männer, die die beiden Schlitten zogen. Von der *Erebus* war Maat Sargent dabei und drei Seeleute für den ersten Schlitten, außerdem die beiden Schiffsjungen und die zwei Hunde für den zweiten. Denn unter der Anleitung von Mr Reid hatten Matthi und Chris den Neufundländer und den Riesenschnauzer seit Wochen als Schlittenhunde trainiert, und da der Eismeister mehrere Jahre als Jäger im Baffin-Land gelebt hatte, gingen Jacko und Old Neptun brav im Geschirr.

Jetzt waren sie schon drei Tage unterwegs und erstaunlich gut vorwärts gekommen. Die Küste von Boothia war deutlich zu erkennen, aber das lag vielleicht auch daran, dass es im Eis so schwierig war, Entfernungen richtig einzuschätzen, wie Mr Reid damals in seinem Vortrag erklärt hatte. Wenn der Durst nicht gewesen wäre, hätte man es wirklich gut aushalten können, dachte Matthi, vor allem weil die Schlittenmannschaften nicht auf reduzierte Rationen gesetzt waren. Sie bekamen außer sechs Pfund Schiffszwieback und sechs Pfund Pökelfleisch auch noch neuneinhalb Pfund Fleisch, drei Pfund Gemüse, anderthalb Pfund Suppe und ein Pfund Kartoffeln aus Konserven pro Woche. Das war nicht schlecht für einen hungrigen Jungen, selbst wenn das stundenlange Marschieren mit dem schweren Schlitten hinter sich eine ziemliche Plackerei war.

Old Neptun winselte leise, dann fing auch Jacko an. Beide gingen immer langsamer und steifbeiniger. Schließlich setzten sie sich sogar hin und leckten ihre Pfoten. Als die Jungen sich umsahen, entdeckten sie rote Tupfen auf dem Eis. Matthi zog einen Handschuh aus und drückte vorsichtig die Handfläche darauf: Es war bedeckt mit einer dünnen Schicht von getautem und angefrorenem Schnee, so scharf wie Glassplitter. Auf diese Schwierigkeit hatte Mr Reid sie vorbereitet: Die Jäger von Baffin-Land wickelten ihren Hunden dann breite Lederstreifen um die Füße, man musste nur aufpassen, dass die Tiere sie bei einer Rast nicht auffraßen.

»Wir müssen die Hunde versorgen«, rief Matthi den drei Matrosen vor ihnen zu. »Wir kommen nach.«

Einer der drei hob die Hand zum Zeichen, dass er verstanden hatte, und sie gingen mit gleichmäßigen Schritten weiter. Es kam im Laufe des Tages immer wieder vor, dass sich die Kette der Männer etwas auseinander zog, aber sobald der Primuskocher aufgestellt wurde, beeilten sich alle, denn als Erstes wurde Eis oder Schnee geschmolzen und den Durst empfand jeder schlimmer als Hunger.

Während Chris die Lederstreifen auf ihrem Schlitten suchte, holte Matthi seine Feldflasche unter Hemd und Jacke hervor und schüttelte sie leicht. Sie klapperte. Es war nicht zu fassen, wie lange Eis brauchte, um zu schmelzen. Mr Wall bereitete Schmelzwasser immer nur in kleinen Mengen zu, er behauptete, ein bis zum Rand gefüllter Aluminiumtopf würde durchbrennen, ehe das Eis darin geschmolzen wäre.

Matthi nahm trotzdem einen Schluck. Das Wasser war so kalt, dass ihm die Zähne wehtaten. Aber das grässliche pelzige Gefühl im Mund verschwand und die Kehle wurde wieder geschmeidig. Er hielt Chris die Flasche hin. Auch der nahm einen Schluck und füllte dann eine Hand voll Schnee hinein. Matthi verstaute die Flasche wieder unter seinem Hemd, aber diesmal auf der linken Brustseite, die rechte musste erst wieder warm werden.

Die Jungen schoben die Schneebrillen vom Gesicht, denn durch die konnte man nur undeutlich sehen und bestimmt keinen Knoten machen. Außerdem scheuerten die Brillen und die Schweißtropfen kitzelten darunter. Die Jungen banden die Lederstreifen um die Füße der Hunde und sahen hinter den Männern her. Sie waren schon ein paar hundert Meter weiter. Es war erstaunlich, wie schnell man zurückblieb, wenn man eine Pause machte, das hatten die Jungen schon am ersten Tag gelernt. Matthi kniff die Augen zusammen.

»Kannst du dich noch erinnern, was Mr Reid damals erzählt hat? Über das Eisblinken, meine ich. Und was man an der Farbe erkennen kann. War nicht Meereis in Buchten grauweiß? Ich glaube . . .«

Aber Chris unterbrach ihn aufgeregt: »Dahinten! Ein Eisbär! Da! Jetzt haben ihn die anderen auch gesehen.«

Matthi vergaß seine Fragen und folgte mit den Blicken Chris' ausgestrecktem Arm. Das sollte ein Eisbär sein? So etwas Kleines? Aber die vier Offiziere an der Spitze schienen das auch anzunehmen, denn sie rannten zu den Schlitten und ergriffen die Gewehre. Dabei gaben sie den Matrosen Anweisungen, die die Jungen nicht verstehen konnten, trotz der klaren Luft, die die Stimmen weit trug. Sie hörten nur den Klang von Worten und sahen, wie jeweils ein Mann die Axt nahm und der andere den Beutel mit Munition. Der dritte blieb beim Schlitten.

»Sie müssen ihn einfach kriegen, sie müssen!« Chris ballte die Fäuste vor Aufregung. »Stell dir vor, wie viel Fleisch das bedeutet. Und Fett. Jetzt im Herbst hat er sich richtig Speck angefressen für den Winterschlaf.«

Die Gruppe teilte sich. Zwei Offiziere, gefolgt von zwei Matrosen gingen nach rechts, die vier anderen nach links. Dann rückten sie seitlich gegen den Eisbären vor.

»Sie nehmen ihn in die Zange!« Matthi war genauso aufgeregt wie Chris. »Sieh bloß, er bleibt sitzen. Wahrscheinlich weiß er nicht, wen er zuerst angreifen soll.«

Die Hunde witterten und stießen ein dumpfes Heulen aus.

»Kusch! Ruhig! Am Ende verschreckt ihr ihn noch.« Matthi zog energisch an den Schlittenleinen und die Hunde setzten sich widerstrebend.

»Sollen wir sie nicht loslassen? Vielleicht gehen sie ihm an die Kehle.« Chris war vom Jagdfieber gepackt.

»Ach was! Weißt du nicht mehr, wie erschrocken sie waren, als das Riesenvieh bei unserer Pyramide sich auf einmal auf die Hinterbeine stellte? Sie sind beim Rattenjagen gut, das stimmt, aber ein Eisbär ist nichts für sie. Der haut sie mit einem Schlag zu Brei.«

»Er rührt sich immer noch nicht. Und sie kommen immer näher!« Chris hüpfte von einem Bein aufs andere. »Ich glaube, sie kriegen ihn.«

Plötzlich ertönte ein Schrei, so gellend, so furchtbar, dass die Jungen zusammenfuhren und sich entsetzt ansahen. Und noch einer. Und noch einer. Die Hunde stießen ein lautes Heulen aus. Chris legte unwillkürlich die Hände über die Ohren.

»Mein Gott, was ist das?«

Noch nie im Leben hatte er solche Laute gehört. Aber Matthi kannte sie. So klangen die Todesschreie der Tiere, denen der Metzger das Messer an die Kehle setzt. Die beiden Männer, die bei den Schlitten zurückgeblieben waren, sprangen auf und rannten nach vorn. Die drei, die eben noch vor den Jungen gewesen waren, ließen ihren Schlitten stehen und rannten ebenfalls. Aber die acht Jäger waren verschwunden.

»Grauweißes Eisblinken bedeutet Meereis in Buchten«, flüsterte Matthi. »Und das trägt nicht, auch wenn es zehn Zentimeter dick ist. Sie müssen eingebrochen sein.«

»Da! Da ist ein Kopf! Und da auch! Sie sind noch nicht untergegangen.« Chris lief schon.

Matthi überlegte einen Augenblick, ob er die Hunde losbinden sollte. Aber das würde zu viel Zeit kosten. Sie würden schon hinter ihnen her kommen, wenn auch deutlich langsamer, da sie den Schlitten alleine ziehen mussten. Er warf nur die äußeren

Zugleinen über das Gepäck, damit sich die Hunde nicht darin verhedderten, und rannte auf das grauweiße Blinken zu.
Im Laufen sah er, dass sich die beiden Matrosen auf den Bauch geworfen hatten und langsam auf die Unglücksstelle zukrochen. Zwei, nein, drei Köpfe waren noch zu sehen. Und drei von der linken Gruppe. Auf die schoben sich jetzt die drei von dem letzten Schlitten zu. Aber zwei Jäger blieben verschwunden. Oh Gott! Wer mochte das sein? Und da! Jetzt versank ein Kopf von der rechten Gruppe.
Matthi keuchte. Wenn er die eisige Luft einsog, war das jedes Mal wie ein schmerzhafter Schlag gegen die Rippen. Der Atem stand in weißen Wolken vor seinem Mund. Er rannte an Chris vorbei. Plötzlich senkte sich der Boden unter ihm. Matthi bremste so kräftig ab, dass er ins Schwanken geriet. Die Oberfläche der Senke sah anders aus als das Eis, auf dem sie in den letzten Tagen marschiert waren. Der Unterschied sprang sofort ins Auge. Auch die Jäger hätten ihn bemerken müssen, aber sie hatten ihre Blicke wohl nicht von dem Eisbären gelassen.
Auf einmal erfüllte ein sirrendes Knirschen die Luft, als ob ein Stück Stoff reißen würde. Das Gewicht der Matrosen, die die Eingebrochenen retten wollten, war zu schwer für die Eisdecke. Sie senkte sich unter Wasser und zerbrach dabei in viele Stücke. Die fünf Männer hatten nicht einmal mehr Zeit, einen Schrei auszustoßen. Sie verschwanden kopfüber im Wasser, das jetzt in einer breiten Rinne zu Tage trat. Einer tauchte wieder auf und klammerte sich neben einem der Jäger fest. Der Eisrand brach unter seinem Griff, beide versanken.
Ein anderer warf sich im Wasser herum, dem Ufer zu, seine Finger krallten sich in die Eisdecke. Er öffnete weit den Mund, aber

kein Laut kam heraus. Matthi sah direkt in seine aufgerissenen Augen. Das Gesicht des Mannes war so verzerrt, dass er ihn kaum erkannte. Doch, das war Thomas Hartnell, der jüngere Bruder des toten John. Fast ohne es zu wollen, ging Matthi in die Knie und legte sich auf den Bauch.
»Nein!«, kreischte Chris. »Nein! Warte!«
Er brachte die Worte kaum heraus vor Keuchen. Matthi musste sich anstrengen, um seinen Blick von dem in Todesangst erstarrten Gesicht zu lösen. Er drehte den Kopf zur Seite. Chris stand an einem der Schlitten und wühlte eine Zeltstange aus dem Gepäck. Er ließ sie über das Eis auf Matthi zuschlittern.
Matthi packte die Stange und schob sie Thomas Hartnell entgegen, während er das eine Ende festhielt. Er sah, dass in der Wasserrinne eine starke Strömung herrschte, die an dem Körper des Mannes zerrte, seine Beine waren schon nach oben getrieben.
Thomas löste eine Hand vom Eis und umklammerte die Stange, dann griff er auch mit der zweiten zu. Seine Finger hinterließen Blutspuren, die scharfen Bruchkanten hatten die Haut zerschnitten. Bei der Bewegung zersplitterte das Eis unter seinen Ellbogen, aber er ließ nicht los. Matthi sah, wie sich die Eisdecke unter der Stange bog. Doch sie brach nicht. Sie hielt!
Einen Augenblick lang spürte er, dass er nach vorne rutschte, auf Thomas und auf die unheimliche Strömung zu. Er versuchte seine Schuhspitzen ins Eis zu rammen und dem Zug zu widerstehen. Dann umfassten zwei Hände seine Knöchel. Chris hielt ihn fest. Und zog ihn zurück.
Als Matthi sicher war, dass er festes Eis unter sich hatte, krächzte er: »Stopp!«
Chris hörte auf zu ziehen. Matthi hörte ihn etwas rufen, aber er

begriff nicht, was. Das Blut rauschte in seinen Ohren. Er stemmte erst die Ellbogen auf, dann die Knie, immer mit der Stange in den Händen. Thomas rutschte näher. Das Eis bog sich noch stärker, aber es hielt.

»Kannst du die Stange nur mit einer Hand halten?«, keuchte Chris. »Dann gib mir deine andere. Ich habe Jacko und Old Neptun. Ja, so ist's gut. Achtung – jetzt! Zieht! Zieht!«

Ein Ruck lief durch beide Jungen, als die Hunde erst Chris, dann Matthi über den Rand der Senke zogen, und pflanzte sich fort bis zu dem erstarrten Thomas.

»Zieht! Zieht!«

»Lass los, Chris! Wir haben ihn.«

Matthi ließ die Stange fallen und versuchte den Reglosen hochzuheben, aber der war in seinen mit Eiswasser voll gesogenen Kleidern so schwer, dass er ihm aus den Händen rutschte. Chris ließ die Hunde los und kam Matthi zur Hilfe. Sie packten den Matrosen unter beiden Achseln und es gelang ihnen, ihn auf die Füße zu stellen. Seine Augen starrten blicklos geradeaus, aus seinem immer noch offenen Mund kam ein seltsames Zischen, als ob aus einer mit Luft gefüllten Blase langsam die Luft entweichen würde. Er schwankte hin und her.

»Bewegung!«, sagte Chris drängend. »Bewegung ist das Wichtigste. Los, Tommy, beweg dich!«

Der junge Mann machte einige unsichere Schritte, während sie ihn stützten.

»So ist's gut. Halt ihn fest, Matthi, du bist stärker als ich. Geh mit ihm im Kreis und mach keine Pause. Ich stell den Primuskocher auf und mach ihm einen Becher Suppe heiß.«

Während der vergangenen Minuten hatte jeder Gedanke der

Rettung des Ertrinkenden gegolten. Jetzt sah Matthi über die Senke. Der Eisbär war verschwunden. Die Rinne war leer, nur das dunkle Wasser floss eilig dahin. Die verlassenen Schlitten standen am Rand.

»Oh mein Gott«, flüsterte Matthi. »Sie sind weg. Sie sind alle tot.«

Er fühlte sein Herz gegen die Rippen schlagen. Das Rennen eben, als ihm die kalte Luft fast den Brustkorb zersprengt hatte, war nicht so schmerzhaft gewesen wie dieses plötzliche Begreifen: Zwölf Männer waren ertrunken, vier Offiziere und acht Seeleute. Das Eismeer hatte sie geholt und würde sie nie mehr hergeben. Sie würden keine Totenfeier bekommen und keinen Leinensarg. Er sprach jeden Namen lautlos vor sich hin und wiederholte zwölfmal: »Herr, sei seiner Seele gnädig.«

Matthi ging mechanisch im Kreis und stützte den Matrosen mit beiden Armen. In die Trauer über den Tod der Männer blitzte auf einmal die Erkenntnis ihrer eigenen Lage: Sie befanden sich drei Tagesmärsche von den Schiffen entfernt. Sie waren die Jüngsten an Bord und auf ihrer ersten Schlittenreise. Sie hatten einen Mann halb tot aus dem Wasser gezogen, der ihnen bestimmt keine Hilfe sein würde, selbst wenn er die Folgen des Unglücks überlebte. Sie waren für den Transport von vier Schlitten verantwortlich, hoch bepackt mit Ausrüstung, Proviant und wertvollen Geräten, die jeder für die Kräfte von drei Männern berechnet waren – und sie hatten nur die Hunde.

Matthi stöhnte laut auf. Was sollte aus ihnen werden? Er blickte schuldbewusst zu Hartnell hoch, aber der hatte wohl nichts gehört, denn er sah immer noch starr geradeaus und ging mit unsicheren Bewegungen. Manchmal hob er einen Arm, wie um sich im Gleichgewicht zu halten, und stützte sich dann wieder schwer auf seinen Lebensretter.

Nach einiger Zeit hatte Matthi das Gefühl, als ob sie zwei Hamster im Laufrad wären, der eine gefangen im Kreis seiner torkelnden Schritte, er selbst in einem Wirbel von alptraumartigen Vorstellungen, die immer grässlicher wurden, je länger er sie sich ausmalte. Der Eisbär würde zurückkommen und sie alle töten. Sie waren ihm hilflos ausgeliefert, denn Gewehre und Äxte waren mit den Jägern im Wasser verschwunden. Sie würden den Rückweg zu den Schiffen nicht mehr finden und irgendwann verhungern oder erfrieren. Tommy, der noch kein einziges Wort gesprochen hatte, würde den Verstand verlieren. Und sie angreifen. Oder sich umbringen. Oder ...

Aus dem Hamsterrad der Alpträume erlöste ihn Chris.

»Bring ihn her!«, rief er. »Suppe ist heiß.«

Matthi führte Hartnell zum Primuskocher, Chris hielt ihm einen Becher entgegen, aber der Matrose rührte sich nicht. Matthi nahm seine Hände und legte sie um das warme Gefäß, doch die Finger griffen nicht zu. Matthi umschloss mit seinen Händen die Finger des anderen samt Becher und führte ihn an seine Lippen. In Tommys starre Augen kam Bewegung, als der Dampf sein Gesicht traf. Die Lider senkten sich. Er schien die Nahrung wahrzunehmen, denn sein Mund öffnete sich. Matthi hielt ihm den Becher an die Lippen und flößte ihm die Suppe ein.

»Hast du es schon gesehen?«, flüsterte er dabei und wies mit dem Kopf zur Senke.

Chris nickte. »Ich habe die ganze Zeit für sie gebetet.«

Tommys Zähne klapperten gegen den Becher.

»Wir müssen ihn unbedingt warm kriegen«, sagte Chris energisch. »Am besten machen wir dasselbe wie Old Frank mit Dr. Richardson, als sie den aus den Stromschnellen gefischt hatten. Geh weiter mit ihm im Kreis. Ich mach noch eine Suppe heiß und dann bau ich das Zelt auf.«

Es war das erste Mal in den acht Wochen seit Old Franks Tod, dass Chris seinen Namen erwähnte, dachte Matthi, während er seinen Rundgang mit dem Matrosen wieder aufnahm. Die Trauerzeit ist vorüber. Jetzt sind andere Dinge wichtig. Es geht um das Leben eines Verunglückten. Und vielleicht sogar um unser eigenes.

»Aber wir können kein Feuer machen«, rief er Chris zu. »Old Frank hatte Bäume. Hier ist nur Eis.«

»Wir nehmen die Hunde«, rief Chris zurück.

Old Neptun und Jacko hatten gar nichts dagegen, sich dicht neben dem Matrosen auf mehrere Felldecken im Zelt zu legen, nachdem die Jungen ihn ausgezogen und so lange frottiert hatten, bis seine Haut sich rötete. Sie häuften noch mehr Decken auf ihn und flößten ihm in regelmäßigen Abständen heiße Suppe ein. Während sie darauf warteten, dass er zu sprechen anfing, machten sie leise Pläne für die nächsten Tage.

Sie entschlossen sich erst dann aufzubrechen, wenn Tommy wieder bei Kräften war und ihnen beim Ziehen helfen konnte. Sie brauchten sich nicht zu beeilen, sie hatten mehr Nahrungsmittel, als sie essen konnten. Sie würden alles, was nicht genießbar war, nämlich Spirituskocher, Kessel, Pfannen und Konserven in Schlafsäcke und dann in Zelte packen und zusammen mit den Schlitten mit Schnee überhäufen.

Auch die wertvollen Geräte mussten in diesem Versteck zurückbleiben. Sie konnten sich nicht mit Dingen belasten, die nur der

Wissenschaft dienten. Wahrscheinlich würde Captain Crozier eine Suchmannschaft losschicken, um die zurückgelassenen Sachen zu holen. Ein Bär würde sich hoffentlich weder für Metall noch für Holz und Leinwand interessieren, selbst wenn er die Gerüche durch den Schnee hindurch wahrnehmen könnte. Alles, was sie selbst zum Leben brauchten, würden sie auf einen Schlitten laden, und dazu so viele Felldecken, wie sie schleppen konnten, denn sie wussten von Mr Reid, dass hungrige Bären Felle zerfetzen und fressen, auch wenn kein Gramm Fleisch mehr daran ist.

»Hört sich gut an, Jungs. Ich bin dabei«, sagte eine heisere Stimme.

Der Fellberg geriet ins Rutschen. Die Hunde sprangen heraus und schüttelten sich, hechelnd vor Wärme. Eine nackte Gestalt richtete sich mühsam auf.

Die Jungen brachen in ein Freudengeheul aus. »Du bist wieder in Ordnung, Tommy! Du hast es überstanden!«

Thomas Hartnell räusperte sich mehrmals. »Mir sind sogar die Stimmbänder eingefroren, glaube ich. Herr im Himmel, fast hätte es mich erwischt. Ich war schon halb hinüber. Aber dann hab ich gedacht – erst John und jetzt ich, nee, das kann ich Mutter doch nicht antun. Einer muss doch zurückkommen.«

Kapitel 14

Seit dem Rückmarsch zu den Schiffen sprach Chris nicht mehr so oft von Abenteuern. Wahrscheinlich hatte ihm die letzte Woche genügt, überlegte Matthi. Ihm selbst allerdings auch. Sie hatten sechs Tage gebraucht statt drei und hatten einen Schneesturm nur überstanden, weil sie so viele Felldecken mitgenommen hatten. Sie konnten daraus im Zelt eine Art Pelzhöhle bauen, in der sie mit den Hunden durch ihre Körperwärme eine erträgliche Temperatur erzeugten. Sie hatten im Windschutz eines kleinen Eisbergs gezeltet, an dem Tommy geistesgegenwärtig die Richtung markiert hatte, in der die Schlittenspuren des Hinmarsches verliefen. Denen mussten sie folgen und nach dem Schneesturm waren sie verweht.

Die Wache sah die drei kommen und die Nachricht verbreitete sich wie ein Lauffeuer auf beiden Schiffen. Sie wurden sofort in die Bibliothek geführt, wo Captain Fitzjames, Captain Crozier und die ranghöchsten Offiziere sie erwarteten. Nach dem Bericht über ihre Fahrt herrschte einige Minuten lang Schweigen. Der Tod von Commander Gore, drei weiteren Offizieren und acht Seeleuten erschütterte alle.

»Das ist ein Unglück, wie es in der Geschichte der Polar-Erforschungen noch nicht vorgekommen ist.« Seit Sir Franklins Tod wirkte Captain Croziers frisches Gesicht grau und eingefallen. Man sah ihm seine 51 Jahre jetzt durchaus an. »Ich habe auf all meinen Expeditionen nur zwei Todesfälle erlebt, beide durch Skorbut. Sir John ist meines Wissens der erste Offizier, der je auf einer Expedition gestorben ist. Und jetzt vier auf einen Schlag! Und acht Männer!«

Er legte einige Augenblicke die Hand über die Augen. »Meine Herren, unsere Kameraden sind gestorben im Dienste des Vaterlandes. Wir werden ...« Er unterbrach sich, als sein Blick auf die drei Überlebenden fiel. »Ich spreche euch meinen Dank aus für eure Tapferkeit. Dr. Stanley, würden Sie die Männer bitte untersuchen.«

Der Arzt erhob sich sofort und führte die drei zum Krankenzimmer hinter der Kombüse. Dort forderte er die Jungen auf draußen zu warten, während er sich erst Tommy ansehen wollte.

»Was sagst du dazu?« Matthi schüttelte ungläubig den Kopf. »Er hat uns Männer genannt.«

»Na ja, wir haben uns ja auch ganz gut geschlagen.« Chris blickte sich suchend um und stieß schließlich einen Pfiff aus. »Wo steckt denn Jane? Sonst hängt sie mir doch immer schon am Hals, wenn ich gerade erst einen Fuß an Deck gesetzt habe.«

Er pfiff noch einmal, aber das Äffchen ließ sich nicht blicken. Stattdessen drang nach einiger Zeit eine Stimme aus der Kombüse: »Na, Wall, bist du immer noch der Ansicht, dass ich abergläubisch bin? Der Aff war das Maskottchen der Offiziere, oder nicht? Das musste doch was zu bedeuten haben, wenn er krepiert, das hab ich gleich gesagt.«

Chris' Hand krampfte sich um Matthis Arm.

»Zieh nicht so ein hochnäsiges Gesicht, Wall«, fuhr die Stimme fort. »Weißt du überhaupt schon, was passiert ist? Vier Offiziere sind tot. Und acht Männer.«

»Dann fände ich es angebrachter, ein Gebet zu sprechen statt abergläubischen Firlefanz«, sagte Mr Wall streng.
Chris stürzte in die Kombüse, mit Matthi auf den Fersen.
»Was ist mit Jane, Mr Wall?«
Der Koch sah ihn mitleidig an. »Die Ratten haben sie erwischt, Junge. Die Biester haben sofort gemerkt, dass die Hunde nicht da waren. Wurden immer dreister. Wir mussten ständig Jagd auf sie machen. Eine hab ich nachts in meiner Hängematte erwürgt.«
Chris nickte mit bleichem Gesicht. Ratten waren die größte Heimsuchung auf einem Schiff, schlimmer als Dunkelheit und Kälte. Egal, wie viele man erwischte, sie wurden nicht weniger. Dr. Stanley hatte eine Mischung aus Schwefel und Arsen in Lederbeuteln verbrannt und versucht sie damit in den unteren Decks auszuräuchern. Zwar waren die Männer vor dem scheußlichen Gestank und den giftigen Dämpfen aufs Oberdeck oder sogar aufs Eis geflohen, die Ratten aber hatten sich in ihren unzugänglichsten Schlupfwinkeln verkrochen und keine einzige war auf der Flucht gesehen worden.
»Haben – haben sie Jane . . .«, begann Chris stockend.
Mr Wall verstand ihn sofort. »Nein, haben sie nicht. Sie lag in deiner Hängematte und Lloyd hat gehört, wie sie mit ihnen gekämpft hat.« Lloyd war Chris' Schlafnachbar. »Er hat die Biester verjagt, doch da war es schon zu spät. Aber sie haben sie nicht gekriegt. Wir haben ihr den Pullover angezogen und Mantel und Mütze, bevor wir sie begraben haben. War ein tapferes Mädchen.«
»Evans? Ashley? Wo seid ihr denn?«, rief Dr. Stanley.
»Ich bring sie alle um«, sagte Chris wild. »Ab sofort sind Old Neptun und Jacko auf Ratten-Diät.«

Es herrschte eine eigenartige Stimmung an Bord während der nächsten Zeit. Jeder versuchte auf seine Art, mit dem zweiten Unglück nach dem Tod Sir Johns fertig zu werden. Wenn abends die Hängematten heruntergelassen wurden, redeten die Männer noch leise miteinander. Matthi versuchte an den Stimmen zu erraten, wer gesprochen hatte, schlief aber immer darüber ein.

»Bei der Geschichte stimmt was nicht, wenn du mich fragst. Dass einer nicht schaut, wo er hintritt, oder meinetwegen auch zwei, das mag ja sein. Aber doch nicht mehrere! Commander Gore ist nach König-William-Land und zurück gegangen, der trapst doch nicht einfach auf junges Meereis.«

»Er hatte einen Eisbären vor der Flinte, da riskiert man halt was.«

»Aber nicht das Leben!«

»Sterben musst du doch, ob heut oder später, was macht das für einen Unterschied.«

»Du hast ja keine Ahnung! Ich hab Frau und Kinder, die auf mich warten.«

»Die hatte Old Frank auch. Und fromm war er außerdem, was man von dir nicht sagen kann. Was hat ihm all sein Beten denn genützt?«

»Du würdest besser den Mund halten und beten, so wie er. Dann kämst du auch in den Himmel.«

»Was faselst du da von Himmel? Das hat noch viel Zeit. Wir sollen die Nordwest-Passage finden und alle haben versichert, dass nichts schief gehen kann dabei.«

»Es ist aber schon 'ne Menge schief gegangen, oder etwa nicht? Old Frank ist tot und jetzt auch noch der Commander samt den anderen. Woher willst du wissen, dass das die Letzten waren?«

»Hör auf zu unken. Einmal muss es uns ja treffen. Was ein echter Soldat ist, der rechnet jederzeit mit dem Tod.«

»Das glaub ich dir gerne. Ein schneller Tod durch 'ne hübsche, saubere Kugel, das lass ich mir gefallen. Aber an Skorbut sterben, das ist was anderes. Das dauert nämlich wochenlang.«

»Und da lernst du beten, das kann ich dir sagen. Erst hast du Gelenkschmerzen, so schlimm, dass du heulst wie ein Tier. Dann kriegst du rote und blaue Flecken am ganzen Körper. Dann fangen die Zähne an zu bluten und fallen aus. Dann kommt Blut aus den Haarwurzeln und aus dem Gaumen. Dein Mund ist so wund, dass du nichts mehr kauen kannst. Du wirst mager wie ein Skelett. Zum Schluss genügt ein Schnupfen, um dich umzubringen.«

»Schluss jetzt mit den Schauergeschichten. Wir kriegen keinen Skorbut. Wir haben Zitronensaft und Konserven. Und wir haben Captain Crozier. Kein Mensch hat so oft am Pol überwintert wie er. Er wird uns hier schon rausbringen.«

Diese Überzeugung wurde im September auf grausige Art erschüttert. Zwei Schlittenmannschaften waren in verschiedene Richtungen ausgeschickt worden, um vielleicht doch noch Vögel, Wild oder Fische aufzutreiben, bevor der Winter jede Hoffnung auf frische Nahrung zunichte machte. Nach einer Woche sollten die Gruppen wieder da sein. Aber sie kamen nicht. Die Unruhe auf den Schiffen wuchs von Tag zu Tag.

Erst am elften Tag waren in dem unwirklichen perlmuttfarbenen Licht der Mitternachtssonne zwei Gestalten zu erkennen, die langsam näher kamen. Eine ging vornübergebeugt und ruhte vor jedem Schritt einen langen Moment aus, die andere stützte sich auf ihre Schulter, schien fast getragen zu werden. Sie zerrten einen Schlitten hinter sich her, auf dem eine in Felle gehüllte dritte

Gestalt lag. Von den anderen Männern der Gruppe und dem zweiten Schlitten war nichts zu sehen

Captain Crozier schickte den Herankommenden einen Schlitten mit drei Männern und einem Arzt entgegen. Sie setzten die beiden völlig Erschöpften auf den Schlitten. Der eine verlor sofort das Bewusstsein und musste an Bord getragen werden, zusammen mit dem Ohnmächtigen. Auch der andere wurde gleich in die Krankenstube gebracht, konnte aber dort Captain Crozier einen Bericht geben.

»Henry Wilks ist es, einer von unseren Soldaten. Der Doktor meint, er wird durchkommen. Ich bin da nicht so sicher.« Mr Diggle lehnte sich gegen den Herd und wiegte zweifelnd den Kopf. »Sieht aus wie ein Gespenst. Und eine Stimme hat er wie ein Reibeisen, ganz tot und heiser. Ich hab nur die Hälfte verstehen können.«

Der Koch der *Terror* stattete an diesem Abend seinem Kollegen und Freund auf der *Erebus* einen Besuch ab. Er hatte die Befragung des Kranken durch Captain Crozier mit angehört, denn auf beiden Schiffen lag die Krankenstube direkt vor der Kombüse. Mr Diggle brannte darauf, seine Neuigkeiten loszuwerden, und übersah großzügig, dass die beiden Schiffsjungen auch anwesend waren und gewässertes Pökelfleisch in Stücke schnitten.

»Was ist mit den anderen?«, fragte Mr Wall.

»Das wollte der Captain auch als Erstes wissen.« Mr Diggle dämpfte die Stimme. »Alle tot.«

»Grundgütiger Gott! Aber wieso?«

Mr Diggle zuckte mit den Schultern. »Sie können es nicht erklären. Der zweite Arzt war auch dabei, und als der Captain fertig war, haben sie jede Menge Fragen gestellt, aber es ist einfach rätselhaft. Wilks hat sich schon am zweiten Morgen übergeben müssen und am Abend hatte er Krämpfe und Durchfall. Nachts im Zelt hat es bei den anderen auch angefangen, genau wie bei Wilks, dazu kamen dann später Schluckbeschwerden und Heiserkeit. Nur Officer MacBean war noch in Ordnung, der hat alles an ihnen versucht, was im Medizinkasten war, Hustensaft und Coca-Wein, dann Kampfer und Hirschhorn gegen Erstickungsanfälle. Aber nichts hat geholfen. Am vierten Tag starb der Erste, am achten der Letzte. Wilks meint, sie haben keine Luft mehr gekriegt. Bloß Matrose Bailey war zwar ohnmächtig, aber er atmete noch. Officer MacBean hat die beiden auf einen Schlitten gelegt und zurückgezogen, aber heute früh hat es bei ihm auch angefangen. Wilks war zu schwach ihn zu ziehen, er konnte ihn nur stützen. Sie haben MacBean an Bord tragen müssen. Er ist immer noch bewusstlos, man hört nur seinen Atem rasseln. Die Ärzte können ihm nicht helfen.«

Matthi war blass geworden bis in die Lippen.

»Die Konserven«, flüsterte er.

Mr Diggle sah ihn scharf an. »Komisch, dass du das sagst, Junge. Nach denen hat der Captain auch gefragt. Mehrmals sogar. Aber die Ärzte sind völlig sicher, dass die Konserven unmöglich die Ursache sein können. Wir leben schließlich seit mehr als zwei Jahren davon, die Offiziere noch mehr als die Mannschaften. Wenn die Herren vor ihrem Porzellan und Kristall und Silber sitzen, dann kann man ihnen ja schließlich kein Pökelfleisch auftragen, nicht wahr?«

Er drehte sich dabei zu Mr Wall um und der nickte. »Natürlich. Ich bestreite jedes Offiziersessen mit Konserven. Vor allem jetzt, wo an Kohle gespart werden muss. In den Dosen ist jedes Gericht vorgegart und muss nur noch aufgekocht werden.«

»Eben. Und wir haben noch nie etwas Ähnliches erlebt – weder Erbrechen noch Durchfall noch Erstickungsanfälle. Es muss eine Krankheit sein, die noch nicht erforscht ist. Da gibt es noch dutzende, sagen die Ärzte. Die medizinische Wissenschaft steht erst an den Anfängen.« Mr Diggle machte eine abschließende Handbewegung. »Die Konserven können wir vergessen, die sind in Ordnung. Was mir viel mehr Sorgen macht: Wo steckt die zweite Gruppe?«

Gleich am nächsten Morgen schickte Captain Crozier eine Suchmannschaft aus. An der Küste von König-Willam-Land fand sie das Zelt mit zwei toten Offizieren und sechs Seeleuten, die zu schwach waren zum Marschieren. Sie hatten nur noch zum Primuskocher kriechen können, um Schnee zu schmelzen. Als sie wieder feste Nahrung zu sich nehmen konnten, hatten sie sich von Zwieback ernährt. Sie wurden auf Schlitten zu den Schiffen gebracht und erholten sich wieder. Das stinkende, verschmierte Zelt war zurückgelassen worden. Officer MacBean starb am dritten Tag nach seiner Rückkehr. Soldat Wilks blieb am Leben, Matrose Bailey auch.

Jetzt redeten die Männer nicht mehr. Wenn abends die Hängematten heruntergelassen wurden, blieb es still. Aber jeder grübelte. Neun Offiziere und fünfzehn Seeleute waren tot – mehr als auf allen Versuchen, die Nordwest-Passage zu finden, und auf allen englischen Polar-Expeditionen zusammen.

Die drei Toten auf der Beechey-Insel hatte man noch erklären können. Sie hatten den Keim der Krankheit schon in sich getragen. Und Sir John war bei weitem der Älteste an Bord der Schiffe gewesen. Er hatte in Schlachten und auf Expeditionen schwere Verwundungen erlitten und im Dienst der Krone ein anstrengendes, aufreibendes Leben geführt. Vielleicht hatte er von einem schnellen Triumph geträumt und der Gedanke an ein mögliches Scheitern hatte ihm das Herz gebrochen.

Die zwölf in der Wasserrinne waren einem Unglück zum Opfer gefallen, auch wenn einige den Hergang rätselhaft fanden. Aber weitere sieben Leichen innerhalb kurzer Zeit – dafür gab es keine Erklärung. Die Abergläubischen dachten sich ihr Teil, aber sie sprachen nicht darüber. Wenn das Schicksal mit Unheil drohte, dann durfte man nicht darüber reden. Sonst schlug es zu.

Die Sonne ging unter, die Polarnacht senkte sich auf das Eis. Die dritte Überwinterung begann. In diesen Wochen machte Captain Crozier die Besatzung mit dem Gedanken vertraut, dass auch im nächsten Frühjahr das Eis nicht aufbrechen würde. Und dann steckten sie in einer tödlichen Falle.

Es waren zwar noch genug Vorräte da, um knapp über den Sommer zu kommen – sie hatten ja die Rationen der Verstorbenen –, aber für eine vierte Überwinterung würden sie nicht ausreichen, ebenso wenig wie die Kohlen. Der Zitronensaft langte schon jetzt nur noch für einige Wochen, was bedeutete, dass mit dem Ausbruch von Skorbut zu rechnen war. Außerdem konnte niemand vorhersagen, ob die Schiffe einen zweiten Winter im Packeis und vor allem die Pressungen im Frühjahr unbeschadet überstehen würden.

Aus dieser Lage ergaben sich zwei Forderungen: Auf König-William-Land musste ein Lager angelegt werden, in dem sie überleben konnten, falls die Schiffe zerstört würden. Außerdem mussten Vorbereitungen getroffen werden, um die Männer nach Verlassen der Schiffe in Sicherheit zu bringen.

Nach Verlassen der Schiffe – diese Worte riefen ein Entsetzen hervor wie beim Tod von Sir John und bei den Unglücksfällen der letzten Wochen. Zweieinhalb Jahre lebten sie jetzt an Bord. Heringe in einem Heringsfass hätten mehr Platz als sie, hatten sie oft geschimpft. 44 Männer drängten sich auf 36 Fuß Länge und 28 Fuß Breite zusammen und beneideten die Offiziere um ihre winzigen Kabinen, die auch nur ein Bett mit Schubladen darunter, einen Waschtisch und einen Klapptisch enthielten. Aber dieses Heringsfass war ihr Zuhause gewesen, ihr Schutz vor arktischer Kälte und Schneestürmen, vor tobenden Wellen und Eisbergen, ihr Garant für Wärme und heiße Nahrung. Es aufzugeben bedeutete, dass nur noch eine Zeltleinwand zwischen ihnen und der erbarmungslosen Arktis war.

Captain Crozier ließ ihnen keine Zeit zum Entsetzen. Er plante an der Küste von König-William-Land entlang nach Süden zu ziehen, die Simpson-Straße zu überqueren und die Mündung des Großen-Fisch-Flusses anzusteuern. Dieser Fluss erstreckte sich von der kanadischen Küste bis fast zum Großen Sklavensee, wo sich ein Posten der Hudson Bay Company befand.

Und diese Gesellschaft war von der Admiralität über die Franklin-Expedition unterrichtet und gebeten worden nach ihr Ausschau zu halten und ihr, wenn nötig, Hilfe zu leisten. Die Trapper und Pelztierjäger der Gesellschaft durchschwärmten die kanadische Wildnis, handelten mit Indianern und Eskimos und würden, wenn sie von der Lage der Expedition erführen, sofort Alarm schlagen. Wenn das Meer eisfrei war, konnte man auch im Mündungsgebiet des Flusses jagen und dann mit frischem Fleisch und Fisch an der Küste entlang zum Kupferminen- oder Mackenzie-Fluss segeln und dort versuchen mit Eingeborenen oder Jägern Kontakt aufzunehmen.

Um aber eine Strecke von mindestens 850 Meilen zu überwinden, brauchte man Boote – Boote für 105 Männer, die außerdem noch die Ausrüstung und die Lebensmittel tragen mussten. Und die streckenweise gezogen werden konnten.

Die vier Walboote an Bord waren am besten für diese Aufgabe geeignet, leicht, aber stark, und so flach, dass sie übers Eis rutschen würden. Aber sie boten nicht genug Platz für alle Männer. Die vier Kutter, die zwei Jollen und die zwei Pinassen jedoch hatten so ausgeprägte Kiele, dass sie auf Schlitten gesetzt werden mussten. Und diese Schlitten mussten erst gebaut werden.

Während des dritten Winters arbeiteten die Männer noch mehr als in den beiden vorhergehenden. Sie erledigten die Routinearbeiten an Bord. Sie packten das Pökelfleisch aus den schweren Fässern in leichte Körbe, gossen Rum und Essig in kleine Krüge, füllten getrocknete Erbsen, Graupen, Tee, Salz, Zucker, Schokolade und Konserven in Zelttuch-Säcke. Sie verkürzten die Ruder, um sie für eine Flussfahrt geeigneter zu machen. Sie nähten Schutzdächer für Männer und Ladung. Sie nähten auch zusätzliche Zelte, denn die vorhandenen genügten nicht für 105 Männer. Sie drehten Schrauben in Schuhsohlen, um auf dem Eis besseren Halt zu finden. Sie fertigten Geschirre für die Zugmannschaften an, denn bei dem erwarteten Gewicht der Boote konnte man nicht einfach eine Leine um den Bauch schlingen. Sie nähten gefütterte Schlafsäcke aus Segeltuch und Felldecken. Und sie bauten acht Schlitten.

Sobald sich die Sonne im Februar 1848 wieder zeigte, wurde das

Lager am Point Victory auf König-William-Land in Angriff genommen. Ein Trupp versuchte einen gangbaren Weg ausfindig zu machen. Und da es keinen gab, musste er hergestellt werden. Mit Äxten, Pickeln und Schaufeln füllten die Männer breite Spalten mit abgeschlagenen Eisbrocken und hochgehebelten Schollen, schlugen Rampen in meterhohe Verwerfungen, verkürzten Grate, glätteten Furchen und Buckel. Eine Eismauer erhob sich hinter der anderen, sie mussten alle so zurechtgehauen werden, dass die Schlitten darüber gezogen werden konnten.

Captain Crozier hatte den ganzen Winter über darauf bestanden, dass die Männer täglich ihre Runden um die Schiffe herum oder wenigstens über das Deck drehten. Die machten ihre Witze darüber, dass man Seebären nicht zu Langstreckenläufern machen könnte, aber ab Februar zahlte sich dieses Training aus. Denn jetzt wurden fast 20.000 Pfund Lebensmittel und 20.000 Pfund Ausrüstung in das Lager gebracht. Dazu gehörten auch vier Schiffsöfen, Säcke mit Kohle, der Vorrat an warmen Kleidern aus der Kleiderkammer, Töpfe und Pfannen.

Sogar an vier Blitzableiter, die aus Messing-Vorhangstangen und Drahtrollen angefertigt waren, hatte Captain Crozier gedacht. König-William-Land war eine flache Gegend, kaum 30 Fuß über der Wasserfläche bei Flut, und es gab im Frühjahr und Sommer häufig Gewitter, das hatten sie im letzten Jahr erlebt. Schließlich wurden dreizehn Zelte aufgestellt und jedes mit kleinen Steinwällen umgeben.

Das Lager am Point Victory war fertig. Der Umzug konnte beginnen.

Aus Christophers Tagebuch

19. April 1848

Gestern hat Captain Crozier die Schlitten in das Lager am Point Victory geschickt. Es ist alles abgelaufen, wie es sich gehört. Die Männer haben sich an der Reling aufgestellt und dreimal Hurra geschrien. Dann haben wir *God save the Queen* gesungen. Es klang ziemlich dünn. Es ist auf den Tag genau zwei Jahre und elf Monate her, dass wir die Nationalhymne zusammen mit tausenden von Menschen in London gesungen haben. Damals hat die Sonne geschienen und der Wind war warm. Jetzt sind immer noch minus fünfzehn Grad und der Wind schneidet wie mit Messern. Der Erste Maat hat gepfiffen: »Mannschaft verlässt Schiff!« Und dann: »Mannschaft an die Seile!«

Alle Boote haben zwischen 800 und 1.000 Pfund geladen, je nachdem, ob sie acht oder zehn Mann Besatzung haben. Aber die Boote haben natürlich ein Eigengewicht und die Schlitten auch, und zwar ein großes, weil wir nur Eichen- und Ulmenholz an Bord hatten. Mr Reid hat ausgerechnet, dass jede Mannschaft zwischen zweieinhalb- und dreitausend Pfund ziehen muss, das macht ungefähr 300 Pfund für jeden.

Mr Reid meint, dass das eigentlich mehr ist, als man einem Mann zumuten kann. Aber was sollen wir machen? Wir brauchen die Boote, wenn wir an offenes Wasser kommen, und wir brauchen Ruder, Maste und Segel, um den Großen-Fisch-Fluss hinaufzufahren, und Werkzeug, Waffen und Nahrungsmittel brauchen wir natürlich auch.

Die beiden Kapitäne, die beiden Eismeister, ein paar Matrosen, Matthi und ich sind zurückgeblieben. Ich glaube, dass Captain

Crozier immer noch ein winziges bisschen Hoffnung hat, dass sich vielleicht doch noch eine Rinne auftut. Aber wir haben den kältesten Winter gehabt, den die Polar-Leute je erlebt haben, mit minus vierzig, ein paar Mal sogar fast minus fünfzig Grad, und bis jetzt hat sich das Eis nicht gerührt. Es hat nicht einmal Pressungen gegeben. Die beiden Schiffe sind immer noch völlig intakt und es ist wirklich ein Jammer, dass wir sie aufgeben müssen. Und dass wir so viele Vorräte zurücklassen müssen, auch. Aber mehr passen einfach nicht in die Boote.
Wir sind ungefähr dreizehn Meilen vom König-William-Land entfernt. Von Mr Wall wissen wir, dass die Offiziere gehofft haben, dass wir mit der Drift nach Süden treiben und vielleicht so in eisfreies Wasser kommen. Aber wir haben zwischen September 1846, als wir eingefroren sind, und jetzt, also April 48, bloß neunzehn Meilen zurückgelegt. Da würde es wahrscheinlich Jahre dauern, bis wir dem Packeis entkommen wären. Und bis dahin wären wir längst verhungert.

22. April

Heute früh wurde der Befehl erteilt, die Schiffe aufzugeben. Das letzte Boot ist fertig gepackt, wir brauchen uns bloß noch vor den Schlitten zu spannen. Old Neptun und Jacko sind schon angeschirrt. Angeblich waren einige Offiziere dagegen, sie mitzunehmen, aber Captain Crozier hat erklärt, dass englische Seeleute ihre Maskottchen in Ehren halten. Außerdem können wir sie für die Jagd gebrauchen. Matthi und mir ist ein Stein vom Herzen gefallen.
Wir stehen vor den Schlitten und warten. Die Kapitäne gehen als Letzte von Bord. Captain Crozier legt seiner *Terror* die Hand

auf die Planken und streichelt sie. Es ist bestimmt schlimm für ihn, noch mehr als für Captain Fitzjames, denn er kennt die Schiffe seit vielen Jahren. Ein echter Seemann liebt sein Schiff mehr als seine Frau, sagt Mr Wall immer. Morgen ist Ostern.

24. April

Wir haben drei Tage gebraucht bis zum Lager am Point Victory. Das waren die schlimmsten Tage meines Lebens. Ich glaube, die Sklaven auf den amerikanischen Baumwollfeldern müssen nicht schlimmer schuften als wir. Mr Reid hatte ja vorher ausgerechnet, dass jeder Mann 300 Pfund ziehen muss, aber ich habe mir nicht vorstellen können, was das bedeutet. Man muss sich so anstrengen, dass einem das Essen hochkommt. Ich habe mich jeden Tag übergeben. Ich bin völlig fertig. Ich hoffe bloß, wir warten hier im Lager, bis sich eine Rinne auftut und wir rudern können. Für unsere flachen Boote genügt ja eine ganz kleine.

25. April

Gestern sind Leutnant Irving und Maat DesVoeux zu der Steinsäule aufgebrochen, wo Commander Gore im letzten Jahr die Nachricht hinterlegt hat. Heute sind sie zurückgekommen und haben die Zinndose mitgebracht. Captain Fitzjames hat sie geöffnet. Ich hab geglaubt, er schiebt jetzt ein neues Blatt hinein, aber er hat es gelesen und dann auf dem alten weitergeschrieben. Dabei hat er halb laut gesprochen und ich konnte mir ja nicht die Ohren zuhalten, während ich das Zelt in Ordnung gebracht habe:

»Haben 1846/47 auf Beechey-Insel überwintert . . . Sir John Franklin leitet die Expedition . . . Alle wohlauf . . .«

Das musste der Text von Commander Gore sein. Aber wir sind doch im Winter 45/46 auf der Beechey-Insel gewesen! Wieso hat er sich um ein volles Jahr geirrt?
»25. April 1848«, hat der Captain dann gemurmelt, während er schrieb. »Schiffe *Terror* und *Erebus* wurden am 22. April verlassen, eingeschlossen seit September 1846. Offiziere und Mannschaften bestehen aus 105 Seelen unter Befehl von Captain F.R.M. Crozier. Befinden uns auf Breite 69° 37' 42", Länge 98° 41'.«
An dieser Stelle hat er sich unterbrochen und hat angefangen zu gähnen, bis ihm die Tränen aus den Augen gelaufen sind. Und er hat sich nicht mal die Hand vor den Mund gehalten, obwohl er laut Officer Brown einen ungeheuren Wert auf gute Manieren legt. Dabei habe ich gesehen, dass sein Zahnfleisch ganz grau ist und dass über den Zähnen ein dunkler Streifen entlangläuft, genau wie damals bei Mr Braine. Und seine Hände haben so gezittert, dass er kaum das Papier halten konnte.
Dann hat er weitergeschrieben und gemurmelt: »Dieses Papier wurde von Leutnant Irving vier Meilen weiter nördlich unter der Steinpyramide gefunden, die wahrscheinlich Sir James Ross 1831 gebaut hat, wo es von dem verstorbenen Commander Gore im Juni 1847 niedergelegt wurde. Sir James Ross' Pyramide konnte jetzt nicht gefunden werden, deshalb wurde das Papier an diese Stelle gebracht, wo Sir James Ross' Pyramide errichtet worden sein muss. Sir John Franklin starb am 11. Juni 1847 und der Verlust an Toten in der Expedition ist bisher neun Offiziere und 15 Männer. James Fitzjames, Captain *HMS Erebus*.«
Ich will ja bestimmt nicht respektlos sein, schon gar nicht gegenüber meinem Kapitän, aber ich begreife nicht, wie er so et-

was schreiben konnte. Diese Nachricht soll doch eine Botschaft sein. Was soll denn dann das wirre Zeug über die Pyramiden? Das ist doch völlig unwichtig.
In diesem Moment kam Captain Crozier herein. Er nahm das Blatt, las es und sah Captain Fitzjames mit einem ganz sonderbaren Ausdruck an. Der merkte das überhaupt nicht, er starrte vor sich hin und dann gähnte er wieder. Captain Crozier nahm ihm den Stift aus der Hand. Er musste das Blatt drehen, weil nur noch am Rand Platz war, deshalb konnte ich sehen, was er schrieb:
F.R.M. Crozier, Captain und Senior Officer, und wir brechen morgen am 26. zum Großer-Fisch-Fluss auf.
Das darf doch nicht wahr sein! Schon morgen! Warum schon morgen? Wir haben hier ein Lager mit Vorräten und Öfen und Decken und Büchern, die alle mühsam zum Point Victory transportiert worden sind, damit wir hier eine Zeit lang leben können. Das alles müssen wir zurücklassen, denn unsere Boote sind randvoll. Und ich kann einfach nicht weiter. Schon gar nicht mit diesem mörderisch schweren Boot!
Captain Crozier schob das Blatt in die Zinndose und beugte sich zu Captain Fitzjames hinunter.
»Leutnant Irving ist tot. Mein jüngster Offizier. Der zehnte von vierundzwanzig. Wir müssen so schnell wie möglich aufbrechen, so lange noch einer am Leben ist.«
Captain Fitzjames kam etwas taumelnd in die Höhe und ging mit ihm hinaus. Ich lief hinterher. Draußen hackten vier Männer schon eine flache Grube in die zusammengefrorenen Kieselsteine. Der Segelmacher nähte einen Sarg. Leutnant Irvings starres Gesicht war verzerrt. Dr. Stanley breitete ein Seiden-

tuch darüber. Captain Crozier legte ihm eine Medaille mit seinem Namen auf die Brust, die er bei einem Wettbewerb gewonnen hatte. Dann wurde der Leichnam in den Sack geschoben und in die Grube gelegt. Captain Crozier hielt die Totenandacht.

Kapitel 15

Wie konnte Eis nur so nass sein? Matthi spürte, wie ihm die Feuchtigkeit an den Socken und dann an den Hosenbeinen hochzog. Seine Stiefel quatschten. Eine Schmelzwasserpfütze leuchtete türkisblau. Wieder versanken die Füße im Wasser.
Und wenn das Eis schon so nass war, warum dann nur an der Oberfläche, fragte er sich. Warum löste es sich nicht weiter auf, einen Meter nur oder besser zwei, damit sie in die Boote steigen konnten? Boote waren zum Schwimmen gemacht, nicht zum Schlittenfahren. Wieso dachte er eigentlich an fahren? So ein Unsinn! Gezogen wurden sie, geschoben und gezerrt von 104 keuchenden, schwitzenden Männern.
Tatsächlich von 104, denn es gab keinen Unterschied mehr zwischen Offizieren und Mannschaft. Captain Crozier war als Erster an eine der Leinen getreten und hatte sich wie selbstverständlich in die Zugmannschaft eingereiht, zu der auch Matthi und Chris gehörten. Daraufhin hatten sich auch die restlichen Offiziere mit angeschirrt.
Sie gingen nicht über das vereiste, verschneite König-William-Land, wo der Sturm ein Wirrwarr von Graten und Hügeln aufgetürmt hatte, sondern über das Küsteneis, das im Muster der Wellen erstarrt war. Die Eisbarrieren waren parallel zur Küste gefroren, sie konnten in den Rinnen dazwischen laufen wie in einem Hohlweg und waren so ein wenig vor dem Wind geschützt.

Die Männer lagen fast waagerecht in den Seilen, sie schoben und pressten, dass die Adern in den Augäpfeln platzten. Jacken, Hosen und Mäntel wurden feucht vom Schweiß. Schon nach zwanzig Metern mussten sie eine Pause machen, um wieder zu Atem zu kommen. Matthi drehte sich um und sah zurück.

In dem verlassenen Lager am Point Victory türmten sich die Stapel, die sie zurückgelassen hatten: Werkzeuge, Öfen, Pfannen und Töpfe, Krüge, Decken, Kleider, Bücher. Trotzdem war ein Teil der Ausrüstung und vor allem der Nahrungsmittel doch noch auf die Boote gepackt worden, die dadurch noch schwerer wurden.

Als die Männer nach der Pause wieder anzogen, hatten sich die Schlitten durch ihr Gewicht ins Eis gedrückt. Es blieb ihnen nichts anderes übrig, als bis zu den versunkenen Kufen zwei lange, schräge Rinnen zu hacken, in denen man sie nach oben ziehen konnte. Bei der nächsten Rast – wieder nach zwanzig Metern – trampelten sie erst den Schnee zu einer festen Fläche, die noch dazu mit Eisbrocken verstärkt wurde, ehe sie die Schlitten darauf zogen.

Die Eisbarrieren zu ihren Seiten konnten zwar den Wind abhalten, nicht aber die Kälte. Die schweißnassen Kleider froren zu bretthartenPanzern und scheuerten die Haut auf. Der Schweiß auf den Gesichtern erstarrte zu weißen Masken. Die feuchten Haare froren an der Kopfhaut fest. Bei jeder Rast tauschten die Männer die Plätze, denn an der Spitze war das Ziehen noch schwerer als hinten. Als Matthi und Chris sich wieder übergeben mussten, schickte Captain Crozier sie hinter den Schlitten zum Schieben.

»Es ist schade um das gute Essen«, sagte er freundlich. »So viel haben wir auch nicht mehr, dass wir es den Fischen opfern können – wenn sie auch wahrscheinlich noch eine Zeit lang drauf warten müssen.«

Die Jungen sahen sich aus blutunterlaufenen Augen an, während sie sich gegen das Bootsheck stemmten, das über den Schlitten hinausragte.

»Wieso kann er noch so – so normal sein?«, keuchte Matthi.

»Weiß nicht.« Chris konnte nur noch flüstern. »Denk an Old Frank. In Kanada.«

Matthi versuchte sich zu erinnern. Es schien Jahre her zu sein, dass Chris abends aus Old Franks Erinnerungen vorgetragen hatte. Die Worte dröhnten zusammenhanglos durch seinen Kopf:

»Wir hatten nichts zu essen und kein Feuer – der Schnee wehte in unsere Zelte – wir kratzten Flechten von den Felsen – wir erfrischten uns, indem wir unser altes Schuhwerk und einige Lederfetzen aufaßen – wir führten jedoch eine fröhliche Unterhaltung –«

Und dann hörte er nur noch sein Herz bis in die Ohren pochen und seinen stoßweisen Atem.

Als am Abend die Zelte aufgeschlagen wurden, hatten die Gruppen nur eine gute Meile geschafft. Die Jungen waren zu erschöpft, um sich darüber zu entsetzen. Sie gaben den Hunden eine Ratte von dem gefrorenen Vorrat, den sie mitgenommen hatten, und tranken gierig den warmen Tee, den Mr Wall verteilte. Dann verschlangen sie eine aus Konserven zubereitete Suppe und krochen in die Schlafsäcke.

Am nächsten Morgen ging die Plackerei weiter. Sie brauchten fast eine Woche, um die nächste Landspitze zu erreichen, die sechs Meilen entfernt war. In der Nacht begann es zu schneien, in schweren, handtellergroßen Flocken. Am Morgen fiel der Schnee so dicht, dass sie die Zelte nicht verlassen konnten. Der beißende Wind ließ nach, schließlich war kein Hauch mehr zu spüren.

Die beiden Jungen lagen völlig ausgelaugt in ihren Schlafsäcken.

»Soll weiterschneien«, murmelte Chris. »Immer weiterschneien.«

»Ist vielleicht ein Zeichen dafür, dass es wärmer wird.« Matthi schob sich tiefer in seinen Schlafsack und zog die Felldecke über den Kopf. »Dann bricht das Eis auf und wir können in die Boote.«

Aber die Kälte blieb, das Thermometer zeigte minus elf Grad. Die Atemluft stand in weißen Schwaden im Zelt und bildete eine Eisschicht an der Innenseite der Leinwand. Der Schnee senkte sich wie eine erstickende Wolke herab. In regelmäßigen Abständen musste ein Mann nach draußen kriechen und die frisch gefallene Schicht abkehren, damit der Stoff nicht riss. Die Flocken staubten durch jede Ritze. Die Schlafsäcke froren in Körperform.

Da sich die Männer ja nicht anstrengen mussten, kürzte Captain Crozier die Rationen drastisch. Es gab morgens und abends einen Wasserkakao mit drei Schiffszwiebäcken und mittags einen kleinen Klumpen gefrorener Rosinen, die man Stück für Stück abbrechen und im Mund auftauen musste.

»Kein Grund, trübsinnig zu werden, Evans.« Captain Crozier grinste, als er Matthis entgeistertes Gesicht sah. »Schon mal was von geistiger Nahrung gehört?«

Er hatte nicht nur die Rosinen vom Schlitten in ihr Zelt geholt, sondern auch ein Buch, das er ihm vor die Nase hielt. *»Oliver Twist«,* las Matthi. Von Charles Dickens.

»Es gibt nichts Gemütlicheres, als im Zelt zu liegen und zu lesen.« Captain Crozier blickte Chris an. »Es hat sich schon herumgesprochen, dass du ein guter Vortragskünstler bist, Ashley. Du fängst an. Wenn dir die Finger steif werden, wirst du abgelöst.«

Sie verbrachten drei volle Tage mit *Oliver Twist*, denn die Schneeflocken fielen ohne Pause, leise und geisterhaft. Am Tag war kein Himmel zu sehen, in der Nacht keine Sterne. Außerdem brachte ihnen Captain Crozier alle Strophen von *Long way to Tipperary* bei und sang die zweite Stimme dazu. Er fragte Mr Reid über seine Abenteuer bei den Walfängern aus und ließ Mr Wall seine Lieblingsrezepte beschreiben.

»Na, hab ich nicht gesagt, dass er einsame Klasse ist?«, fragte Mr Wall stolz, als der Captain am Abend des dritten Tages seine Runde machte, um die anderen Zelte zu inspizieren. »Der weiß, worauf es ankommt in der Arktis: Man muss sich ablenken von trübsinnigen Gedanken und darf den Mut nicht sinken lassen.«

»Aber ich begreife nicht, wie er das kann.« Matthi brach seinen letzten Zwieback in gleiche Teile, damit er sich einreden konnte, dass er noch zwei hätte und nicht bloß einen. »Für ihn ist doch alles noch viel schlimmer als für uns. Er hat seine Schiffe verloren. Er hat die Nordwest-Passage nicht gefunden. Er ist für hundert Mann verantwortlich und muss sie über viele hundert Meilen bringen, dabei schaffen wir bloß eine Meile pro Tag. Und wir haben bloß Proviant für drei Monate. Ich darf gar nicht daran denken, was das bedeutet.«

»Dann denk auch nicht dran.« Chris sah von seinem Tagebuch hoch. »Wir werden schon noch schneller werden. Heute ist der 5. Mai. Bestimmt bricht bald das Eis auf. Dann können wir Segel setzen. Was glaubst du, wie wir dann losflitzen! Wir schaffen bestimmt zehn Meilen pro Stunde. Ich hätte nie geglaubt, dass wir so etwas erleben. Das ist bestimmt das tollste Abenteuer seit Robinson Crusoe.«

»Das ist die richtige Einstellung, Ashley!« Captain Crozier schob sich durch die Zeltöffnung und schüttelte seine Wollmütze nach draußen aus. Aber er lächelte Chris nicht an, sondern blickte mit ernstem Gesicht zu Eismeister Reid hinüber. »Schon wieder zwei Kranke. Ich hatte gehofft, wir hätten dieses Unheil hinter uns gelassen. Bei den Ratten auf den Schiffen. Ich habe wirklich geglaubt, dass Leutnant Irving der Letzte sein würde und dass er sich vielleicht noch an Bord angesteckt hat. Aber jetzt sind wir mehr als sechs Meilen von Point Victory entfernt. Wie kann das nur möglich sein?«

»Sind es dieselben Symptome?«, fragte Eismeister Reid.

Captain Crozier nickte. »Krämpfe, Durchfall, Schluckbeschwerden. Bei einem Erbrechen. Die zwei sind nicht einmal im selben Zelt und hatten auch keine Berührung während der letzten Tage.«

»In einem Punkt können wir jedenfalls sicher sein, und das ist immerhin eine Beruhigung. An den Konserven kann es auf keinen Fall liegen, denn wir haben alle in den letzten drei Tagen nichts anderes gegessen als Kakao, Zwieback und Rosinen.«

Captain Crozier hob die Schultern und ließ sie wieder fallen. »Ich weiß es nicht. Ich habe nun einmal dieses Gefühl, dass etwas nicht stimmt mit den Dosen. Ich kann nichts dagegen machen. Vielleicht ist es etwas, was einige Zeit zur Entwicklung braucht und dann erst ausbricht?«

»Aber Sir!« Mr Reid gab sich hörbar Mühe, nicht herablassend zu klingen. »Wir alle haben Konserven gegessen. Warum sind dann nur zwei krank?«

»Ich kenne das Argument. Die Ärzte verwenden es auch. Schon auf den Schiffen, als wir zum ersten Mal mit der Krankheit zu tun hatten. Aber wir haben nicht alle aus derselben Konserve gegessen, nicht wahr?« Captain Crozier hob die Hand, um Mr Reids Einwand abzuwehren. »Ja, ja, ich weiß, dass ein Doseninhalt immer an mehrere Männer verteilt wird. Aber man sagt ja auch, dass der Fisch anfängt am Kopf zu stinken. Wer den Kopf isst, der wird krank, die anderen bleiben gesund. Also könnte es doch vielleicht sein, dass die krank werden, die die Teile bekommen, die sich an den Nähten der Dosen befunden haben? Oder meinetwegen auch umgekehrt Teile aus dem Innersten?«

Mr Reid überlegte und nickte dann beklommen.

»Mit Verlaub, Sir, das kann nicht sein.« Jetzt mischte sich Mr Wall ein. »Ich rühre den Doseninhalt beim Kochen gründlich um, da wird alles durchgemischt.«

Captain Crozier drehte mechanisch seine Wollmütze in den Händen. »Aber es muss doch irgendeinen Grund geben. Wenn ich ihn bloß entdecken könnte! Die Schokolade und der Zwieback können es genauso wenig sein.« Er stülpte sich die Mütze über die Locken und kroch in seinen Schlafsack. »Wir können nur beten, dass die beiden armen Jungs die Sache überstehen.«

Aber ihre Gebete wurden nicht erhört. Am nächsten Morgen lagen die beiden tot in ihren verdreckten Schlafsäcken.

Es hatte aufgehört, zu schneien. Der Schnee lag über einen Meter hoch. Ein paar Männer schaufelten zwei Gruben hinein. Jedem war klar, dass es keine Möglichkeit gab, die Leichen zu reinigen. Man konnte sich auch nicht damit aufhalten, ihnen einen Sarg zu nähen. Die Gruppe hatte durch den Schnee drei Tage

verloren und sie war in einem Wettlauf mit der Zeit. In spätestens drei Monaten mussten sie in einer Gegend sein, wo man Vorräte an frischem Fleisch und Fisch anlegen konnte.
Die beiden Toten wurden in ihren Schlafsäcken in die Gruben gelegt und mit Schnee bedeckt.
»Kommt mir ziemlich lieblos vor. Wenn ich denke, was für eine Mühe wir uns auf der Beechey-Insel mit den Gräbern gegeben haben . . .«, murmelte Chris.
Matthi gab ihm innerlich Recht. Aber er konnte auch Captain Crozier verstehen, der nach einer kurzen Andacht den Befehl zum sofortigen Abmarsch gab.
»Wenn das Eis taut, dann versinken die beiden sowieso im Wasser«, sagte er. »Dann werden sie wieder sauber und haben ein richtiges Seemannsgrab.«
Schon nach wenigen Metern kam der Zug wieder zum Stehen. Die Männer versanken bis zu den Oberschenkeln in den weichen Flocken und die Boote und die Schlitten ließen sich nicht von der Stelle bewegen. Sie blieben einfach im Schnee stecken. Es blieb den Männern nichts anderes übrig, als eine Bahn zu schaffen, die mindestens zehn Fuß breit sein musste, damit man die Schiffe auf ihr transportieren konnte. Schaufeln wurden verteilt und Spaten, die Arbeit begann.
Da nicht genug Werkzeuge für alle da waren, ließ Captain Crozier die Schneeschuhe auspacken und an den Rest der Männer ausgeben. Er schickte sie voraus, um eine Spur in den Schnee zu treten. Sie gingen im Gänsemarsch hintereinander her. Unter jedem Mann sank der Schnee tiefer und wurde fester. Aber bei jedem Schritt blieb Schnee an den Schuhen kleben und verwandelte sie in kiloschwere Gewichte. Alle paar Meter blieben die Män-

ner stehen und versuchten sie abzuschütteln. Dann gingen die an der Spitze ans Ende der Reihe, um den nächsten die anstrengendsten ersten Schritte zu überlassen.
Schließlich erwies sich diese Methode als die schnellere. Der Trupp vor den Schlitten schaufelte nicht mehr, sondern klopfte den niedergetretenen Schnee mit den Werkzeugen fest. So entstand allmählich eine glatte, feste Bahn. Als Erste zogen die beiden Hunde den leichtesten Schlitten darüber, auf dem die Primuskocher, die Kochutensilien und die Nahrungsmittel für den Tag befördert wurden. Dann folgten die vier Walboote, dann ein Bootsschlitten, der mit seinen Kufen eine Rinne in die Oberfläche drückte, in der auch die nächsten gleiten konnten.
Die Gruppen wechselten einander ab. Alle zwanzig Meter streiften die Männer die Schneeschuhe von den Füßen, gingen zurück und zogen das Geschirr über, die anderen ließen Hacken und Schaufeln fallen und zogen Schneeschuhe an, um einen Pfad zu trampeln. Wer im Geschirr ging, schlüpfte heraus und ergriff ein Werkzeug.
So ging das Stunde um Stunde. Am Anfang waren die Jungen froh, wenn die Belastung wechselte: Das unerträgliche Gewicht zerrte nicht mehr an den Beinen, die erstickende Last löste sich von den Schultern, das pausenlose Auf und Nieder der Arme hörte auf. Aber nach einiger Zeit bedeutete auch der Wechsel keine Erleichterung mehr. Jeder Muskel zitterte, der Schweiß lief über Brust und Rücken, die Zunge klebte am Gaumen.
Immer wieder bückte sich Matthi und schob sich eine Hand voll Schnee in den Mund. Das half nur kurz und steigerte sogar den Durst, aber er brachte es nicht fertig, darauf zu verzichten. Er wollte einfach das Gefühl von Flüssigkeit im Mund haben, auch

wenn die Kälte an den Zähnen wehtat. Er spürte die eisige Feldflasche voller Schnee an seiner Brust, aber er konnte nicht warten, bis er geschmolzen war. Chris neben ihm pfiff tonlos *It's a long way to Tipperary,* aber nur wenn sie mit den Schneeschuhen trampelten und mit den Schaufeln schlugen; beim Schlittenziehen blieb ihm wie allen anderen schon bei den ersten Schritten die Luft weg.

»Wir sind nicht mehr in Form«, keuchte er, als endlich die Bootspfeife zur Mittagspause rief. »Die drei Tage im Zelt haben uns schlapp gemacht.«

»Das liegt bestimmt an den paar Rosinen. Mit leerem Bauch kann man nicht arbeiten.« Matthi schnupperte erwartungsvoll nach Gerüchen aus den Töpfen. »Ich glaube, wenn ich jetzt kein Fleisch kriege, fall ich um.«

Es gab tatsächlich Fleisch. Und als Auftakt einen Esslöffel Rum. Captain Crozier wusste, wann eine Aufmunterung nötig war. Er hatte aus den Cornedbeef-Dosen, die eigentlich den Offizieren vorbehalten waren, eine dicke Suppe kochen lassen. Als Nachtisch gab es für jeden eine kleine Tafel Schokolade.

»Und er hat mir befohlen keinen Unterschied mehr zu machen«, verriet Mr Watt den Jungen. »Ab jetzt essen alle dasselbe. Bin gespannt, wie euch Schildkröten-Suppe schmecken wird. Obwohl ich fürchte, man wird nicht mehr viel von ihr merken, wenn ich sie mit Pökelfleisch mische.«

Kapitel 16

Du brauchst einen Gesichtsschutz, Ashley. Deine Haut ist für arktische Sonne nicht geeignet.«

Chris gab keine Antwort. Er hockte auf den Fersen im Schnee, den Rücken gegen einen Schlitten gelehnt, und starrte mit hängendem Kopf vor sich hin. Mr Reid trat neben ihn und rüttelte ihn an der Schulter.

»Hast du gehört, Junge? Geh an dein Bündel und such dir ein Taschentuch oder etwas Ähnliches heraus.«

»Aye, Sir!«, sagte Chris, rührte sich aber nicht. »Ich sitz hier grad so schön. Und ich bin so müde.«

Matthi zog unwillkürlich den Kopf zwischen die Schultern. Diese Antwort war unerhört. Wenn ein Offizier einen Befehl gab, dann musste ein Schiffsjunge springen – ein Matrose übrigens auch. Er schielte unter seinem Mützenrand zu den beiden hinüber. Ob Chris sich jetzt ein paar Ohrfeigen eingehandelt hatte? Oder Schlimmeres? Aber der Eismeister sah ihn nur prüfend an.

»Du wirst einen so starken Sonnenbrand kriegen, dass deine Haut Blasen wirft.« Mr Reid zog Chris in die Höhe. »Die Schneebrille schützt nur deine Lider. Aber die Innenseiten von Lippen und Nasen können auch verbrennen. Deshalb musst du dir ein Tuch drüberbinden.«

Chris schwankte ein bisschen. Dann lehnte er sich gegen das Boot und ließ den Kopf wieder hängen.

»Ich hol's gleich«, murmelte er. »Muss mich nur noch ein bisschen ausruhen.«

Mr Reid sah sich um. Chris war nicht der Einzige, der sich in einem so apathischen Zustand befand. Überall hockten und lehnten Männer mit geschlossenen Augen, ohne sich zu rühren. Mr Reid kannte diesen Anblick. Schläfriges Behagen nannten die Walfänger diese alles überwältigende Müdigkeit, die sogar Kälte und Hunger vergessen lässt.

Er schüttelte Chris an beiden Schultern. »Du holst jetzt sofort das Tuch, verstanden?«

Der Junge trottete folgsam zu seinem Schlitten und tastete an der Segeltuchabdeckung herum. Mr Reid beobachtete ihn ein paar Minuten und winkte Matthi heran.

»Er kriegt die Knoten nicht auf. Versucht es mit den Zähnen. Aber wechselt euch ab und reibt euch hinterher die Lippen mit Schnee ab, hörst du? Warum humpelst du?«

»Ich kann meine Füße irgendwie nicht spüren. Und trotzdem tun sie weh.«

»Mehr als normal?«

Matthi nickte.

»Hilf Ashley das Tuch zu finden und dann komm zu mir.«

Die Jungen mühten sich nacheinander mit den Zähnen an dem gefrorenen Knoten ab, wobei sie alle paar Minuten ihre Lippen mit Schnee abrieben. Eine Frostbeule bekam man schnell und an kaltem Metall fror man sogar fest und fetzte sich die Haut herunter, wenn man Lippen oder Finger zurückziehen wollte. Schließlich fingerte Chris das rote Seidentuch aus seinem Bündel. Er zögerte einen Augenblick.

»Weißt du noch – Jane – und ihr Turban?« Seine Hände sanken

herab, er ließ das Tuch los und lehnte sich gegen das Boot. »Es war doch ein schlechtes Omen, dass sie gestorben ist. Jetzt haben wir nur noch dreizehn.«

Matthi bückte sich und hob das Tuch auf. Er wusste, was Chris meinte. Zwei Wochen hatte die Gruppe gebraucht, um die nächste Landzunge zu erreichen. Dort war Leutnant LeVesconte gestorben und in einer Schneemulde beigesetzt worden. Nun waren nur noch dreizehn Offiziere am Leben.

Dann war der Mai zu Ende gegangen und die Kälte hatte nachgelassen. Die Sonne brannte vom Himmel, jeden Tag länger, schließlich achtzehn Stunden lang.

Matthi wandte den Kopf und kniff die Augen hinter der Schneebrille zusammen. Die Luft war grell und weiß und flimmerte vor Helligkeit. Die Sonnenstrahlen wurden vom Eis reflektiert und verwandelten es in eine blendende, strahlende Fläche. Darüber torkelten die Männer mit dem letzten Schlitten auf sie zu, mit Schneebrillen vor den Augen, fast erwürgt vom Gewicht an ihren Geschirren.

Die Sonne hatte Rinnen und Pfützen in die Oberfläche gebrannt, in die sie bis zu den Knien einbrachen. Wenn abends die Temperatur wieder auf bis zu minus fünfzehn Grad sank, froren die durchweichten Schuhe an den Hosenbeinen fest. Gestern Abend war Matthi zu müde gewesen sie auszuziehen, er war einfach samt Schuhen in den Schlafsack gekrochen.

»Los, Evans, ein bisschen dalli!«

Matthi fuhr zusammen. Er stand vor Chris und glotzte ihn an, ohne ihn zu sehen, als ob er mit offenen Augen schlafen würde. Er schlang Chris das Tuch locker um Stirn, Nase und Mund, stülpte ihm die Kapuze über und zog ihm auch die Handschuhe wieder

an. Chris ließ alles mit sich geschehen, auch dass Matthi ihn am Ellbogen fasste und zu Mr Reid zurückführte.
Der Eismeister brachte die beiden ins Küchenzelt. Matthi musste sich auf den Schlitten setzen und die Stiefel ausziehen. Fast unbeteiligt sah er, wie mager seine Beine waren. Wie zwei von Haut überspannte Stöcke. Die Stelle, die er sich an der Schlittenkufe aufgeschlagen hatte, heilte nicht zu, sie war von einem großen blauroten Fleck umgeben. Seine Füße waren noch weißer als das Eis draußen, mit einem bläulichen Schimmer wie Ziegenmilch.
Bei diesem Gedanken lief Matthi das Wasser im Mund zusammen. Er schluckte. Wann hatte er zum letzten Mal Milch getrunken, einen ganzen Becher voll, lauwarm und schäumend, aus dem Eimer, den Großmutter aus dem Stall mitbrachte? Das war in einer anderen Welt gewesen, in der es kein Eis gab und keine Kälte und kein Weiß, das sich endlos vor ihnen, hinter ihnen, um sie herum erstreckte, nichts als blendendes, tödliches Weiß.
Aber zu Hause hatten die Holunderbüsche neben dem Stall jetzt sicher dicke Knospen und bald würden sie aufbrechen und einen betäubenden Duft verströmen, der den Stallgeruch überdecken würde. Nicht dass er etwas gegen den warmen, scharfen Duft von Ziegen und Schafen gehabt hätte! Es war eigentlich eher ein Gestank, aber trotzdem würde er ihn jetzt tröstlich finden. Und einen vollen Milcheimer würde er leer trinken, ganz allein. Die beißende Schärfe von Pökelfleisch und Salzfisch und der widerliche metallische Nachgeschmack der Konserven würden endlich einmal aus seinem Mund verschwinden.
Er fuhr zusammen und stöhnte. Die Augen waren ihm zugefallen und er hatte gar nicht gemerkt, dass Mr Reid begonnen hatte sei-

ne Füße kräftig gegeneinander zu reiben. Sie waren so gefühllos, dass er weder Berührung noch Reibung gespürt hatte. Aber jetzt schossen Schmerzen in die Zehen wie Messerstiche.
»Spürst du's endlich? Das ist gut. Ich hab schon befürchtet, sie wären abgestorben.« Mr Reid rieb so kräftig weiter, dass Matthi die Zähne zusammenbeißen musste, um nicht zu jammern. »He, Ashley, schlaf nicht im Stehen. Komm her, hier gibt's Arbeit für dich.«
Chris schlurfte zu ihnen und Mr Reid drückte ihm Matthis Füße in die Hände.
»Reib, so fest du kannst. Tut dir auch gut, dann kriegst du warme Finger. Und denk dran: Nicht aufhören! Wenn die Zehen brandig werden, müssen wir sie später abschneiden.«
Dieser Satz brachte Chris in die Gegenwart zurück.
»Abschneiden? Die Zehen?« Er sah den Eismeister aus aufgerissenen Augen an. »Aber dann – dann – Ich fang schon an!«
Er zog seine Handschuhe aus und begann Matthis Füße zu kneten wie Mr Wall früher seinen Brotteig. Mr Reid sah einen Augenblick zu, nickte dann zufrieden und ging hinaus.
»Nicht so fest«, stöhnte Matthi. »Du brichst mir ja die Knochen.«
»Hast du nicht gehört, was er gesagt hat? Du willst doch wohl nicht ohne Zehen herumlaufen.« Chris hatte sein schläfriges Behagen abgeschüttelt. »Dann kannst du nämlich nicht mehr laufen, bloß noch humpeln. Oder du musst sogar an Krücken gehen. Hier, steck dir deine Socken unters Hemd, vielleicht tauen sie auf, ehe wir wieder losmüssen. Himmel, was bist du mager! Nur noch Haut und Knochen! Seh ich auch so aus?«
Matthi musterte ihn. Die weiße Haut war rot angelaufen von der Sonne, sodass die Sommersprossen kaum noch zu sehen waren,

die Haut spannte sich über Stirn, Wangenknochen und Kinn, das Gesicht wirkte so klein und mager wie von einem Kind. Die roten Haare hatten den Glanz verloren, sogar die Krause war verschwunden, sie ringelten sich schlapp und stumpf unter dem Mützenrand hervor.

Matthi grinste etwas schief. »Na ja, du hast schon mal besser ausgesehen. Für einen Schönheitswettbewerb müsste man dich noch was rausfüttern.«

Chris wollte ihm antworten, machte den Mund aber wieder zu und knetete weiter. Er hatte Blut zwischen Matthis Zähnen gesehen. Warum sollte er darüber reden? Reden half nicht. Im Rhythmus seines Atems presste er seine Finger um Matthis Füße. Das war irgendwie beruhigend. Matthi schloss wieder die Augen. Nach einiger Zeit ließen die Stiche nach und ein schmerzhaftes Kribbeln lief durch die Füße. Draußen ertönte der Pfiff: Männer an die Leinen. Seufzend zog Matthi die feuchten Socken über die Füße und zwängte sie in die harten Stiefel.

Die Jungen gingen zu ihrem Boot und legten sich ins Geschirr. Matthi hatte bei jedem Schritt das Gefühl, als ob er barfuß über Glasscherben laufen würde. Er versuchte sein Empfinden von den Füßen wegzulenken, auf die wunden Schultern, an denen das Geschirr zerrte, auf den keuchenden Mund, der schon nach wenigen Schritten wieder ausgedörrt war. Aber die Schmerzen in den Füßen waren die schlimmsten von allen und er konnte sich nicht davon lösen. Schmerzen sind ein gutes Zeichen, beruhigte er sich. Das heißt, dass noch Leben da ist und dass mir die Zehen nicht abgeschnitten werden. Aber nach einiger Zeit tröstete ihn auch dieser Gedanke nicht mehr.

Das Seidentuch klebte Chris am Gesicht fest. Er schob die

Schneebrille nach unten, dass sie lose um seinen Hals hing und nicht mehr scheuerte. Durch ihre schmalen Schlitze konnte man die Wasserlöcher nicht sehen und er hatte es satt, alle paar Minuten einzubrechen. Er hatte einfach nicht mehr die Kraft, seine Beine in die Höhe zu ziehen. Das Tuch über seiner Stirn würde auch seine Augen schützen.

Nach einiger Zeit färbte sich das Eis zu seinen Füßen rosa. Er hielt es zunächst für einen Widerschein des Tuches, auch als die Farbe allmählich immer intensiver wurde. Erst als ein dumpfer Schmerz in seinen Augen zu pochen begann, kam ihm ein Verdacht. Er schob das Tuch von der Stirn und sah zu Boden. Das Eis war blutrot. Er hob den Blick und schaute über eine rosenfarbene Landschaft zu einem purpurnen Horizont. So hatte Dr. Stanley damals den Beginn der Schneeblindheit beschrieben.

Es kostete Matthi eine ungeheure Anstrengung, einen Fuß vor den anderen zu setzen. Warum gehe ich überhaupt weiter, fragte er sich. Warum halte ich das alles aus? Er sah auf einmal Vater vor sich, nicht so schrecklich weiß und still wie bei ihrem letzten Zusammensein im Themse-Tunnel, sondern zu Hause im Garten, wie er die quietschende Mary in die Luft warf.

Wenn ich mich aufs Eis lege und nicht mehr rühre, dann bin ich vielleicht bald bei ihnen, dachte Matthi verworren. Und bei Mutter. Ob er verrückt wurde? Ob die Füße irgendein Gift produzierten, das sein Hirn verwirrte? Mary lachte laut. Ihre Locken bauschten sich um den Kopf, dunkelrot und glänzend wie Kastanien. Wie Chris' Haare. Chris . . .

Die Gestalten von Vater und Mary verblassten. In Matthis Ohren klang die Stimme von Mrs Ashley: »Ich halte es für einen Wink des Himmels, dass du Chris das Leben gerettet hast, Matthi. In meinen Augen bist du ein Schutzengel, den Gott geschickt hat. Und deshalb möchte ich dich bitten bei Chris zu bleiben. Und mit ihm auf die *Erebus* zu gehen.«

Matthi kam wieder zurück in die Gegenwart. Er sah keine Gestalten mehr, sondern das Boot auf dem Schlitten, das die Gruppe vor ihnen zog. Er drehte sich zu Chris.

»Bist du wahnsinnig? Zieh sofort die Schneebrille hoch!«

Chris gehorchte hastig. Aber der Schmerz blieb, er verschlimmerte sich sogar. Allmählich kam es ihm vor, als ob ihm jemand eine Hand voll Sand unter die Lider gepresst hätte und die Körner seine Augäpfel zerkratzten. Schließlich tränten seine Augen so stark, dass er fast nichts mehr sehen konnte.

»Warum bleibst du nicht in deiner Spur?« Matthi gab Chris einen Schubs in die richtige Richtung. »Du stolperst jetzt schon zum dritten Mal gegen mich.«

Chris murmelte eine unverständliche Antwort und bemühte sich den Weg zu erkennen, aber vor seinen Augen war nichts als ein rotes Flimmern. Er stolperte und fiel aufs Eis. Die Gruppe blieb schwer atmend stehen. Matthi half Chris in die Höhe.

»Was hast du?«

»Ich glaube, ich bin schneeblind. Ich kann nichts mehr sehen.«

»Halt dich an mir fest. Ich führe dich.«

Er nahm ihn bei der Hand. Die Männer zogen wieder an und schleppten sich weiter. Die beiden Jungen, die dicht nebeneinander gingen, hörten den anderen leise stöhnen vor Schmerzen.

Auf einmal ertönte in der Luft ein Schwirren und Rauschen und quäkendes Geschrei. Ein Schwarm von Vögeln näherte sich mit schnellem Flügelschlag.

»Soldaten an die Gewehre!«, schrie Captain Crozier. »Holt herunter, was ihr könnt!«
Die Männer zerrten sich die Geschirre von den Schultern und taumelten zu den Schlitten. Bis sie die Gewehre herausgeholt und geladen hatten, war der Schwarm schon über sie weggezogen. Die Soldaten schossen trotzdem. Ein paar Nachzügler stürzten aufs Eis.
»Ladet die Gewehre und verstaut sie griffbereit«, befahl Captain Crozier. »Vielleicht kommen noch mehr.«
Die Köche sammelten die Beute ein.
»Heute Abend gibt es eine Suppe aus Frischfleisch«, rief Mr Wall. »Die bringt euch wieder Kraft in die Knochen, ihr Schlappschwänze.«
Die Männer grinsten und zogen sich wieder die Geschirre über.
»Captain Crozier! Sir!« Eismeister Reid hatte die schärfsten Augen und zeigte in die Richtung, in der die Vögel geflogen waren. »Sie sind gelandet. Dahinten sitzen sie.«
Captain Crozier beschattete die Augen mit der Hand. »Welche Entfernung schätzen Sie?«
»Eine Meile – höchstens zwei.«
Captain Crozier winkte ab. »Ausgeschlossen. Das ist fast ein Tagesmarsch.«
»Aber Sir! Wir sind doch hauptsächlich so langsam wegen der Schlitten. Wenn nur ein paar Soldaten mit Gewehren zurückgehen, auf der Spur, die wir gelegt haben, das würde höchstens ein paar Stunden kosten.«
»Ein paar Stunden hin und ein paar zurück, Mr Reid. Das können wir uns nicht leisten. Denn wir müssten ja hier auf die Jäger warten.«

»Aber Sir!« Eismeister Reid hob beschwörend die Hände. »Es ist schon Abend. Wir bauen bald das Nachtlager auf. Lassen Sie mich mit ein paar Freiwilligen auf Jagd gehen. Nichts ist wichtiger für uns als frisches Fleisch.«

Einige Augenblicke lang pfiff Captain Crozier tonlos den Tipperary-Marsch, wie immer, wenn er nachdachte. Schließlich nickte er.

»Freiwillige vor zur Vogeljagd.«

Es meldeten sich nur fünf Soldaten. Nicht einmal die Aussicht, das schreckliche Gewicht loszuwerden, konnte die meisten dazu bewegen, eine Strecke zurückzugehen, für die sie fast den ganzen Tag gebraucht hatten. Mr Reid machte sich mit den fünfen auf. Die anderen zogen weiter, jetzt noch langsamer, weil sechs Mann zum Ziehen fehlten.

Die Vogelsuppe am Abend gab Matthi wenigstens so viel Kraft, dass er sich die Stiefel ausziehen und seine Füße untersuchen konnte. An mehreren Stellen hatten sich große Blasen gebildet, als ob die Haut verbrüht worden wäre. Chris hatte sich das rote Seidentuch um die Augen gebunden, damit nicht der geringste Lichtstrahl seine Augen quälte. Er stöhnte leise vor sich hin.

Wie jeden Abend machte Captain Crozier seine Runde durch alle Zelte, diesmal in Begleitung von Dr. Stanley. Der Arzt untersuchte Chris' Augen, träufelte ein paar Tropfen einer Opiumlösung hinein und schlang ihm wieder den Schal darüber. Dann warf er einen Blick auf Matthis Füße.

»Vorsichtig reiben. Mit bloßen Fingern.« Er sah den Captain an. »Hier gilt dasselbe wie bei den anderen. Wenn die Füße warm und trocken gehalten werden, kommen wir hoffentlich ohne

Amputationen davon. Auch die Schneeblindheit wird nachlassen, wenn die Kranken Dunkelheit und Ruhe haben. Aber das ist ausgeschlossen, wenn wir weitermarschieren.«

»Was wollen Sie damit sagen?«

Dr. Stanley zögerte.

»Aus ärztlicher Sicht fühle ich mich verpflichtet die Errichtung eines Krankenzeltes vorzuschlagen«, sagte er schließlich. »Wir haben zehn, nein, zwölf Leute, die nicht mehr weiterdürfen – es sei denn, wir riskieren schwerste Folgen für ihre Gesundheit. Und wenn Sie mir eine weitere Bemerkung gestatten: für die Gesundheit aller anderen ebenso. Wenn wir die zwölf Kranken mitnehmen, müssen sie geführt oder gestützt werden. Damit fallen vierundzwanzig Männer für den Transport aus. Das heißt, wir werden noch langsamer werden, als wir ohnehin schon sind.«

Captain Crozier starrte ihn an. Dann setzte er sich langsam auf seinen Schlafsack und stützte den Kopf in die Hände.

»Ich kann meine Männer nicht im Stich lassen!« Das klang endgültig.

»Ich biete mich an bei den Kranken zu bleiben und sie zu versorgen«, sagte der Arzt nach einer Weile leise.

Captain Crozier antwortete nicht. Auch Dr. Stanley sprach nicht mehr. Auf einmal wurde die Zeltöffnung auseinander geschoben.

»Wir sind schon wieder da! Das war eine absolute Rekordzeit. Kein Schlitten, kein Boot, kein Geschirr – wir sind gelaufen wie die Hasen. Und Beute haben wir gemacht – unglaublich. Die Vögel hatten wohl noch nie Gewehre gehört. Sind alle ganz ruhig sitzen geblieben. Haben wahrscheinlich geglaubt, das Eis kracht. Mr Diggle und Mr Wall könnten noch Hilfe brauchen beim Rup-

fen, Jungs.« Mr Reid unterbrach sich und sah etwas unsicher von einem zum andern. »Na, die allgemeine Begeisterung hält sich aber erstaunlich in Grenzen. Stimmt etwas nicht?«
Captain Crozier hob kaum den Kopf, als er antwortete. »Dr. Stanley hat mir gerade vorgeschlagen ein Krankenzelt zu errichten und mit den Gesunden weiterzuziehen.«
Mr Reid zuckte zusammen. Erst jetzt schien er Chris' verbundene Augen und die erfrorenen Stellen an Matthis Füßen zu bemerken. Er räusperte sich ein paar Mal, als ob er zum Sprechen ansetzen wollte, aber er sagte nichts.
In die Stille hinein zitierte Chris langsam: *»An diesem Tag erklärten Mr Hood und Dr. Richardson, dass sie zu schwach zum Weitergehen waren und zurückbleiben wollten. In ihrer Selbstlosigkeit erkannten sie, dass sie ein Hindernis für die anderen waren. John Hepburn blieb bei ihnen.«*
Captain Crozier stand schwerfällig auf. »Es ist leichter, selbstlos zu sein, als von anderen Selbstlosigkeit zu erwarten.«
»Aber unser Zustand ist keineswegs so verzweifelt wie damals der von Sir Franklin und seinen Leuten.« Dr. Stanley fand seine Sprache wieder. »In einer Woche oder zwei sind die Kranken wiederhergestellt. Sie lassen uns ein Boot und ausreichend Vorräte hier und wir folgen Ihnen in Ihrer Spur.«
»Der Doktor hat Recht, Sir. Ich war nämlich noch gar nicht fertig mit meinen guten Nachrichten. Ich habe Spuren von Schneehasen und Füchsen entdeckt, wir werden also weiter zur Jagd gehen können. Und außerdem . . .«, er machte eine Pause, um die Spannung zu steigern, ». . . und außerdem Schlittenspuren. Spuren von mindestens zwei Schlitten. Wenn wir auf Eskimos treffen, können wir Fleisch kaufen.«

Aus Christophers Tagebuch

12. Juni 1848

Vor drei Tagen hat Captain Crozier die Besatzung von *Erebus* und *Terror* aufgeteilt. Er zieht mit siebzig Mann weiter Richtung Süden. Sobald er am Großen-Fisch-Fluss auf Trapper oder Indianer oder Eskimos trifft, will er uns Hilfe entgegenschicken. Eine Gruppe von dreißig Mann unter der Leitung von Captain Fitzjames ist in der *Erebus*-Bucht zurückgeblieben. So hat Captain Crozier die Stelle getauft, wo wir uns jetzt befinden. Er hat uns drei Zelte und zwei gefüllte Boote zurückgelassen. Zwölf Männer können nicht laufen, weil sie schneeblind sind oder erfrorene Füße haben, dazu gehören auch Matthi und ich. Die anderen sind so erschöpft, dass sie nicht mehr weiterkönnen. Ein paar haben auch Skorbut, das sieht man daran, dass die Haut aufgeschwemmt wirkt wie Teig und voller roter und blauer Flecken ist wie von Blutergüssen. Dr. Stanley, Mr Reid, Mr Wall und Tommy Hartnell sind bei uns geblieben, um uns zu versorgen und für uns zu jagen.

Captain Crozier hat in seiner Abschiedsrede gesagt, dass wir unter Umständen zum Point Victory zurückgehen können, weil dort noch Vorräte liegen. Man hat ihm angemerkt, wie schwer es ihm fällt, nicht mit der gesamten Besatzung weiterzuziehen. Aber wir sind jetzt schon sechs Wochen unterwegs und haben noch keine 50 Meilen geschafft. Ein Drittel unserer Vorräte ist aufgebraucht. Es ist besser, er kommt mit den Gesunden schnell weiter, als dass wir am Ende alle verhungern, bloß um zusammenzubleiben. Das hat jeder eingesehen.

Ich glaube, alle Zurückgebliebenen waren froh das fürchterli-

che Schlittenziehen für eine Zeit los zu sein. Ich jedenfalls habe jetzt drei Tage lang mit verbundenen Augen im Schlafsack gelegen und nichts getan, als zu schlafen und zu essen. Zugegeben, das Essen war ziemlich karg, aber wenn man sich nicht bewegt, braucht man auch nicht so viel. Captain Crozier hat die meisten Konserven mitgenommen, denn wir haben ja Zeit zum Jagen und er nicht. Deshalb durften wir auch die Hunde behalten.
In seiner Abschiedsrede hat er uns gelobt wegen unserer Tapferkeit, die wir in den letzten drei Jahren gezeigt hätten. »Wir haben die prächtigsten Schiffe der Welt Gottes Gnade überlassen müssen. Auch wir können uns nur Seiner Gnade empfehlen und Ihn bitten, dass wir uns alle gesund wieder sehen. Ich erwarte von euch, dass dazu jeder Mann alles tut, was in seinen Kräften steht.«
Dann hat er sich von jedem Einzelnen mit Handschlag verabschiedet und ihm ein paar Worte gesagt. Das hat Matthi mir zugeflüstert. Ich war froh, dass ich Mutters rotes Seidentuch um die Augen hatte und die Gesichter nicht sehen konnte, denn ich hätte vielleicht geweint. Sogar Matthis Stimme klang ziemlich zittrig und er ist nicht so leicht zu rühren wie ich.
»Ich bin sicher, du wirst auch weiterhin ein Schutzengel sein, Evans.« Das hat Captain Crozier zu Matthi gesagt.
Dann hat er meine Hand genommen. »Deine Eltern werden stolz auf dich sein, Ashley. Weiter so.«
Wir haben uns beide räuspern müssen, ehe wir unser »Aye, Sir!« herausbrachten, aber es klang dann doch recht kräftig, so, wie sich das gehört. Dann haben wir alle dreimal Hurra geschrien, denn das gehört sich auch so, wenn man voneinander Abschied nimmt.

Heute Morgen hat Dr. Stanley mir erlaubt das Tuch von den Augen zu nehmen. Ich hatte mir während der letzten drei Tage immer wieder geschworen keinen Schritt mehr ohne Schneebrille zu tun, denn schneeblind zu werden tut wirklich höllisch weh, obwohl die Tropfen geholfen haben, aber immer nur für ein paar Stunden. Ich hab die Brille schon im Zelt aufgesetzt, um nur ja keinen Sonnenstrahl in die Augen zu kriegen, und hab mich erst richtig erschrocken, weil ich nur graue Fetzen sah und schon dachte, meine Augen würden das Licht nicht mehr vertragen. Doch es war gar kein Licht da und Sonne schon gar nicht, bloß graue Nebelschwaden, die hin und her waberten und dann so dicht wurden wie der Londoner Smog.
Aber ein arktischer Nebel ist doch etwas ganz anderes: Er stinkt nicht nach Rauch und Russ und ist ganz weich und weiß, nicht so schmierig und stickig. Leider war dadurch die Sicht zu schlecht zum Jagen, aber Mr Reid hat das Eis abgeklopft, bis er eine Stelle gefunden hat, die anders geklungen hat, und da haben wir mit Eissägen ein Loch gesägt. Es hat Stunden gedauert, obwohl alle geholfen haben, die stehen konnten, aber schließlich haben wir unsere Angeln und ein Netz ins Wasser geworfen und haben tatsächlich einen Eimer Fische gefangen. Viele waren so klein, dass es sich gar nicht gelohnt hätte, sie zu schuppen und auszunehmen, und Mr Wall hat sie auf Mr Reids Anweisung ganz in die Suppe getan und die dicken Stücke waren noch halb roh, weil wir mit dem Spiritus sparen.
Als Captain Fitzjames die Fischköpfe und Flossen und Gräten gesehen hat, wollte er nichts essen, denn er hat sein Leben lang wie ein englischer Gentleman gelebt, und er sieht nicht ein, dass er sich aufführen soll wie ein dreckiger Eingeborener,

hat er gesagt. Jeder andere hätte jetzt den Mund gehalten, aber Mr Reid ist eben nicht bei der englischen Marine ausgebildet worden, sondern hat sein Leben mit Walfängern und Jägern zugebracht, und ich glaube, er kennt das Wort Subordination bloß vom Hörensagen und bezieht es gar nicht auf sich. Er hat ganz ruhig gesagt, was den Dreck angeht, könnten wir es inzwischen bestimmt mit jedem Eingeborenen aufnehmen. Und wenn die Eskimos bei ihrer Art der Ernährung gesund blieben, wir aber mit unserer krank würden, dann sollten wir die andere Art wenigstens versuchen.

Captain Fitzjames sind fast die Augen aus dem Kopf gequollen. Man hat ihm richtig angesehen, wie er sich beherrscht hat, um ganz eisig zu erwidern, dass es die Pflicht eines Engländers ist, den Wilden die Errungenschaften unserer Kulturstufe zu demonstrieren und nicht umgekehrt um Jahrtausende zurückzufallen. Zumindest ein Engländer von Stand hielte das für unter seiner Würde.

Das war natürlich eine Spitze gegen Mr Reids Herkunft, die jedenfalls nicht so gut ist wie die von Captain Fitzjames, aber Mr Reid war überhaupt nicht getroffen. Er hat nur mit den Schultern gezuckt und gemeint, immerhin hätten die Eingeborenen in Jahrhunderten die besten Tricks entwickelt, um in der Arktis am Leben zu bleiben, während die Engländer erst seit wenigen Jahren hier wären und ganz offensichtlich keine Ahnung hätten, denn sonst säßen wir nicht hier mit Frostbeulen und Schneeblindheit und Skorbut. Er wäre jedenfalls lieber stark und gesund nach Eskimoart als krank und hungrig auf die feine englische Art.

Da hat Captain Fitzjames die Beherrschung verloren und geschrien, dass Mr Reid seine Wurzeln verleugnen würde und sein kulturelles Erbe und dass es besser wäre, stolz unterzugehen als sich feige anzupassen. Mr Reid hat ganz ungerührt geantwortet, dass es hier nicht um Stolz und Feigheit ginge, sondern um Dummheit und Klugheit.

Captain Fitzjames hat nur noch nach Luft geschnappt. Dr. Stanley hat etwas von einem Dichterwort gemurmelt, nämlich: *»Das Leben ist der Güter höchstes nicht.«* Damit wollte er eindeutig den Captain unterstützen, aber der hat ihn angebrüllt, dass er sich nicht einmischen soll, er hätte es nicht nötig, sich von Subalternen unterstützen zu lassen. Er hat förmlich die Zähne gebleckt vor Wut und man konnte wieder sein graues Zahnfleisch mit dem dunklen Streifen sehen, aber jetzt blutete es und zwischen den Zähnen waren Lücken, denn bei Skorbut fallen einem die Zähne aus.

Dann hat er auf einmal gestöhnt und sich den Magen gehalten, als ob er Krämpfe hätte, und dabei hab ich gemerkt, dass er die Hände nicht richtig bewegen konnte, die waren ganz verkrümmt wie bei einem Männchen machenden Hasen und ließen sich nicht spreizen. Dr. Stanley ist zu seinem Medizinkasten gestürzt und hat ihm Tropfen eingeflößt und ihn mit Mr Reids Hilfe in seinen Schlafsack geschoben. Da liegt er jetzt, sein Atem rasselt und manchmal stöhnt er.

16. Juni

Es ist etwas Unglaubliches geschehen! Wir haben Eskimos getroffen! Seit drei Jahren zum ersten Mal fremde Menschen! Ich bin so aufgeregt, dass ich kaum zusammenhängend schreiben kann. Sie schlagen draußen ihre Zelte auf, und wenn sie bei uns bleiben und uns versorgen, dann werden wir nie mehr Hunger haben. Vielleicht wissen sie auch einen Weg zu einer Rinne, dann können wir Captain Crozier hinterhersegeln und sind endlich diese grässlichen Schlitten los. Die Eskimos haben auch welche, aber die sehen ganz anders aus als unsere, viel schmaler und leichter.

Dr. Stanley, Mr Reid und Tommy Hartnell sind am Morgen auf die Jagd gegangen, weil sich nach drei Tagen endlich der Nebel gehoben hat. Matthi und ich hatten gehofft, dass wir mitgehen dürften, aber die Sonne schien laut Dr. Stanley zu grell für meine Augen. Matthis Blasen sind abgeheilt, viel schneller als bei den anderen Fußkranken, denn er hat Jacko und Old Neptun dazu gebracht, sich abwechselnd auf seine Füße zu legen und sie zu wärmen. An den erfrorenen Stellen hat sich schon eine neue Haut gebildet, so zart und rosig, dass er sie noch schonen muss. Mr Reid hat ihm und den anderen Fußkranken viel zu große Segeltuchstiefel genäht und mit Federn ausgestopft. Darin bleiben die Füße immer warm und trocken.

Wir beide haben also am Eisloch geangelt und hörten auf einmal Hunde bellen. Und zwar nicht nur zwei, sondern viele. Es klang irgendwie unheimlich in der Stille, die wir gewöhnt sind, und wir hatten uns schon umgedreht, um zu den Zelten zu laufen, die ja ein ziemliches Stück entfernt sind, aber da bogen mehrere Hundegespanne um eine Hügelkette aus Presseis. Und eine ganze Schar von Menschen, die teils vor die Schlitten gespannt waren, teils hinten schoben. Sie waren von Kopf bis Fuß in dicke Felle verpackt, in Pelzjacken mit Kapuzen, in hohe Stiefel und Fäustlinge. Zum ersten Mal kam mir zu Bewusstsein, wie lächerlich unsere Wollmäntel und Tuchjacken und Lederstiefel sind.

Wir beide standen stocksteif neben unserem Eisloch, die Angeln noch in der Hand. Die Eskimos standen ebenso steif und starrten uns an, bloß die Hunde zerrten an ihren Leinen und bellten wie wild. Ich dachte an Old Franks zweite Reise nach Kanada, als seine Boote von Eskimos geplündert worden waren. Aber das waren über hundert Männer gewesen und uns gegenüber befanden sich zehn, höchstens fünfzehn Leute, von denen einige Frauen sein mussten, da sie kleine Kinder auf dem Rücken trugen. Ich legte meine Angel aufs Eis, hob beide Hände hoch, zum Zeichen, dass sie leer waren, und zog mir dann die Mütze vom Kopf, wobei ich mich tief verbeugte. Höflichkeit kann nie schaden. Matthi machte dasselbe.

Die Eskimos stießen Laute aus, die irgendwie überrascht klangen. Schließlich machte ein Mann ein paar Schritte nach vorn, wobei er auch seine leeren Hände zeigte. Wir gingen ebenfalls ein paar Schritte, verneigten uns wieder und lächelten. *»Kammik-toomie!«*, rief ich. Das hatte Sir Parry für die Begegnung mit Eskimos auswendig gelernt, denn es heißt: Wir sind Freunde. Es gibt zwar angeblich verschiedene Stämme mit verschiedenen Dialekten, aber vielleicht verstanden sie mich ja. Der Mann grinste breit und antwortete etwas Unverständliches. Wir gingen weiter aufeinander zu. Wir konnten jetzt sehen, dass die Leute so ähnlich aussahen wie die Eskimos auf der Disko-Insel – mit pechschwarzen, langen Haaren, brauner Haut, runden Gesichtern, Schlitzaugen und Stupsnasen.

Als wir dicht voreinander standen, zog der Mann seine Handschuhe aus, fuhr uns mit beiden Fingern übers Gesicht und durch die Haare, drehte sich dann um und rief den anderen etwas zu. Daraufhin kamen sie alle gelaufen, umringten uns und befingerten uns auf dieselbe Art. Ich musste lachen, als ich begriff, dass sie wahrscheinlich noch nie im Leben weiße Haut und Sommersprossen gesehen hatten, von roten und blonden Haaren ganz zu schweigen. Sie lachten auch. Sie hatten alle starke weiße Zähne und sahen überhaupt sehr gesund und kräftig aus.

Ich machte ihnen durch Zeichen klar, dass wir sehr hungrig wären, und zeigte auf die Zelte. Sie kamen alle hinter uns her. Schon von weitem hörte man die laute, eintönige Stimme von Mr Wall, der aus dem *Vikar von Wakefield* vorlas. Dr. Stanley meint, das würde die Kranken von ihren Schmerzen ablenken, aber das Buch ist lange nicht so gut wie *Oliver Twist.* Mr Wall hörte mitten im Satz auf, als ich die Zeltöffnung auseinander schlug und die Eskimos nacheinander hineinschauten. Er flüsterte mehrmals den Namen von Captain Fitzjames, aber der lag mit geschlossenen Augen da und rührte sich nicht.

Die Eskimos lachten jetzt nicht mehr. Sie waren ein Stück zur Seite gegangen, sprachen zusammen und sahen dabei zu unseren Zelten hinüber. Dort erschien jetzt Mr Wall, lief zum Küchenzelt und kam mit einem Topf zurück, den er feierlich aufs Eis stellte. Er legte eine kleine Säge und zwei Messer daneben, außerdem ein rot-weiß-blau gestreiftes Halstuch und Leutnant LesVescontes Silberbesteck, das am Griffende sehr schön mit einem Vogel mit ausgebreiteten Flügeln verziert ist. Die Eskimos untersuchten alles sorgfältig, dann gingen die Frauen zu den Schlitten. Eine kam mit einem großen, getrockneten Lachs zurück, zwei trugen eine kleine Robbe, die noch nicht gehäutet war, die vierte etwas, das wie getrocknetes Fleisch aussah. Mr Wall verneigte sich mehrmals, dann halfen wir ihm die Sachen

ins Küchenzelt tragen, während die Eskimos anfingen ihre Schlitten abzuladen und ihre Zelte aufzubauen.
Matthi hilft Mr Wall beim Kochen und ich durfte an mein Tagebuch gehen. Ich habe noch nie so viel geschrieben, aber ich war auch noch nie ein paar Tage lang blind und hatte Angst, ich würde vielleicht nie mehr schreiben können. Aber jetzt muss ich ins Küchenzelt.

17. Juni

Die Eskimos sind weg. Als wir heute Morgen aufgestanden sind, waren ihre Zelte verschwunden. Wir fühlen uns schrecklich im Stich gelassen. Nur Mr Reid meint, dass man damit hätte rechnen müssen. Warum sollten sie sich um dreißig kranke, ausgemergelte, unheimliche Fremde kümmern, wenn für sie selbst auch jeder Winter ein Überlebenskampf ist? Und der letzte ganz bestimmt, weil er so ungewöhnlich lang und kalt war. Aber das sagte er nur Matthi und mir. Captain Fitzjames hat einen Wutanfall gekriegt über die »herzlosen Wilden, die uns die schuldige Fürsorge versagt haben«, aber mittendrin ist er eingeschlafen.

20. Juni

Captain Fitzjames ist tot. Mr Reid und Dr. Stanley sind jetzt die letzten Offiziere unserer Gruppe.

5. Juli

Wir brechen gleich zur Jagd ins Innere vom König-William-Land auf, nur Mr Reid, Matthi, ich und die Hunde. Unser Proviant wird immer weniger und die paar Fische und Vögel, die wir fangen, sind nicht genug für alle. Was wir brauchen, ist großes Wild, am besten Karibus oder einen Eisbären. Wir haben die vorletzte Zwölf-Pfund-Dose Pemmikan bekommen und das letzte Hunde-Pemmikan und nehmen den Küchenschlitten mit, der ist nicht so schwer wie die anderen. Heute werde ich 17 Jahre alt.

Kapitel 17

Old Neptun und Jacko hoben die Schnauzen und witterten.

»Kusch!«, flüsterte Mr Reid. »Keinen Laut!«

Die Hunde gehorchten und schnauften nur. Auch die Jungen standen still. Alle lauschten. Außer dem Surren der Mücken und dem Summen der Fliegen und dem Brummen der Bremsen war noch ein anderes Geräusch zu hören.

Matthi konnte es nicht einordnen. Wenn das Pfannkucheneis, das sich aneinander zu runden Schollen abgeschliffen hatte, an der Bordwand vorbeigeschurrt war, dann hatte das ähnlich geklungen. Aber hier gab es kein Packeis. Sie waren auf König-William-Land, viele Meilen von der Küste und dem Packeis entfernt. An der Südseite der Hänge taute das Eis und enthüllte nackte braune Felsen.

Seit Tagen zogen sie schon durch den brüchigen Schnee und hatten noch keine Spur von Wild entdeckt. Hoch über ihnen waren gewaltige Vogelschwärme dahingezogen, aber weit außerhalb der Reichweite ihrer Gewehre. Einmal hatten die Hunde, als sie gerade vom Schlitten abgespannt waren, einen Schneehasen erwischt. Sie hatten ihn schon fast verschlungen, bevor Mr Reid ihn ihnen abjagen konnte.

Matthi konnte die beiden gut verstehen, denn das Hunde-Pemmikan war noch knapper portioniert als ihr eigenes – und das genügte kaum, um das nagende Hungergefühl zu besänftigen. Mittags bekamen sie nicht mehr als eine schmale Scheibe, so klein wie ein Daumen, zusammen mit einem Schiffszwieback, und abends wurde aus denselben Zutaten und geschmolzenem Schnee eine Suppe gekocht.

Mr Reid setzte seine Füße so behutsam auf die Schneedecke, dass man das Knirschen und Brechen kaum hörte. Schritt für Schritt arbeitete er sich vorwärts bis zu einem löcherigen Eishügel, von dem das Schmelzwasser troff, und schob langsam seinen Kopf über den Rand.

»Bei allen Heiligen!«, murmelte er. »Das ist genau das, was wir brauchen!«

Er legte den Finger auf die Lippen und winkte die Jungen heran. Sie gingen in seinen Spuren und hockten sich neben ihn.

»Karibus! Eine ganze Herde!« Seine Stimme war nur ein Hauch. »Bleibt hinter mir. Wir dürfen jetzt nichts überstürzen! Und keinen Laut!«

Die Jungen hoben vorsichtig die Köpfe. Es war gut, dass er sie gewarnt hatte. Selbst Chris konnte kaum einen Ausruf unterdrücken. Er hatte schon in vielen Arktis-Berichten von Karibus gelesen, aber auf diesen Anblick war er trotzdem nicht vorbereitet. Hinter ihrem Eishügel fiel der Boden steil ab, hob sich noch einmal ein wenig und senkte sich zu einer großen Mulde, die sich viele hundert Meter weit ausdehnte.

Und diese Mulde wimmelte von graubraunen Rücken und geschwungenen Geweihen. Fische in einem gefüllten Netz konnten sich nicht enger drängen. Es sah aus, als ob ein niedriger Wald mit nackten Ästen sich langsam vorwärts bewegte. Das eigenartige Geräusch wurde von zahllosen Hufen verursacht, die den Schnee wegscharrten, und von zahllosen Mäulern, die Moos und

Flechten vom Boden rupften. Das Meer der Leiber wogte hin und her, darüber hingen die Mücken- und Fliegenschwärme wie Rauchwolken.

Mr Reid leckte an seinem Zeigefinger, hielt ihn hoch und nickte zufrieden. Der Wind wehte ihnen entgegen, sodass die Tiere sie nicht wittern konnten. Trotzdem mussten die Jäger sehr vorsichtig sein. Karibus dienten Bären, Wölfen und Menschen als Nahrung. Ihre einzige Chance war ständige Wachsamkeit.

Die Hunde hatten begriffen, dass sie das Wild nicht verschrecken durften. Mr Reid hielt sie an kurzer Leine. Tief gebückt, arbeitete er sich im Schutz des lang gestreckten Eishügels vor bis zum Steilhang, wo er sich hinter eine Bodenwelle duckte und wartete, bis die Jungen in seinen Spuren gefolgt waren.

»Wir müssen noch näher. Sucht euch einen Bullen aus als Ziel, das sind die mit den dicken Mähnen. Die Weibchen sind jetzt zu mager, die haben gerade ihre Kälber gekriegt. Und versucht auf alle Fälle zweimal zu treffen.«

Er schob sich auf Ellbogen und Knien weiter, das doppelläufige Gewehr in den Händen, ohne auf Schneematsch und Morast zu achten. Fast auf dem Bauch liegend, krochen die Hunde hinter ihm her. Nach wenigen Metern lagen die drei still und rührten sich mindestens fünf Minuten lang nicht mehr. Dann schoben sie sich wieder ein paar Meter weiter.

Die Jungen folgten. Der Morast war genauso nass und kalt wie der Schnee, aber an Kälte und Nässe hatten sie sich längst gewöhnt. Viel schlimmer waren die Mücken und Bremsen, die sie erst an Land kennen gelernt hatten. Chris dachte manchmal, dass die quälenden Schmerzen der Schneeblindheit eher zu ertragen gewesen waren als diese blutgierigen Quälgeister, die jedes freie Stückchen Haut wie ein Pelz bedeckten. Sie krochen sogar unter die Schneebrille, in den Kragen, in die Ärmel, in die Handschuhstulpen. Bei jeder Pause drückten die Jungen ihre Gesichter in den Schnee, um die Moskitos zu vertreiben und die von Stichen aufgequollene Haut zu kühlen.

»Kannst du dir vorstellen, dass Old Frank sich geweigert hat, die Biester totzuschlagen, weil auch sie Gottes Geschöpfe sind?«, zischelte Chris und presste eine Hand voll Schnee gegen seine zerstochene Kehle. »Er hat gesagt, sie können schließlich nichts dafür, dass sie auf das Blut von Menschen oder Tieren angewiesen sind.«

»Wahrscheinlich hat er gemerkt, dass es keinen Sinn hat, zu schlagen. Es gibt einfach zu viele.«

Matthi zerdrückte ein paar Mücken auf seiner Wange. Als er weiterkroch und keine Hand frei hatte, um sich gegen die Blutsauger zu wehren, ließ sich sofort ein neues Dutzend darauf nieder. Während der nächsten Pause klatschte er sich eine dicke Schicht Morast ins Gesicht. Der kühlte die Stiche und bildete eine schützende Kruste.

Es dauerte Stunden, bis sie sich dem Rudel auf Schussweite genähert hatten. Jeden Felsblock, jeden Eishügel nutzten sie als Deckung. Sie waren längst bis auf die Haut durchnässt. Schließlich machte Mr Reid ihnen ein Zeichen, liegen zu bleiben. Er hob nur den Kopf, schob die Flinte über einen dicken Stein und zielte lange und sorgfältig. Die Jungen taten es ihm nach. Auch sie hatten doppelläufige Gewehre. Matthi suchte sich einen kräftigen Bock mit dicker heller Halskrause aus. Sobald der Schuss aus Mr Reids Flinte ertönte, bewegte er den Finger am Abzug.

Die Herde hob die Köpfe, witterte und blieb ein paar Augenblicke verwundert stehen. Das gab den drei Jägern Gelegenheit, den zweiten Schuss anzubringen. Erst jetzt rannten die Tiere in wilder Flucht davon. Das Trappeln der Füße auf dem Boden donnerte wie ein Wasserfall. Die drei sprangen in die Höhe und liefen zu ihrer Beute. Vier Karibus lagen am Boden. Zwei Kugeln hatten nicht getroffen.

Mr Reid hielt Jacko und Old Neptun noch immer an kurzer Leine. Die zwei heulten und bellten jetzt wie wahnsinnig, als sie das Blut rochen. Die Jungen hoben nach Mr Reids Anweisungen zwei Karibus so an, dass die Hunde das Blut aus den Einschusslöchern trinken konnten. Sie wären wohl sonst nicht zu bewegen gewesen, mit zurückzugehen und den beladenen Schlitten zu holen. Die drei folgten ihren eigenen Spuren und sahen den Schlitten nach überraschend kurzer Zeit. Um diese kleine Strecke zurückzulegen, hatten sie Stunden gebraucht? Aber es hatte sich gelohnt. Jetzt besaßen sie frisches Fleisch! Mehr, als sie seit Jahren gehabt hatten!

Der Eismeister und Matthi zerlegten die Tiere, Chris schöpfte Schmelzwasser aus den Pfützen und erhitzte es im Kocher. Er stellte sich vor, wie sie Stunde um Stunde essen würden, immer neue Portionen. Doch er wusste, dass Mr Reid das nicht zulassen würde. In allen Arktis-Berichten wurde davor gewarnt, nach einer Fastenzeit maßlos zu sein. Man wurde bloß krank davon.

Mr Reid legte Herzen und Lebern und Mägen neben den Topf. Er hatte die Ärmel bis über die Ellbogen hochgeschoben. Die tätowierte Seejungfrau auf seinem Unterarm sah ziemlich verhungert aus und bewegte sich kaum.

»Aber – aber das eignet sich nicht zum Kochen«, sagte Chris. »Das ist Tierfutter.«

»Es eignet sich hervorragend. Und zwar nicht nur zum Kochen, sondern zum roh essen.« Mr Reid schnitt ein dickes Stück von der Leber ab und steckte es sich in den Mund. »Weißt du etwa nicht mehr, was du uns vorgetragen hast? Wie John Franklin und seine Begleiter den Mageninhalt und die Innereien roh verschlungen haben? Wahrscheinlich hat ihnen das das Leben gerettet. Und die Jäger auf Baffin-Land schwören auch auf rohes Fleisch. Da, schau dir deinen Freund an. Der hat das sofort eingesehen.«

Chris sah zu Matthi hinüber. Der zog gerade das Fell von den toten Tieren und kaute eifrig dabei. Seine Lippen waren blutverschmiert. Old Neptun und Jacko verschlangen die Gedärme. Chris zögerte. Der Bauch tat ihm weh vor Hunger. Aber das Zeug sah so roh und abstoßend aus. Allerdings waren die Reste von altem Pökelfleisch noch viel Ekel erregender und die aß er doch, wenn auch mit Widerwillen. Das Beste war eigentlich Pemmikan. Den konnte man jeden Tag essen und kriegte ihn nie leid. Aber auch der ging jetzt zu Ende.

»Na los, Junge. Ich hab gesehen, dass dein Zahnfleisch blutet. Also tu etwas dagegen. Oder willst du ohne Zähne nach England zurückkommen?«

Chris gab sich einen Ruck. Sein Zahnfleisch blutete tatsächlich. Den ganzen Tag hatte er den unangenehmen, süßlichen Geschmack im Mund. Das war das erste Anzeichen von Skorbut. Man aß ja schließlich auch Austern roh. Warum dann nicht Leber? Sie war noch warm und dampfte leicht in der Kälte.

Er schnitt ein kleines Stück ab und schob es in den Mund. Der Geschmack war überwältigend. Rein und zart und frisch. Kein Salz, kein Metall, nichts Fauliges. Er nahm noch ein Stück. Es schmeckte nach Gesundheit. Nach Leben. Nahrhaft. Köstlich.

Auf einmal begriff er, warum die Hunde eben so geheult hatten. Zum ersten Mal verstand er die Gier nach Blut. Er stopfte sich ein dickes Stück in den Mund und kaute mit geschlossenen Augen.
»Schmeckt toll!«, sagte er undeutlich.
»Na, siehst du. Das gibt Kraft, das wirst du schon merken. Iss sie ruhig auf, wir haben genug. Und gleich kommt eine Delikatesse, die noch nahrhafter ist.«
Nachdem alle Felle abgezogen und die Tiere zerteilt waren, löste Mr Reid die Röhrenknochen der Beine und die Rückenwirbel aus dem Fleisch. Er machte den Jungen vor, wie man das Mark aus den Knochen saugt. Es fühlte sich lauwarm und weich im Mund an und schmeckte eigentlich nach gar nichts. Man musste sich jedenfalls nicht ekeln.
»Das ist die reinste Kraftnahrung.« Mr Reid legte einen leer gesaugten Knochen zu den anderen. »Die wahre Essenz des Tieres. Morgen sind wir alle so schnell und ausdauernd wie Karibus. Ich wette mit euch um einen gefüllten Karibumagen, dass wir die Herde wieder finden und noch einmal Beute machen.«
Sie tranken jeder eine Schale mit der Fleischbrühe aus dem Kochtopf. Dann schnitten Mr Reid und Matthi das Fleisch der gehäuteten Karibus in lange Streifen, während Chris das Zelt aufbaute und weiterkochte. Er untersuchte die Mägen, die Mr Reid ihm eben gebracht hatte. Man musste die Sache nüchtern sehen, sagte er sich. Franklin und seine Leute hatten damals Flechten von den Steinen gekratzt, also waren sie essbar. Die Suppe daraus hatte ihnen die Haut im Mund zerfetzt, also war es besser, Flechten und Moos aus einem Karibumagen zu nehmen, wo sie schon vorverdaut und zersetzt waren.
Chris kippte den grünlichen Brei aus den Mägen zu den zerteil-

ten Herzen in den Topf. Er roch säuerlich, ein bisschen wie das eingelegte Kraut, das angeblich ein sicheres Mittel gegen Skorbut war. Und die Suppe schmeckte tatsächlich gut. Alle drei hatten das Gefühl, dass sie sich schon kräftiger fühlten.

Da die Sonne wieder Tag und Nacht am Himmel stand, konnten sie so lange weiterarbeiten, bis alles Fleisch zum Trocknen auf Schnüren hing, die sie zwischen der Zeltspitze und einem Felsblock gespannt hatten. Inzwischen stand fest, dass sie die ungewohnte Nahrung gut vertragen hatten. Also schabten sie das Fett von den Karibuhäuten, erhitzten es kurz und wälzten das Hirn darin. Es war so weich wie Leber und Mark und auch mit blutendem Zahnfleisch problemlos zu essen.

Anschließend hackten sie eine tiefe Grube in einen Eishügel, schlugen die Fleischreste in drei Karibuhäute ein, stopften sie in die Grube und füllten Schnee darüber, den sie feststampften. Dann aßen sie die Reste der grünen Suppe und Mr Reid übernahm die erste Wache, denn er befürchtete, dass der Geruch des Fleisches Bären anlocken könnte. Die Jungen waren so müde, dass nicht einmal dieser Gedanke sie vom Schlafen abhielt. Sie waren satt wie seit Monaten nicht mehr.

Am nächsten Morgen packten sie die angetrockneten Fleischstreifen in die vierte Karibuhaut, gruben auch für sie eine Höhle ins Eis und wälzten Steinbrocken darüber. Dann folgten sie den Spuren der Karibuherde. Sie hielten sich nicht damit auf, Nahrung zuzubereiten, tranken einfach das Schmelzwasser aus den Pfützen und aßen die Reste der rohen Lebern.

Einmal, als Matthi sich bückte, sah er ein rotes Leuchten unter dem Schnee. Einen Augenblick lang erschrak er. Chris hatte ihm sehr plastisch beschrieben, wie sich die beginnende Schneeblindheit angefühlt hatte. Aber dieser rote Fleck breitete sich nicht aus, sondern beschränkte sich auf eine Stelle. Und es war auch Grün daneben.

Er ging in die Hocke, schob die Schneebrille herunter, schirmte die Augen mit der Hand ab und tastete mit der anderen nach dem Farbklecks. Er fasste in Morast und dann in etwas Feuchtes, Weiches. Er ging auf die Knie und bückte den Kopf bis fast auf den Boden.

Unter einer überhängenden Schneewächte wölbte sich ein grünes Moospolster, durchsetzt von Steinen. Und darin stand ein dichtes Büschel leuchtend roter Blumen, die ihre Kelche der Sonne entgegenreckten. Matthi spürte, wie sich sein Mund zu einem breiten Lächeln verzog, während gleichzeitig seine Kehle eng wurde. Noch nie hatte der Anblick von Blumen eine derartige Rührung in ihm ausgelöst. Die ersten Blumen seit drei Jahren!

Damals, nach der Abfahrt von der Beechey-Insel, da hatten sie von Ferne auf den Inselchen im Lancaster-Sund die bunten Tupfen von Blüten gesehen. Aber die hier waren mit den Händen zu greifen. Sie waren ein Zeichen dafür, dass die Überlebenden von *Terror* und *Erebus* in den Kreis der Jahreszeiten zurückgekehrt waren. Sie waren dem ewigen Eis entronnen.

Mr Reid und Chris blieben stehen, als sie merkten, dass Matthi nicht mehr hinter ihnen ging. Er machte ihnen mit heftigem Winken klar, dass sie zurückkommen müssten. Seine Kehle war wie zugeschnürt, er brachte keinen Ton heraus. Stumm wies er auf das Blumenbüschel. Es beruhigte ihn, dass die beiden genauso ergriffen waren wie er.

»Bei allen Heiligen, da möchte man auf die Knie fallen und be-

ten«, sagte Mr Reid nach einer langen Pause. »Roter Steinbrech im Schnee. Gott hat die Natur wahrlich wunderbar erschaffen.«
»Er will uns bestimmt ein Zeichen geben.« Chris berührte die Blüten vorsichtig mit dem Zeigefinger. »Sie fühlen sich so zart an wie Mutters Tuch. Und sie haben fast dieselbe Farbe.«
Matthi streckte die Hand aus und pflückte den langen schmalen Stängel eines Krautes, das neben einem Schneewassergraben wuchs. Er schob ihn zwischen die Lippen und kaute. Tatsächlich! Sauerampfer! Sie folgten dem Graben und pflückten jede Pflanze, die sie fanden. Es waren mehrere Hände voll.
»Wir essen sie auf«, entschied Mr Reid. »Ich weiß nicht, ob sie sich bis zur *Erebus*-Bucht halten, und es ist ohnehin nicht genug für alle. Aber jetzt wissen wir, dass der Frühling doch noch gekommen ist. Nun werden die Rinnen aufbrechen und wir können Robben jagen.«

Am Abend des nächsten Tages holten sie die Karibuherde ein. Diesmal schossen sie nur drei Tiere. Aber mit dem Vorrat, den sie unter den Steinhaufen versteckt hatten, würden sie die Männer in der *Erebus*-Bucht zunächst versorgen können. Mr Reid plante schon einen neuen Jagdausflug mit einer großen Gruppe. Sie aßen die rohen Innereien und machten ihre Beute für den Rücktransport fertig. Sie fühlten sich fast wieder so kräftig wie auf den Schiffen. Ihr Zahnfleischbluten ließ nach, die dauernde Müdigkeit war verflogen.
Als sie am nächsten Morgen den Schlitten bepackten, wuchsen graue Schleier von der Erde empor wie Rauchfahnen und verdichteten sich innerhalb weniger Minuten. Schwerer Nebel verbarg ihnen den Weg. Eine Zeit lang tasteten sie sich mühsam an

ihrer Spur entlang, aber dann strudelte der Nebel hoch bis zu ihren Knien und sie konnten die parallelen Rillen des Schlittens nicht mehr erkennen. Sie schlugen das Zelt wieder auf und verkrochen sich in ihre Schlafsäcke. Die Hunde lagen zwischen ihnen und bildeten eine zusätzliche Wärmequelle.

»Kein Grund zur Sorge«, beruhigte Mr Reid die Jungen. »In so einer Situation darf man nicht den Fehler machen, auf alle Fälle den Weg finden zu wollen. Wenn die Sicht so schlecht ist wie jetzt, darf man sich nicht vom Fleck rühren, denn man würde sich garantiert verlaufen. Aber man muss immer die guten Seiten sehen. Hier sitzen wir mit mehr Vorräten, als wir aufessen können, selbst wenn der Nebel zehn Tage dauert.«

»Zehn Tage? Aber dann können wir nicht mehr kochen.« Chris schüttelte den Kanister, aus dem nur noch ein schwaches Schwappen erklang. »Unser Spiritus ist fast aufgebraucht.«

»Was soll's? Es gibt Schlimmeres. Hab ich euch mal die Geschichte von meinem alten Freund Jörn erzählt? War ein Norweger, aber ein feiner Kerl.« Mr Reid legte sich gemütlich in seinem Schlafsack zurecht und benutzte Old Neptun als Kopfkissen. »Vor ein paar Jahren war er auf einem Walfänger vor Baffin-Land unterwegs. Sie ankern vor einer Bucht und Jörn fährt mit zwei Kumpeln an Land, weil er weiß, da gibt's eine Brutkolonie mit hunderten von Eiderenten. Sie nehmen nur ein paar Eimer für die Eier mit und Säcke für die Eiderdaunen und finden auch tatsächlich die Kolonie, wenn auch erst nach einigem Suchen. Sie fangen also an zu sammeln, doch in der Zwischenzeit schiebt die Meeresströmung ein breites Treibeisfeld zwischen Schiff und Bucht und drückt das Schiff immer weiter aufs Meer. Aber das merken sie gar nicht, denn gleichzeitig kommt Nebel auf, und zwar so dicht, dass sie Stunden brauchen, um den Weg zur Bucht zu finden. Inzwischen konnte man die Hand vor den Augen nicht mehr sehen und es blieb ihnen nichts anderes übrig, als das Boot umzudrehen und sich drunterzuhocken, in die Säcke gewickelt. Neun Tage haben sie so gesessen und haben nichts gehabt als die rohen Eier, die sie gesammelt hatten. Und als sich am zehnten Tag der Nebel hebt, da ist das Schiff verschwunden. Da haben sie Eiderenten gefangen, so viel sie kriegen konnten, und Schnee in die Eimer gefüllt, und sind mit ihrem Ruderboot an der Küste entlanggefahren, immer durchs Treibeis, bis zur nächsten Siedlung. Drei Wochen haben sie gebraucht und mehr wie Skelette ausgesehen als wie Menschen, denn sie hatten ja bloß das rohe Fleisch der Eiderenten. Aber sie haben's geschafft. Und wir schaffen's auch. So ein bisschen Nebel haut uns nicht um.«

»Aber was machen Dr. Stanley und die anderen jetzt?«, fragte Matthi bedrückt. »Die haben bestimmt keine Karibus gejagt.«

Mr Reids Gesicht verdüsterte sich. »Wir wollen hoffen, dass sie genug Vögel geschossen haben. Vielleicht sind die Schwärme, die wir gesehen haben, an der Küste niedergegangen.«

Fast zwei Wochen lang hielt der Nebel sie fest. Sie sparten das letzte Benzin für eine warme Suppe pro Tag auf und aßen das Fleisch halb gekocht oder roh. Sie hatten sich nach dem üppigen Essen der Jagdtage wieder auf halbe Ration gesetzt, um den Wartenden in der *Erebus*-Bucht möglichst viel mitbringen zu können. Trotzdem fühlten sie sich gut, das Zahnfleisch fing nicht wieder an zu bluten und die wackelnden Zähne festigten sich.

In diesen Tagen verriet ihnen Mr Reid seine Absicht, zurück zum Point Victory zu gehen und von dort auf die *Erebus*. Am Anfang waren die Jungen fassungslos. Noch eine Überwinterung? Diesmal die vierte!

Aber bald sahen sie seine Argumente ein. Captain Crozier und seine Gruppe waren schon so lange unterwegs, dass es ausgeschlossen war, sie einzuholen. Der Juli näherte sich mittlerweile dem Ende. Sie würden vor Anbruch des Winters nie bis ins Mündungsgebiet des Großen-Fisch-Flusses kommen, wo es vielleicht Wild gab, und schon gar nicht die vielen hundert Meilen den Fluss hinauf bis zum Großen-Sklaven-See oder an der Küste entlang.

In Point Victory lagerte noch Proviant, auf den Schiffen ebenfalls, und dort wären sie geschützt vor Eis und Kälte wie nirgendwo sonst. Es bestand sogar die Möglichkeit, dass im Mai Rinnen aufbrechen und die Schiffe mit der Strömung in bewohnte Gebiete driften würden.

»Das Abenteuer geht weiter«, sagte Chris. Aber er klang nicht mehr so begeistert wie früher.

Kapitel 16

Als sie sich dem Lager in der *Erebus*-Bucht näherten, stieß Matthi einen gellenden Pfiff aus. Früher war das seine Aufforderung an Leo und Bello gewesen, die Herde zusammenzutreiben. Vor drei Jahren! Es kam ihm vor, als ob es in einem anderen Leben gewesen wäre. Old Neptun und Jacko jaulten. Der Pfiff war zu schrill für ihre empfindlichen Ohren.

»Wir haben Fleisch!«, schrie Chris so laut er konnte.

Matthi pfiff noch einmal. Mr Reid hob beide Hände vor den Mund und stieß einen Heulton aus. Es klang wie ein Nebelhorn. Aber bei den Zelten rührte sich nichts. Niemand kam ihnen entgegen, nicht einmal ein Kopf erschien in einem der Eingänge. Die drei sahen sich an. Auf einmal war ihre Freude über die Rückkehr und der Stolz auf die Beute verflogen.

»Ob sie etwa alle krank sind?«, fragte Matthi beklommen. »So krank, dass sie sich nicht rühren können?«

Sie gingen langsam näher. Die Hunde hoben die Schnauzen und witterten.

Auf einmal stieß Old Neptun ein Winseln aus – ein Winseln, wie Matthi es noch nie gehört hatte. Das Fell auf Jackos Rücken sträubte sich. Beide Hunde blieben stehen. Die Jungen, die sich ebenfalls an den Schlitten geschirrt hatten, versuchten die Tiere mitzuziehen, aber die stemmten ihre Pfoten in den Schnee und waren nicht weiterzubringen.

»Auf! Auf!«, befahl Matthi.
Aber die Hunde rührten sich nicht. Sie knurrten sogar leise, als Matthi und Chris an ihrem Geschirr zerrten. Auch das hatten sie noch nie getan.
»Was ist denn los mit euch?« Matthi hockte sich vor die zwei.
»Lasst sie nur«, sagte Mr Reid zu seinem Erstaunen, obwohl er ihnen früher beigebracht hatte, dass Schlittenhunde jedem Kommando folgen müssten. »Zwingt sie nicht. Irgendetwas stimmt hier nicht.«
Er ließ seine Blicke über den Lagerplatz am Ufer wandern. Die Jungen richteten sich auf, behielten aber die Hunde im Auge. Es war das erste Mal, dass die zwei ihnen nicht gehorcht hatten.
»Seht nur!« Mr Reid wies mit ausgestrecktem Arm auf das Eis. »Sie haben ein Boot hinausgezogen. Und es zeigt mit der Spitze nicht mehr nach Süden, sondern nach Point Victory.«
Die Jungen traten neben ihn.
»Soll das etwa heißen, dass sie ohne uns zurückwollten?«, fragte Chris entgeistert.
»Bist du verrückt geworden? Das Boot ist doch noch da.« Doch Matthi hörte selbst, dass seine Stimme unsicher klang.
»Aber das zweite nicht! Vielleicht sind sie schon weg und haben uns das eine dagelassen.«
»Du spinnst ja!« Matthi versuchte seine wachsende Angst forsch zu übertönen. »Sie wissen doch, dass wir das schwere Ding unmöglich alleine ziehen können.«
Mr Reid ging ein Stück zur Seite, um einen anderen Blickwinkel zu haben. Er schob die Schneebrille von den Augen, die nur einen schmalen Ausschnitt in der Größe des Sehschlitzes zuließ.
»Da ist das zweite Boot! Hinter den Zelten.« Man hörte seiner

Stimme die Erleichterung an. »Und da sitzt jemand im Heck.« Er winkte mit beiden Armen. »He, Jungs! Wir sind zurück! Wir haben Fleisch! Von fünf Karibus!«

Es kam keine Antwort. Mr Reid legte beide Hände wie ein Fernrohr vor die Augen und kniff die Lider zusammen.

»Sieht fast aus, als ob er schläft«, murmelte er. »He, was ist das? Er trägt Captain Fitzjames' Mütze. Und er hat zwei Flinten neben sich. Ich sehe die Läufe überm Bootsrand.«

Er drehte sich zu den Jungen um. »Ihr bleibt mit den Hunden hier. Ich geh mir die Sache mal anschauen.«

Er machte ein paar Schritte auf den Lagerplatz zu, blieb plötzlich stehen, nahm seine Büchse von der Schulter und lud sie. Dann ging er weiter, aber nicht geradewegs auf die Zelte zu, sondern in einem weiten Bogen. Die Jungen sahen sich beklommen an. Was hatte das zu bedeuten? Ob Mr Reid etwa einen Angriff befürchtete?

»Ob wir nicht besser hinterhergehen?«, flüsterte Chris.

Matthi schüttelte den Kopf. »Er hat gesagt, wir sollen hier bleiben. Außerdem kriegen wir die Hunde nicht weiter. Sie haben Angst, das ist klar. Sieh mal, sie zittern richtig. Wenn wir sie allein lassen, laufen sie am Ende weg. Aber das Fleisch und die Hunde sind jetzt das Wichtigste, was wir haben.«

Chris starrte ihn an. »Wichtiger als Dr. Stanley und Mr Wall und Tommy Hartnell und alle anderen? Ich glaube, *du* bist verrückt geworden. Nicht ich!«

Matthi hob die Schultern. »Irgendwas ist hier verflixt unheimlich. Selbst wenn sie krank sind, könnte doch wenigstens einer rausgucken. Ich glaub, ich würd auf allen vieren kriechen, wenn ich jemand was von Fleisch rufen hörte.«

»Wenn wir wenigstens etwas sehen könnten!«, jammerte Chris. »Vielleicht braucht Mr Reid Hilfe.«
Matthi zog sein Geschirr über den Kopf und drückte es Chris in die Hände. »Du hast Recht. Ich geh ihm nach. Du wirst auch allein mit den Hunden fertig. Wirf dich auf den Boden, wenn sie abhauen wollen, das bremst sie.«
Er lud sein Gewehr und ging zu der Stelle, wo der Eismeister eben gestanden hatte. Jetzt erkannte auch er die Gestalt im Heck des Bootes. Mr Reid näherte sich ihr von hinten, das Gewehr im Anschlag. Aber die Gestalt rührte sich nicht, obwohl man das Knirschen der Schritte im Schnee deutlich hörte.
»Was siehst du?«, rief Chris leise.
»Er ist ganz dicht hinter ihm. Jetzt spricht er ihn an. Komisch, der rührt sich gar nicht. Jetzt stützt Mr Reid sich auf den Bootsrand. Mit beiden Händen.«
»Aber das Gewehr?«
»Das hat er fallen lassen. Oh Gott – oh mein Gott!«
»Was ist?«, quietschte Chris.
Matthi drehte ihm sein entsetztes Gesicht zu. »Er ist auf die Knie gefallen. Er übergibt sich.«
»Er ist auf die Knie gefallen? Und übergibt sich?«, wiederholte Chris fassungslos. »Soll das heißen – glaubst du etwa, er wird auch krank? Bei den anderen hat es auch so angefangen.«
»Aber das kann nicht sein! Er war eben noch gesund.«
»Das war Leutnant Irving auch. Er hat noch die Botschaft geholt und dann war er tot.« Chris liefen auf einmal die Tränen übers Gesicht. »Wenn Mr Reid stirbt, Matthi, dann sterben wir auch.«
»Hör auf damit! Hör auf, sag ich dir!« Matthi ballte die Fäuste. »Es sind nicht alle gestorben an der Krankheit, das weißt du genau.

Und hier sind noch genug am Leben. Mr Reid sagt, man muss nur wollen, dann schafft man es auch.«

Chris versuchte seine Tränen zu unterdrücken, aber er konnte es nicht. »Und warum liegt er dann auf dem Boden und übergibt sich?«, schluchzte er.

»Das werd ich jetzt feststellen. Pass bloß auf die Hunde auf! Und bleib auf alle Fälle hier!«

Matthi ging mit langen Schritten geradewegs auf das Boot zu, ohne den Umweg, den Mr Reid gemacht hatte. Er missachtete einen Befehl, das war ihm klar. Aber es gab Situationen, da war Gehorsam nicht das Wichtigste. Mr Reid hörte ihn kommen und drehte den Kopf.

»Bleib weg!«, ächzte er. »Sieh's dir nicht an!«

Doch Matthi stand schon neben ihm und zog die Schneebrille herunter. Sein erster Blick ging zu dem Mann auf der kurzen Bank im Heck. Er erkannte ihn nicht, denn der Kopf war ihm auf die Brust gesunken und die Kapitänsmütze über sein Gesicht gerutscht. Er schien mehrere Jacken und Mäntel übereinander zu tragen, auch doppelte Handschuhe und zwei Schals um den Hals. Er schlief nicht, er war tot, das wusste Matthi auf einmal. Er kannte den Geruch.

Seine Blicke glitten weiter durch das Boot. Es dauerte nur Sekunden und doch konnte er sich später an jeden einzelnen Gegenstand erinnern, als ob sich der Anblick in sein Gedächtnis eingebrannt hätte. Nie, nie in seinem Leben würde er dieses Bild loswerden.

Rechts und links von dem warm verpackten Toten lagen in Griffweite zwei doppelläufige Flinten, mit den Kolben auf der Bank, die Läufe über den Bootsrand gerichtet, zu seinen Füßen, säuberlich nebeneinander aufgeschichtet, ein Beutel mit Munition, ein Stapel Jacken und Mäntel, fünf goldene Uhren, ein kleiner Berg aus silbernen Messern, Gabeln und Löffeln, ein großer Berg aus Schokoladentafeln. Dann folgte ein Durcheinander von Sägen, Feilen, Nägeln, Taschenmessern, Haarbürsten, Kämmen, Handtüchern, Seifenstücken, Rollen von Bleifolie, mittendrin ein Berg aus mindestens einem Dutzend Stiefeln, daneben Pantoffeln und Bücher. Der goldene Titel *Der Vikar von Wakefield* blitzte in der Sonne und das Kreuz auf dem Einband einer Bibel. All diese Gegenstände waren unter den drei mittleren Bänken verstreut.

In der Spitze des Bootes aber lag zusammengekrümmt eine nackte menschliche Gestalt, von dem kleinen Sitz im Bug halb verdeckt. Matthi starrte sie an. Wie konnte ein Mann sich auf diesem kleinen Raum zusammenrollen? Und warum war er nackt? Und wieso konnte man seinen Kopf nicht sehen?

Erst nach mehreren Sekunden begriff er, dass die Gestalt gar nicht zusammengekrümmt war, sondern dass man Arme und Beine vom Rumpf abgetrennt und an Knien und Ellbogen nochmals zerteilt hatte. Über einen Unterschenkel lief ein langer Schnitt, die Wundränder klafften auseinander und zeigten, dass der Knochen fehlte.

Der Knochen? Im Knochen saß das Mark. Was hatte Mr Reid gesagt? Das ist die reinste Kraftnahrung.

Matthi merkte auf einmal, dass er am ganzen Leib zitterte. Seine Zähne schlugen aufeinander. Vor seinen Augen tanzten bunte Punkte. Ein dumpfes Geräusch dröhnte in seinem Kopf. Es war dasselbe Gefühl wie damals im Themse-Tunnel, als Vater ermordet worden war. Er klammerte sich am Bootsrand fest und schloss die Augen. Wenn er nur diesen grässlichen Anblick nicht mehr sehen musste!

Er erinnerte sich plötzlich an Dr. Stanleys Hände, die mit langen, sicheren Schnitten den Körper von John Hartnell geöffnet hatten. Damals war er auch nicht ohnmächtig geworden. Im Gegenteil, er hatte die Geschicklichkeit des Arztes sehr bewundert. Aber damals hatte Dr. Stanley nach einer Erklärung für den schnellen Tod gesucht. Im Dienst der Wissenschaft, hatte er gesagt.

Matthi ließ sich mit geschlossenen Augen auf den Boden gleiten. Seit der fürchterlichen Seekrankheit in den ersten Wochen an Bord hatte er sich nicht mehr so elend gefühlt. Nicht einmal, als er die Bootsschlitten über das Eis gezerrt hatte und das Essen ihm hochgekommen war vor Anstrengung. Es war ja nicht der Anblick des zerteilten Körpers, vor dem ihm so grauste. Es war das Begreifen, was die aufgeschnittenen Glieder bedeuteten. Der Ekel trieb ihm den Schweiß auf die Stirn. Sie waren Nahrung gewesen. Menschen hatte Menschenfleisch gegessen.

Er hörte, wie Mr Reid neben ihm in die Höhe kam. Dann spürte er Schnee in seinem Gesicht und schwielige Finger, die ihm die Wangen rieben. Er schlug die Augen auf. Mr Reid stellte ihn auf die Füße, und zwar so, dass er selbst zwischen Matthi und dem Boot stand.

»Schau nicht mehr hin!«, sagte er.

Matthi nickte bloß. Aber das würde nicht helfen. Der Anblick würde ihn sein Leben lang verfolgen.

»Ich geh zu den Zelten. Ich muss wissen, was passiert ist, Matthi. Willst du mitkommen?«

Matthi schüttelte den Kopf.

»Dann geh zu Chris. Ich komme zu euch, so schnell ich kann.«

Er hat uns noch nie beim Vornamen genannt, dachte Matthi. Er hat mich auch noch nie gefragt, ob ich etwas möchte oder nicht. Oh Gott, ich fühle mich wie ein uralter Mann. Was soll ich bloß Chris sagen?

Er ging langsam zu dem Schlitten hinüber. Jeder Schritt bedeutete eine Anstrengung. Chris sah ihm entgegen. Auf seinem Gesicht mischten sich Angst und Erwartung. Matthi öffnete den Mund und konnte sich gerade noch zur Seite drehen. Ihre letzte Mahlzeit hatte aus rohem Karibufleisch bestanden und die kam jetzt in einem einzigen Schwall heraus.

Chris schluchzte auf. »Oh, nein, Matthi! Bitte nicht! Nicht du auch noch!«

»Es ist nicht die Krankheit.« Matthi würgte. »Es ist – ich kann's nicht sagen, Chris. Ich kann einfach nicht. Denk an Michel. An den Indianer vom Kupferminen-Fluss.«

Chris krauste die Stirn. Dann dämmerte Verstehen in seinen Augen auf. Er keuchte vor Entsetzen. »Oh nein! Lieber Gott! Oh nein! Das – das darf nicht wahr sein!«

Er schlug die Hände vors Gesicht. Matthi setzte sich in den Schnee. Seine Beine zitterten, er konnte nicht mehr stehen. Chris hockte sich neben ihn. Sie standen erst auf, als Mr Reid langsam auf sie zukam. Er schwankte beim Gehen. Stumm sahen sie ihn an. Noch nie hatten sie einen solchen Ausdruck in seinem Gesicht gesehen. Seine Lippen bebten.

»Sie sind alle tot. Die meisten liegen zwischen den Zelten – zerlegt. In einem Topf sind noch Fleischstücke.« Er brach in Tränen aus. »Welche Qualen müssen sie ausgehalten haben, ehe sie sich dazu durchringen konnten! Die Kameraden von drei Jahren! Das war alles, was sie noch hatten. Die Leichen ihrer Kameraden!«

Die Jungen sahen ihn fassungslos an. Er hatte Mitleid mit den Tätern? Er weinte um die Kannibalen?
»Es ist nichts mehr da, kein Zwieback, keine Konserve, kein Fisch oder Vogel. Nichts. Nur noch die Schokoladentafeln im Boot. Und vielleicht wurden die verteidigt. Warum sonst setzt man sich mit zwei Gewehren an diesen Platz? 40 Pfund Schokolade! Damit hätte man noch Wochen aushalten können. Ich begreife das nicht.«
Er verbarg das Gesicht in den Händen und stöhnte. »Oh Gott, warum hast Du das zugelassen? Warum konnten wir nicht eher zurückkommen? Wir hätten sie gerettet.«
Sogar die Hunde erkannten den Jammer in seiner Stimme. Sie kamen näher und drängten ihre Köpfe gegen seine Beine. Mr Reid schien sie gar nicht zu bemerken. Die Tränen tropften durch seine Finger. Matthi spürte, dass auch ihm die Tränen aus den Augen liefen. Chris schluchzte.
»Könnt ihr euch vorstellen, was das heißt?«, fragte Mr Reid undeutlich. »Ein Tag nach dem anderen vergeht und die Jäger bleiben aus. Einer nach dem anderen stirbt. Und das Einzige, was zwischen euch und dem Verhungern steht, ist das Fleisch der Toten. Sie haben gewartet und gehofft und sind immer schwächer geworden. Und dann hatten sie nur noch zwei Möglichkeiten. Zu sterben. Oder mit Hilfe der Toten zu leben.«
Er wischte sich die Tränen von den Wangen. Dann ging er ungelenk in die Knie und faltete die Hände. »Oh Gott, sei ihrer Seele gnädig.«

Aus Christophers Tagebuch

9. August 1848

Wir sind wieder in Point Victory. Wir haben nur zwei Wochen für die Strecke gebraucht, und zwar sind wir nachts gezogen, weil es tagsüber so warm ist, dass Füße und Schlitten im Schnee versinken. James wollte nicht übers Meereis, weil das zu brüchig und gefährlich ist, also sind wir übers Küsteneis und manchmal sogar über Land gegangen.

James ist Mr Reid. Wir dürfen ihn beim Vornamen nennen, weil er sagt, Rang oder Altersunterschied oder Herkunft spielen jetzt keine Rolle mehr. Wir sind einfach drei Kameraden und wir wollen alles füreinander tun, damit wir am Leben bleiben.

Die Gruppe in der *Erebus*-Bucht ist tot. Wir drei sind auf Karibujagd gegangen, und als wir nach drei Wochen zurückkamen, waren alle gestorben. Wir haben sie nicht begraben. James sagt, wenn das Eis bricht, wird Gott ihnen ein Seemannsgrab im Meer bereiten, wenn nicht in diesem, dann im nächsten Jahr. James hat noch nie einen Sommer erlebt, der so kalt ist wie dieser. Normalerweise müsste der Schnee auf dem Land jetzt verschwunden sein, überall müsste Schmelzwasser gurgeln und der Morast müsste sich mit Moos, Flechten und Blumen überziehen. James sagt, es gibt nichts Schöneres als den arktischen Sommer. Manchmal kann man den Himmel nicht sehen vor lauter Vogelschwärmen, wenn Schwäne, Gänse und Enten zu ihren Nistplätzen fliegen. Die Karibus ziehen zu tausenden aus ihrer Winterheimat nach Norden, verfolgt von Grislibären und Wolfsherden. Die Weidensträucher werden grün und schießen in die Höhe, die Luft duftet nach Nelkenwurz, Felsenröschen

und Heidekraut und später gibt es sogar Krähenbeeren und Moltebeeren.
Vielleicht werden wir das im nächsten Jahr erleben. Wir wollen nämlich noch einmal überwintern. Erst werden wir um Point Victory herum auf Jagd gehen und so viele Vorräte anlegen wie nur möglich. Am wichtigsten ist, dass wir Robben erlegen, wegen ihrer Speckschicht. Man nennt sie Blubber und man kann mit ihr heizen und Lampen anzünden und sie notfalls auch essen, sogar roh. Damals auf der Beechey-Insel fand ich das Robbenfleisch scheußlich und ich hoffe bloß, wir müssen nie auf Blubber zurückgreifen. Aber inzwischen weiß ich, dass man eine ganze Menge aushält, auch was das Essen angeht.
James sagt, die Eskimos lieben Robbenhaut und Blubber und deshalb sind sie so gesund. Es ist bloß gut, dass er schon in Grönland und Baffin-Land auf Jagd war und sie dabei kennen gelernt hat. Ohne ihn wüssten wir überhaupt nicht, wie wir uns verhalten sollten – dass man zum Beispiel Fleisch trocknen muss, damit es nicht schlecht wird, oder es in Eis- oder Steinhöhlen aufbewahren kann.
Wir wollen jeden Tag losziehen und Vogeleier sammeln und Karibus schießen oder Vögel fangen, das kann man sogar mit den Händen, wenn sie in der Mauser sind und nicht fliegen können. James träumt davon, dass wir einen Walross-Stammplatz finden, wo die Walrösser zu hunderten liegen und sich sonnen, dann könnten wir eins schießen und hätten keine Sorgen mehr, denn sie haben über tausend Pfund Fleisch und Blubber. Aber er weiß nicht, ob es hier in der Gegend so einen Platz gibt, und im Wasser darf man sich nicht an sie rantrauen, denn sie sind sehr gefährlich und haben riesige Stoßzähne. Außerdem ha-

ben wir hier sowieso kein Boot, bloß auf der *Erebus* sind noch welche. Aber dorthin können wir erst, wenn das Eis wieder fest ist.

12. August

Heute hat James die erste Robbe geschossen. Wir durften zugucken, hinter einem Presseisrücken versteckt, damit wir lernen, wie es geht. Ich hätte nicht gedacht, dass es derartig kompliziert ist. Es hat tatsächlich Stunden gedauert.

Er hatte eine Stelle auf dem Eis entdeckt, wo die Robben sich gerne sonnen. Er hat seinen Schlafsack in die Nähe getragen, ist hineingekrochen und hat noch einen zweiten über sich drapiert, sodass er fast selber wie eine Robbe aussah. Dann hat er reglos gewartet, bis sich eine aufs Eis gehievt und in die Sonne gelegt hat.

Der Trick ist – weil sie immer nur eine halbe Minute schläft, dann ein paar Sekunden aufwacht, um sich zu überzeugen, dass alles in Ordnung ist, und dann wieder einschläft –, dass man sich immer nur in dieser halben Minute bewegen kann. James hatte unten zwei Löcher in den Schlafsack geschnitten, damit er sich mit den Füßen abstoßen konnte, und so ist er an sie rangerutscht, immer nur ein Stückchen. Wir haben Gott sei Dank auch auf unseren Schlafsäcken gesessen, sonst wären uns bestimmt verschiedene Körperteile abgefroren.

Ich fürchte, ich wäre kein guter Robbenjäger. Ich hab einfach nicht genug Geduld. Aber Matthi war ganz begeistert und will es auch versuchen. Jedenfalls haben wir jetzt unseren ersten Vorrat an Blubber und kriegen hoffentlich in den nächsten Tagen noch eine Menge dazu.

20. August

Eine Woche lang habe ich keine Zeile geschrieben, immer nur das Datum.

Heute will ich es wenigstens versuchen.

Als wir die Toten auf der Beechey-Insel begraben haben und später Sir John im Packeis – als wir gesehen haben, wie Commander Gore und seine Leute in der Wasserrinne verschwanden und wie die Kranken umfielen und starben – und als wir die Toten in der *Erebus*-Bucht gefunden haben, da habe ich immer das Gefühl gehabt: Das ist schrecklich. Noch schlimmer kann es nicht werden.

Inzwischen weiß ich, dass ich einfach keine Ahnung hatte von der Seefahrt und von Expeditionen und vom Leben überhaupt. Ich wusste nicht einmal, was Hunger ist, so wie Matthi, und dass es überhaupt ganz viele Dinge gibt, die gar nicht so wichtig sind, wie man immer glaubt. Was hab ich immer eine Wut gehabt auf Albert. Und manchmal auch auf Vater. Was hab ich mich geärgert über Mr Braine. Und ständig hab ich davon gesprochen, dass ich ein Eisbärenfell will für Mutter. Matthi hat mich nicht mal ausgelacht.

Er war der beste Freund, den man sich denken kann. Seit mehr als drei Jahren sind wir keinen Tag getrennt gewesen. Erst haben wir in den Hängematten nebeneinander gelegen und später in den Schafsäcken. Und jetzt ...

Nein, ich kann nicht.

Ich habe kein Wort über die Toten in der *Erebus*-Bucht geschrieben. Das werde ich auch nie.

Und über Matthi auch nicht.

1. September

James sagt, ich soll mich nicht so anstellen und Schicksalsschläge tragen wie ein Mann, sonst würde ich nie erwachsen. Außerdem sollte ich mehr Gottvertrauen haben und nicht so ein Schwarzseher sein, sondern auf ein gutes Ende hoffen.

Wie er nach der *Erebus*-Bucht noch von Gottvertrauen reden kann, möchte ich gerne wissen! Aber vielleicht hat er ja Recht und es ist doch noch Hoffnung möglich, zumindest was Matthi betrifft.

An dem Tag, von dem ich nie reden wollte, sind wir auf Robbenjagd gegangen.

James hat ziemlich früh eine erwischt, schon nach wenigen Stunden, und hat sie ins Lager gebracht und wir wollten eigentlich hinterher. Aber da hat Matthi eine zweite entdeckt. Er hat sich auch ziemlich dicht rangearbeitet, aber als er fast hätte schießen können, ist sie ein Stück weitergewatschelt, und später noch ein Stück. Und Matthi immer hinterher in seinem Schlafsack, mit dem zweiten überm Kopf. Es hat ewig gedauert, aber es war richtig spannend und ganz zum Schluss hat er sie tatsächlich erschossen, allerdings ziemlich nah an ihrem Atemloch, und wenn sie da hineingerutscht wäre, dann hätten wir mit leeren Händen dagestanden.

Er ist zu ihr gerannt und hat sie gerade noch an der Hinterflosse packen können und sie mit Müh und Not festgehalten, bis ich zu ihm gelaufen bin und wir sie zu zweit zurückgezogen haben. Wir haben sie neben die Schlafsäcke geschleift. Sie war rund und fett und wir waren so stolz, als ob wir ein Walross erwischt hätten.

Da ist auf einmal ein Knacken und Knirschen durchs Eis gegangen und Matthi hat mir einen Stoß gegeben und hat geschrien: »Spring!«

Ich bin einen Schritt nach vorn gestolpert und direkt unter meinen Füßen hat sich ein Riss aufgetan, in dem das Wasser hochgurgelte. Ich hab einen Satz gemacht und dabei hab ich mit dem einen Fuß das Stück Eis zurückgetreten, auf dem Matthi stand.

Als ich mich umgedreht habe, war der Riss schon fast zwei Meter breit. Und das Wasser darin strömte so schnell wie ein Wildbach. Wir haben ein paar Sekunden dagestanden und uns in die Augen gesehen. Dann hat es wieder gekracht und Matthi hat geschrien: »Es bricht weiter! Renn zum Ufer! Schnell!«

Ich bin gerannt und über die Spalten weggesprungen und das Knirschen und Reißen unter meinen Füßen hat sich grässlich angehört. Als ich endlich auf der dicken, festen Eiskruste am Ufer stand und mich umgedreht hab, war das Eis hinter mir durchzogen von einem Gitter von breiten Rinnen.

Und die Eisscholle mit Matthi trieb mit der Strömung davon. Ich glaube, er hat den Arm hochgehoben und mir zugewunken, aber das konnte ich nicht genau sehen vor Tränen.

Kapitel 17

Ein nackter Arm streckte sich ins Dunkel, die Hand tastete nach dem Glutbehälter und zündete den Docht der Blubberöl-Lampe an. Eine kleine Flamme sprang empor. Die weißen Wände begannen zu schimmern. Die Frau zog den Arm zurück und kuschelte sich tiefer in die Matratze aus schwerem Mochusochsenfell und unter die warme Karibudecke. Die nackten Gestalten neben ihr schliefen noch, bis zum Kinn eingehüllt in Felle, durch eine Unterlage aus geflochtenen Weidenzweigen vom Eis getrennt.

Der *apiqqun,* der erste Schnee im Herbst, war früh gefallen in diesem Jahr, nach einem Sommer, der so kurz und kalt gewesen war wie seit Menschengedenken nicht mehr. Schon zu Beginn des Winters hatte sich das Meereis zu einer einheitlichen Decke geschlossen und die Schneeverwehungen waren hart und fest genug, dass man dicke Blöcke herausschneiden und Häuser bauen konnte.

Die Aussichten für den Winter waren schlecht gewesen. Man hatte nicht so viele Vorräte wie sonst anlegen können. Hunger drohte. Aber da war der Eisbär erschienen, der listige, gefürchtete Jäger, der im Frühjahr den ältesten Sohn der Familie geholt hatte. Er hatte sein Fleisch als Geschenk dargeboten und einen Ersatz für den Sohn gebracht. Jetzt konnte man dem Winter entgegensehen.

Eine der Gestalten stöhnte im Schlaf und bewegte unruhig den

Kopf hin und her. Die anderen rührten sich nicht. Sie hatten sich inzwischen daran gewöhnt, dass *Kannakapfaluk,* die mächtige Geisterfrau in ihrem Schneehaus tief unten am Meeresgrund, diesem Jungen schwere Träume schickte. Sie wussten nicht, dass es immer derselbe Traum war:

Die Eisscholle schwankt auf dem Wasser, hebt und senkt sich im Atem der Gezeiten, kreiselt im Wind, treibt mit der Strömung südwärts. Da schiebt sich ein gewaltiger Kopf über den Rand der Scholle, dunkelbraun, überzogen von wulstigen Falten, in denen die kleinen, bösartigen Augen fast verschwinden, mit einem stumpfen, borstigen Maul, das größer ist als ein ganzer Seehund, und mit zwei mächtigen Stoßzähnen. Die Eisscholle gerät ins Schwanken vom Gewicht des Kopfes. Ein dumpfes Grunzen ertönt.

Der Junge stöhnte lauter und bewegte sich krampfhaft, als ob er sich fortschieben wollte. Da legten sich zwei Hände um seine Schultern und rüttelten ihn sanft. Er fuhr in die Höhe und blickte mit aufgerissenen Augen um sich. Dann seufzte er und ließ sich wieder zurückfallen. Das Mädchen neben ihm stieß leise, besänftigende Töne aus. Er drehte sich auf die Seite und sah sie an. Im Licht der Flamme schimmerten ihre Zähne, als sie ihn anlächelte. Er lächelte zurück.

Sie schlug ihre Felldecken auseinander, rutschte von dem großen Bett, auf dem die ganze Familie lag, und tastete nach den weichen Lederschuhen, die davor standen. Sie schob die Füße hinein und ging zu dem Kleiderstapel neben dem Herd. Er hob den Kopf und sah ihr zu, wie sie in die langen Hosen stieg, die mit der Fellseite nach innen getragen wurden, ebenso wie das langärmelige Lederhemd. Alles an ihr war rund und prall, ihr Gesicht, ihre Brüste, ihre Hüften, die kräftigen Arme und Beine.

Spinnwebenmädchen hatte er sie getauft, als er sie das erste Mal gesehen hatte, denn über ihr Gesicht liefen schmale dunkle Linien, vier über die Stirn, vier über die Wangen, vier übers Kinn, mit Nase und Mund als Mittelpunkt. Inzwischen wusste er, dass auch ihre nackten Arme Tätowierungen zeigten. Und dass sie Kahina hieß, was immer das bedeutete.

Am Anfang hätte er es gerne gewusst, ebenso die Bedeutung des Namens, den sie ihm gegeben hatte: Kingalokanna. Aber inzwischen war es ihm gleichgültig. Der Name Kahina hatte einen schönen Klang und Kingalokanna passte dazu, viel besser als Matthi oder Matthew oder Evans.

Kahina zog eine zweite Pluderhose und Kapuzenjacke an – diesmal mit der Fellseite nach außen – und kniehohe Fellstiefel. Jetzt war nur noch ihr lustiges, stupsnasiges Gesicht zu sehen. Sie bückte sich zur Gangöffnung gegenüber dem Familienbett und kroch durch den langen Eingangstunnel nach draußen. Auch ihre Mutter kleidete sich nun an und warf klein geschnittene Robbenspeckstücke in den rechteckigen Kochtopf, der an Sehnenschnüren über der Lampe hing. Die Flamme hatte sich inzwischen längs des Dochtes und auf dem Blubberöl in der Lampe ausgebreitet und erleuchtete den runden Raum. Die Eiswände glänzten wie poliert.

Das Wasser im Topf begann zu sieden. Es duftete nach Fett und Fleisch. Der Süßwassereisblock im Dach, der als Fenster diente, verfärbte sich und zeigte ein helles Grau. Bald würde die Sonne aufgehen.

Matthi seufzte vor Behagen. Als die Scholle ihn von dem Lager am Point Victory weggetragen hatte, hatte er nicht einmal gewusst, dass es Schneehäuser gab. Und auch wenn er es gewusst hätte, so wäre ihm nie der Gedanke gekommen, dass er selbst einmal in einem wohnen würde.

Eine Zeit lang hatte er damals reglos dagestanden, mit erhobenem Arm, und hatte Chris' Gestalt immer kleiner werden sehen. Er hielt den Arm immer noch hoch, als er Chris schon nicht mehr erkennen konnte. Nichts in seinem Leben hatte ihn jemals in einen derartigen Zustand von Schock, ja Betäubung versetzt wie das Abdriften seiner Scholle. Nicht Vaters Tod im Tunnel, nicht das Verschwinden von Commander Gore und seinen Leuten im brechenden Küsteneis, nicht einmal der Anblick des Toten in der *Erebus*-Bucht. Zum ersten Mal hatte das Schicksal nicht die anderen ergriffen, sondern ganz allein ihn, Matthew Evans, Schiffsjunge, 17 Jahre.

Er ließ langsam den Arm sinken und sah sich um. Die Eisfläche war durchzogen von schmalen Spalten. Die Rinne, in der seine Scholle trieb, war entschieden die breiteste. Das Wasser floss eilig dahin und leuchtete dunkelblau. Darauf hatten sie jetzt seit mehr als zwei Jahren gewartet: Dass das Eis aufbrach und dass sie mit den Schiffen oder wenigstens mit den Booten weiterfahren könnten. Und ausgerechnet in einem Augenblick, wo weder Schiff noch Boot in der Nähe war, hatte sich ihr sehnlichster Wunsch erfüllt.

»Es ist nur eine Rinne im Eis«, sagte er laut. »Irgendwann wird sie enger, die Scholle wird stecken bleiben und ich werde zurücklaufen.«

Aber die Rinne wurde nicht enger, im Gegenteil, sie verbreiterte sich. Bald konnte Matthi die flache Küstenlinie von König-William-Land nicht mehr von den Presseisrücken unterscheiden. Und die Scholle bewegte sich langsam, aber stetig weiter. Die Sonne

brannte. In einer kleinen Mulde bildete sich Schmelzwasser. Matthi legte sich auf den Bauch und trank.
Dann wickelte er seinen Schal so um den Kopf, dass Gesicht und Augen vor der Sonne geschützt waren, und drehte eine Runde um die Scholle. Sie hatte die Form eines ziemlich schiefen Dreiecks, an der kürzesten Seite acht, an der längsten zwanzig Schritte lang. Sie schien dick und stabil zu sein, denn sie sank nicht tiefer, auch wenn er ganz an den Rand trat. Sie ragte fast drei Fuß aus dem Wasser, bot also einen leidlichen Schutz vor Wellen. Er setzte sich auf seine Schlafsäcke und dachte nach.
Man muss immer die guten Seiten sehen, hatte James gesagt. Also, was waren die guten Seiten an der jetzigen Lage? Er war nicht ins Wasser gefallen, sondern lebte noch. Die obere Schicht der Scholle bestand aus gefrorenem Schnee, konnte also geschmolzen und getrunken werden. Er besaß eine ganze frische Robbe, die würde bestimmt lange vorhalten. Er besaß außerdem zwei Schlafsäcke und ein Gewehr samt Munition. Die Schlafsäcke waren fast so gut wie ein Zelt und mit dem Gewehr konnte er sich gegen Eisbären und Walrösser verteidigen.
Und an die schlechten Seiten wollte er vorläufig gar nicht denken.
Er stand auf, zog sein Messer und begann die Robbe zu häuten und zu zerlegen. James hatte es ihm gestern gezeigt und es hatte nicht schwierig ausgesehen, aber wenn man es allein machen musste, war es gar nicht so einfach. Während er seine Beute ausnahm, wurde ihm erst bewusst, wie hungrig er war. Seit dem Schiffszwieback am Morgen hatte er nichts mehr gegessen, und das war viele Stunden her.
Er schnitt ein dickes Stück von der Leber ab – hielt aber inne –

und halbierte es. Er wusste schließlich nicht, wie lange er mit der Robbe auskommen musste. Und deshalb war es unbedingt nötig, einen Kühlschrank zu bauen, denn tagsüber wurde es so warm, dass das Fleisch verderben würde.

Es blieb immer noch bis weit in die Nacht hinein hell und er nutzte die Zeit, um die Robbe zu portionieren und mit seinem Messer ein tiefes Loch in den Presseisrücken auf der Scholle zu hacken. Er verstaute das Fleisch darin. Den Blubber würde er morgen vom Fell schaben, er war jetzt einfach zu müde. Er schob die Schlafsäcke ineinander, kroch hinein und legte das geladene Gewehr griffbereit daneben. Es ist gut, dass ich nicht weiß, wie oft ich so übernachten werde, dachte er beim Einschlafen.

Er brauchte einige Zeit, bis er sich an das neue Leben gewöhnte. Der tägliche Rhythmus des Jagens und Hortens war jäh unterbrochen worden. Kein Anschleichen mehr, kein Schlachten, kein Zerlegen, kein Trocknen. Es gab nichts zu tun. Manchmal überkam ihn Verzweiflung. Er trieb auf einer Scholle im Eismeer! Wartete er nicht nur auf den unausweichlichen Tod? Wäre es nicht besser, der Angst vor dem Ungewissen, dem Grauen vor der Zukunft auszuweichen und sich über den Rand gleiten zu lassen? Das eisige Wasser würde in wenigen Minuten allem ein Ende machen.

Dann dachte er an die Elendsgestalten in den Londoner Slums, ausgelaugt von Hunger, Arbeit, Dreck und Armut, an die Blutlache um den Kopf seines Vaters – und er bereute diese Gedanken. Er versuchte die große, feste Eisscholle samt Robbe, Schlafsäcken, Gewehr und Munition als Geschenk zu betrachten und anzunehmen. Er litt weder Hunger noch Durst, er hatte keine Schmerzen, er hielt sich in Form, indem er stundenlang hin und

her marschierte. Wenn er weiter so vorsichtig aß, würde die Robbe noch sehr lange vorhalten.
Nur die Einsamkeit war schlimm. Am Anfang hielt er lange Reden an Mrs Ashley und erklärte ihr, warum er kein Schutzengel mehr sein konnte. Und an James, der so viele Möglichkeiten beschrieben hatte, wie man in der Arktis überleben konnte. Und an Captain Crozier, der ihm wie der gesamten Mannschaft aufgetragen hatte alles für ein Wiedersehen zu tun. Aber am meisten sprach er mit Chris, in endlosen Wiederholungen. »Heute habe ich zum ersten Mal Blubber gegessen. Du wirst es nicht glauben, er schmeckt fast wie Walnüsse. Heute habe ich angefangen mit meinem Taschenmesser ein neues Loch ins Eis zu hacken. Es geht sehr langsam, aber ich habe ja Zeit. Ich glaube, es ist besser, den Blubber getrennt vom Fell aufzubewahren. Für die Innereien und das Fleisch habe ich auch eigene Löcher gemacht. Heute habe ich in der Rinne hinter meiner Scholle ein Walross gesehen. Ich habe mich ganz still verhalten. Selbst wenn ich es tödlich treffen würde, könnte ich es doch nicht nach oben ziehen und ich muss unbedingt Munition sparen für den Ernstfall. Ob ein Eisbär ein Ernstfall ist? Ich weiß immer noch nicht, ob er überhaupt Menschen angreift. Ich fürchte, mein Seehund wird schlecht. Er riecht ziemlich eigentümlich, ganz anders als früher.«
Im Laufe der Tage überkam ihn eine große Gleichgültigkeit. Er aß gerade noch so viel, dass er nicht verhungerte, aber trotzdem wurde die Robbe immer weniger. Er fühlte sich schwach und das Denken machte ihm Schwierigkeiten. Am Anfang hatte er noch Kerben in den Eishügel gemacht, um die Tage zählen zu können. Als er bei zehn angekommen war, hörte er auf damit. Wen inter-

essierte es schon, wie lange er auf einer Eisscholle dahingetrieben war?
In dieser Gleichgültigkeit versank auch die Begeisterung für den Auftrag der Expedition. Warum sollte man unbekannte Länder und Meere erforschen? Warum wollte man überhaupt wissen, was hinter den Mauern aus Eis verborgen war? Diese Wasserstraßen waren für Schiffe nicht befahrbar – oder höchstens ein paar Wochen in einem ungewöhnlich warmen Sommer. Und für diese Erkenntnis hatten so viele Menschen sterben müssen? Warum?
Langsam zerbröselten die Verbindungen zu seiner bisherigen Welt. Die *Erebus* bedeutete ihm nichts mehr, Sir Franklin und die Nordwest-Passage waren nur noch leere Begriffe, James verblasste zu einem Schatten. Sogar das schreckliche Bild des Toten quälte ihn immer seltener. Und schließlich riss auch der Kontakt zu Chris. Er sprach nicht mehr mit ihm. Er dachte nicht mehr an ihn. Er vergaß ihn.
Er lag in seinem Schlafsack, lutschte an einem Stückchen Blubber und beobachtete teilnahmslos, wie die Sonne von Tag zu Tag tiefer sank. Es wurde kälter. Er benutzte inzwischen den Schlafsack mit den Fußlöchern als Mantel. Er hatte das Seehundfell doppelt gefaltet und als Unterlage unter den Schlafsack gelegt, aber er wusste, dass er damit dem Winter nicht gewachsen war.
Erst der Angriff des Walrosses weckte seinen Überlebenswillen. Als der monströse Kopf mit den gewaltigen Hauern sich über den Schollenrand schob, zitterte Matthi mehrere Herzschläge lang vor Entsetzen und konnte nicht einmal das Gewehr halten. Dann wurde er auf einmal ganz ruhig. Er zielte lange und sorgfältig, während das Ungetüm sein Maul aufriss und brüllte wie ein

Geschöpf aus der Unterwelt. Er traf es direkt ins Auge. Es rutschte von der Scholle und verschwand im Wasser.
Ich will am Leben bleiben, dachte Matthi wild. Und das werde ich auch. Ich habe ein Walross getötet. Das ist ein Zeichen.
Am nächsten Tag erhoben sich Berge über dem Eis. Es waren keine Eisberge oder Teile einer Packeismauer, es waren richtige Berge, denn die Südseiten waren abgetaut und zeigten braunen Fels und in den Tälern waren sogar Flechten und Erde zu sehen.
Der Anblick wirkte wie ein elektrischer Schlag. Ob er etwa bis nach Kanada getrieben war? Aber das war nicht wichtig. Wichtig war allein, dass es hier Flechten gab. Und wo Flechten wuchsen, da waren Rentiere. Und vielleicht auch Vögel. Und vielleicht auch Küsteneis mit Robben. Er musste jedenfalls herunter von seiner Scholle, sonst würde er verhungern.
Er stopfte die stinkenden Reste des Seehunds in das Fell und dieses in den Schlafsack. Je mehr er sich dem Land näherte, desto dichter schoben sich die Schollen um ihn herum, bremsten die Fahrt seiner eigenen, kesselten ihn ein. Ob er es wagen konnte, von einer zur anderen zur Küste zu springen?
Plötzlich sah er eine Bewegung auf dem Eis. Eine Robbe? Er war noch zu weit entfernt zum Schießen. Er duckte sich hinter seinen Presseisrücken und wartete geduldig, dass die Schollen ihn näher schoben. Er kniff die Augen zusammen. Das war keine Robbe! Zwar wölbte sich der Rücken rund und der Körper lag auf dem Eis, aber diese Bewegung – da – jetzt wieder –, das war ein hochschnellender Arm.
Das war ein Mensch!
Matthis Finger zitterten mindestens ebenso stark wie beim Anblick des Walrosses. Er atmete tief und versuchte sich zu beruhi-

gen. Langsam, ganz langsam glitten die Schollen näher. Immer, wenn der Arm in die Höhe fuhr, glitzerte es silbern. Ein Fisch! Der Mensch legte ihn zu den anderen, die er schon gefangen hatte, und beugte sich wieder nach vorn. Er war in unförmige Pelzkleider gehüllt. Das musste ein Eskimo sein.

Matthi hatte auf einmal das unheimliche Gefühl, dass ihn jemand anstarrte. So stark war dieses Gefühl, dass er die menschliche Gestalt aus den Augen ließ und den Kopf zur Seite wandte. Auf einer Erhebung im Küsteneis stand ein Eisbär und sah ihn an. Seine Augen glänzten dunkel im weißen Fell. Ihre Blicke trafen sich. Matthi war wie gelähmt. Er hält mich für eine Robbe, dachte er. Er braucht bloß ein paar Sätze zu machen, dann hat er mich.

Er konnte sich nicht rühren. Aus dem Augenwinkel nahm er eine Bewegung wahr. Der Arm des Fischers fuhr wieder in die Höhe. Auch der Bär wandte den Kopf. Vielleicht hatte er den Eskimo schon länger belauert. Vielleicht war der Fischer die Beute, die er sich ausgesucht hatte. Aber Eisbären fraßen nichts lieber als Blubber. Der Bär würde den Eskimo verschmähen und sich lieber die Robbe holen.

Ich muss ihm wenigstens klarmachen, dass ich keine Robbe bin, dachte Matthi verzweifelt. Auf einmal konnte er sich wieder bewegen. Er richtete sich auf. Und während er das tat, kam ihm zu Bewusstsein, dass er das Gewehr in den Händen hielt. Der Bär reagierte auf die neue Bewegung. Er schwankte unschlüssig auf allen vieren hin und her, drehte den Kopf und sah Matthi wieder an. Die lange Schnauze war witternd vorgestreckt. Er öffnete das Maul.

Matthi war inzwischen so nah, dass er die langen Reißzähne erkennen konnte. Er hob das Gewehr und nahm sie ins Visier. Der

Schuss krachte. Das Echo rollte von den Felswänden. Möwen schossen kreischend in die Höhe.
Der Bär fiel zur Seite und rutschte von dem Eisblock herunter. Unter seinem Gewicht dröhnte die Eisdecke, aber sie hielt. Der mächtige Körper warf sich herum, versuchte auf die Beine zu kommen. Einige Augenblicke lang sah er aus wie ein riesiges weißes Knäuel. Dann streckte er sich plötzlich und blieb auf dem Rücken liegen. Das Eis färbte sich rot. Der Bär rührte sich nicht mehr.
Der Eskimo war in die Höhe gesprungen. Er rief Matthi etwas zu und fuchtelte dabei mit den Armen. Matthi hing sich das Gewehr über den Rücken und packte seinen Schlafsack. Ziemlich steifbeinig sprang er von Scholle zu Scholle. Einige waren so klein, dass er sie unter Wasser drückte und sich mit einem schnellen Satz auf die nächste retten musste. Er merkte, dass er sein Lauftraining seit vielen Tagen aufgegeben hatte. Ein paar Mal schwankte er und verlor fast das Gleichgewicht. Aber er erreichte das feste Eis, ohne zu stürzen.
Der Eskimo stand schon neben dem Bären und sah dem Fremden entgegen. Seine schmalen dunklen Augen weiteten sich vor Überraschung. Weil Matthi in dem Mantel-Schlafsack steckte, konnte man ihn aus der Ferne für einen Eskimo halten. Aber aus der Nähe waren seine fremdländischen Gesichtszüge und seine hellen Augen unübersehbar. Auch Matthi starrte den Eskimo an. Dieses runde, glatte, absolut bartlose Gesicht mit den schrägen Augen und den üppigen Lippen gehörte einem Mädchen! Über Wangen, Kinn und Stirn liefen zarte dunkle Linien wie Spinnweben.
Jetzt lächelte sie, tippte mit der Spitze eines Stiefels vorsichtig

den Kopf des Bären an, zeigte auf ihn und dann auf Matthi. Er betrachtete seine Beute. Es war ein großes, kräftiges Tier mit einem dichten Fell, das um die mächtigen Beine in langen, seidigen Fahnen herunterhing. Die kleinen schwarzen Augen hatten sich bereits mit einem weißlichen Schleier überzogen.
Das Mädchen zog ein halbmondförmiges Messer und sah Matthi fragend an.
»Das ist mein erster Bär, musst du wissen. Ich habe noch nie einen geschossen.«
Matthi lauschte dem Klang seiner Stimme nach. Wie viele Tage hatte er nicht mehr gesprochen? Er hörte sich an wie eine Krähe.
»Ich habe keine Ahnung, was man mit ihm macht. Ich wäre dir sehr dankbar, wenn du mir helfen würdest, Spinnwebenmädchen.«
Sie schüttelte ratlos den Kopf und lächelte wieder. Sie war sehr hübsch. Matthi hätte am liebsten laut gelacht. Er war an Land. Er hatte Fleisch. Er sprach mit einem Mädchen. Er lebte!
Er machte ihr mit den Händen klar, dass nicht er, sondern sie den Bären häuten sollte. Sie zeigte ihm, wie er die Tatzen lang ziehen und das Fell am Rand festhalten musste, während sie es löste und abzog. Sie arbeitete schnell und geschickt. Bald lag auf dem ausgebreiteten Fell ein riesiger roter Körper, der im Frost dampfte. Es sah aus, als ob der Bär sein Fell ausgezogen hätte wie einen Mantel. Erst dann schnitt sie den Bauch auf und holte die Innereien heraus. Mit Gesten des Abscheus zeigte sie auf die Leber. Matthi erinnerte sich an das Verbot von Captain Crozier, die giftige Bärenleber zu essen, und nickte.
Das Mädchen zerlegte das Fleisch, legte die Stücke auf das Fell und band es wie einen Sack zusammen. Sie säuberte Messer und

Hände im Schnee und richtete sich auf. Vorsichtig strich sie ihm übers Gesicht.

»Kingalokanna[*]«, sagte sie und lachte.

Gemeinsam zerrten sie die schwere Last über das Eis.

[*] Lange Nase

Kapitel 18

Matthi stapfte hinter den anderen Männern her. Er trug Hosen aus seinem Eisbärenfell, die Kahina ihm genäht hatte, und die Fellkleider ihres toten Bruders. Ihre Mutter hatte sie für ihn vergrößert, denn er überragte alle Mitglieder seiner neuen Familie um fast zwei Köpfe. Die Luft war erfüllt vom Knirschen der Stiefel im Schnee und dem Hecheln der Hunde. Am Himmel funkelten die Sterne. Nur um die Mittagszeit zeigte sich ein blasser Schimmer am Horizont. Die lange Winternacht war angebrochen.

Gestern hatten sie ein neues Dorf gebaut, für vier Familien mit insgesamt zwanzig Männern, Frauen und Kindern. Heute gingen sie zum ersten Mal in diesem Gebiet auf Jagd. Es war nun schon das vierte oder fünfte Mal, dass sie ihre Schneehäuser verlassen und in der Entfernung von einem Tagesmarsch neue gebaut hatten.

Sie blieben selten länger als eine Woche an einem Ort. Dann waren die Wände verrußt vom Öl der Lampe und der Boden vor der Schlafplattform verschmiert vom Robbenschlachten. Überall hatte sich durch den Wasserdampf und die Ausdünstungen der Körper Eis gebildet, und das isolierte nicht mehr so gut wie der feste Schnee, sodass es im Iglu merklich kühler wurde.

Außerdem zeigten sich nach einer Woche keine Robben mehr an den Atemlöchern, deshalb musste man einen neuen Jagdgrund suchen. Die Lampe, der Topf, das Trockengestell für die Kleider, die Schlaffelle, der Tisch und die Werkzeugkörbe wurden auf die Schlitten gepackt und die Hunde davorgespannt. Auch die Menschen legten sich ins Geschirr. Wenn sie eine ausreichend lange Strecke zurückgelegt hatten, prüften die Männer mit Sonden aus Karibugeweihen die Schneedriften, ob der Schnee sich zum Häuserbau eignete.

Sobald ein guter Platz gefunden war, begann die Arbeit. Mit einem *pana,* dem Schneemesser, wurden rechteckige Blöcke ausgeschnitten, und zwar aus dem Boden und dem Inneren des zukünftigen Hauses. Die Blöcke wurden spiralförmig aufwärts und einwärts aufeinander geschichtet, die Löcher dazwischen mit kleinen Klumpen Schnee zugestopft, die Fugen von außen mit weichem Schnee aufgefüllt. In einer Stunde war der Iglu fertig. Zum Schluss schnitt der Baumeister, der noch immer im Inneren des Hauses stand, dicht am Boden eine Tür in die Wand und baute einen langen Kriechtunnel an der windstillen Seite.

Matthi war der letzte in der Reihe der Jäger, die am frühen Morgen aus dem neuen Dorf aufgebrochen waren. Er genoss die Wärme, die von mehreren Fellschichten um seinen Körper gelegt wurde. Bei den Eskimos gab es keine Erfrierungen und brandigen Füße. Die Hunde schnüffelten auf dem Eis und suchten nach dem berauschenden Duft der Seehunde. Auch die Jäger untersuchten jeden kleinen Hügel. Das Atemloch einer Robbe konnte fast unsichtbar sein, aber ihr warmer, üppiger Geruch verriet sie.

Ein Jäger entdeckte schließlich eine kleine, runde Öffnung im Eis und steckte eine lange, aus einem Geweih geschnitzte Nadel hinein, die den Seehund bei der ersten Berührung verraten würde. Dann schnitt er sich einen Schneeblock zum Sitzen zurecht, stellte seine Füße auf ein Stück Fell, legte seine Harpune griffbereit und richtete sich auf eine stundenlange Wartezeit ein.

Die anderen Jäger zogen weiter und verteilten sich in allen Richtungen. Die beiden an der Spitze hielten sich nicht mit Suchen auf, sondern gingen mit stetigen Schritten nach Norden. Es war besser, ein möglichst großes Gebiet abzudecken. Matthi blieb mit Kahinas Vater zurück. Er wollte von ihm die Robbenjagd mit der Harpune lernen. Gewehr und Munition waren für das Frühjahr bestimmt, wenn es wieder Eisbären und Walrösser gab.

Sie hatten noch kein Atemloch gefunden, als Kahinas Vater den Kopf hob und nach Norden blickte. Jetzt hörte auch Matthi das Geräusch von schnellen Schritten. Die beiden Jäger der Vorhut kamen zurück. Sie rannten. Ihre Füße trommelten auf dem Eis. Atemlos blieben sie vor Matthi stehen und deuteten aufgeregt in die Richtung, aus der sie gekommen waren.

»Qablunaq!«, riefen sie. »Qablunaq!«

Matthi sah sie ungläubig an. Er glaubte zu wissen, was das Wort bedeutete. Wenn er Kahina richtig verstanden hatte, war sie eine Inuit und er war ein Qablunaq*. Dabei hatte sie zur Erklärung über seine dichten Augenbrauen und die Haare auf seiner Brust gestrichen. Er hatte sich das Wort mit Weißer oder Europäer übersetzt. Aber wieso konnten die beiden jetzt dieses Wort rufen?

Kahinas Vater machte ihm ein Zeichen, dass sie hinter den beiden hergehen sollten. Wenn er die lebenswichtige Jagd nach Robben verschob, dann musste tatsächlich etwas Ungewöhnliches vorgefallen sein. Zu viert liefen sie auf den Spuren der beiden nach Norden.

---

* Qablunaq = buschige Augenbrauen = weißer Mann

Nach einiger Zeit tauchte ein Schatten aus der diesigen Luft aus, größer als alles, was Matthi in den letzten Monaten gesehen hatte – außer den Felsen, unter denen er Kahina getroffen hatte. Aber dieser Schatten war kein Felsen und kein Eisberg. Er war von Menschen gemacht. Auf dem Eis lag der Rumpf eines Schiffes.

Die vier blieben stehen. Matthi fühlte sein Herz gegen die Rippen schlagen – und nicht wegen des Rennens. Er kannte die Silhouette, die sich schwarz gegen den sternenbestickten rauchgrauen Himmel abhob. *Erebus* oder *Terror*. Vor ihm lag eins der beiden Schiffe, die vor dreieinhalb Jahren zur Entdeckung der Nordwest-Passage aufgebrochen waren.

Die drei Eskimos blieben stehen. Matthi machte noch ein paar Schritte, aber sie folgten ihm nicht. Er drehte sich zu ihnen um. Er hatte noch nie so fröhliche Menschen gesehen wie seine neue Familie und ihre Freunde. Aber jetzt waren ihre Gesichter ernst, fast ängstlich. Sie würden hier auf ihn warten, das wusste er, aber nicht allzu lange, denn das unheimliche Gebilde auf dem Eis flößte ihnen Furcht ein und würde vielleicht ein schlechtes Omen für die Winterjagd bedeuten.

Er musterte das Schiff. Er konnte sich genau an das Aussehen des Packeises erinnern, als sie zum König-William-Land aufgebrochen waren: eine endlose Kette aus Presseisriffen. Aber jetzt war die Eisfläche um das Schiff glatt. Und vom Deck führte eine Leiter herunter. Das konnte nur eines bedeuten: Das Eis war im Sommer getaut, das Schiff war mit der Strömung nach Süden gedriftet, dann war es wieder eingefroren und irgendjemand hatte die Leiter herabgelassen. Es konnte – es musste jemand an Bord sein.

Er legte seine Harpune aufs Eis und ging langsam weiter wie von

Schnüren gezogen. Er las den Namen am Bug. *Erebus*. Er näherte sich der Leiter, legte die Hände auf die Sprossen und stieg hinauf. Das Deck sah so aus wie im April. Auf den ersten Blick konnte er keine Veränderungen feststellen. Zögernd ging er über die Planken. Die Luke zum Niedergang war geschlossen, aber nicht verriegelt. Er hob die Klappe hoch und horchte. Kein Laut drang von unten.

»Ist da jemand?«, rief er.

Seine Stimme tönte schwach durch den Schiffsleib und verklang.

»James? Chris? Ich bin's! Matthi!«

Es kam keine Antwort. Halb unbewusst, fanden seine Finger die Stelle an der Außenseite des Niedergangs, wo immer Kerzenstummel und Schwefelhölzer für die bereitgelegen hatten, die in der Dunkelheit zu den Klohäuschen am Bug mussten. Er zündete eine Kerze an und stieg nach unten.

Am Fuß der Treppe zögerte er. Die Kälte roch feucht und muffig. Der Gedanke, die Offizierskabinen zu untersuchen, kam ihm gar nicht. Er ging ins Mannschaftslogis. Es war leer.

Er hob die Hand und ließ den Kerzenschein wandern. Die Wände waren mit Eis überzogen und begannen zu schillern, als das Licht sie traf. Die Schatten wurden schwärzer und zuckten. Aber er fürchtete sich nicht. Es war ihm fast, als ob nicht er selbst hier ging, sondern eine Traumgestalt. In einem Alptraum. Gleich würde er wach werden und zwischen seinen Karibudecken im Iglu liegen.

Die Hängematten waren noch unter die Decke gezogen, die Tische hingen an ihren Seilen. Er ging zwischen ihnen hindurch auf die Kombüse zu. Unter den Wasserpumpen war ein feuchter Fleck, als ob sie kürzlich bewegt worden wären.

Er horchte. Nichts.
Es war so still, dass er seinen eigenen Atem hörte. Er betrat die Kombüse. Mit dem Rücken zur Tür stand ein Lehnsessel, der einzige an Bord. Er hatte früher zum Mobiliar der Kapitänskajüte gehört. Er war so vor den großen Herd gerückt, dass der Rand der Herdplatte wie ein Tisch vor ihm stand. Zwei Schlafsäcke lagen auf dem Herd, überhäuft von Decken und Kleidern. Nur auf der äußeren Feuerstelle stand ein Topf.
Matthi machte einen Schritt nach vorne. Und noch einen. Er fuhr zusammen. Die Kerze zitterte in seiner Hand. Er erkannte das Buch auf der Herdplatte auf den ersten Blick. Das war Chris' Tagebuch. Auf dem reglosen Arm daneben duckte sich traurig und faltig eine Seejungfrau.
Eine Sekunde lang ergriff ihn der übermächtige Drang, sich umzudrehen, die Treppen hinauf- und hinunterzurennen und sich bei Kahinas Vater in Sicherheit zu bringen. Aber er kämpfte gegen dieses Verlangen an und rührte sich nicht.
Nach ein paar Augenblicken verebbte der Schreck. Er hatte einem Walross in die gierigen Augen geblickt. Und einem Eisbären. Er würde nicht weglaufen, weil sein alter Freund James vor ihm saß. Er machte noch einen Schritt und sah ihm ins Gesicht. Es war so mager, dass die Haut sich über den Knochen spannte. Ein schwaches Lächeln lag um den Mund, entspannt und friedlich. Der Bart zeigte graue Strähnen, die krausen Haare waren schütter geworden. Die halb geschlossenen Augen blickten starr geradeaus. Eine Hand hielt einen Bleistift umklammert, die andere einen Becher. Das Kinn war heruntergefallen. Aus dem offenen Mund kam kein Atem.
Der Geruch, der von dem kleinen Fass neben dem Sessel auf-

stieg, war unverkennbar: hochprozentiger Rum, der mit Wasser verdünnt werden musste, um genießbar zu sein. Aber ein Wasserkrug war nicht zu sehen. Matthi berührte den bloßen Arm des Leichnams mit der Fingerspitze. Er war gefroren. Die Kälte im Raum hatte ihn davor bewahrt, zu verwesen.
Matthi beugte sich vor und blickte auf die aufgeschlagene Seite des Tagebuchs.

Chris, lieber Junge, halt durch! Du schaffst es! Auch ohne mich. Ich

Das letzte Wort war von einem bräunlichem Fleck verwischt. Die Schrift war unsicher und zittrig wie von einem alten Mann. Sie passte zu der Gestalt, die tot in Old Franks Sessel saß. Das war nicht der James, den er gekannt hatte, dachte Matthi. Er blätterte ein paar Seiten zurück.

1. September 1848

James sagt, ich soll mich nicht so anstellen und Schicksalsschläge tragen wie ein Mann, sonst würde ich nie erwachsen. Außerdem sollte ich mehr Gottvertrauen haben und nicht so ein Schwarzseher sein, sondern auf ein gutes Ende hoffen.
Wie er nach der *Erebus*-Bucht noch von Gottvertrauen reden kann, möchte ich gerne wissen! Aber vielleicht hat er ja Recht und es ist doch noch Hoffnung möglich, zumindest was Matthi betrifft.
An dem Tag, von dem ich nie reden wollte, sind wir auf Robbenjagd gegangen.

Matthi vergaß, dass ein Toter neben ihm saß. Er klebte den Kerzenstummel auf die Herdplatte und las weiter. Der Eintrag endete mit den Sätzen:

Und die Eisscholle mit Matthi trieb mit der Strömung davon. Ich glaube, er hat den Arm hochgehoben und mir zugewunken, aber das konnte ich nicht genau sehen vor Tränen.

Dann folgten lange Zeit nur die Daten. Bis zum

15. September

Heute haben wir beide etwas am Horizont gesehen, das aussieht wie ein Schiff.

1. Oktober

James sagt, das ist ein noch größeres Wunder als der Eisberg damals, der uns hochgehoben und vor den Pressungen geschützt hat. Die *Erebus* ist von der Drift direkt vor Point Victory geschoben worden. Jetzt können wir alle Vorräte aus dem Lager wieder an Bord schaffen. Und all unsere Jagdbeute auch.

13. Oktober

Wir haben unser Quartier in der Kombüse aufgeschlagen. Unsere Schlafsäcke und alle Wollsachen aus der Kleiderkammer liegen auf dem Herd, der uns auch als Tisch dient. Wir benutzen nur eine Feuerstelle für eine warme Mahlzeit am Tag, das gibt genug Wärme. Old Neptun und Jacko liegen neben dem Herd. Wenn bloß Matthi noch da wäre, dann wäre es eigentlich ganz gemütlich. Heute vor zwei Monaten ist er verschwunden.

Es sind noch jede Menge Vorräte da, auch Konserven und vor allem Alkohol, denn Old Frank war Abstinenzler. James erzählt von Walfängern, die auf drei Schiffen in der Baffin-Bucht eingefroren und wochenlang betrunken waren, weil sie alle Rumfässer geleert hatten. Zum Schluss haben sie ein Schiff verbrannt, um nicht zu erfrieren, und sind doch noch gerettet worden, als das Eis aufbrach. Ich hoffe bloß, er nimmt sich kein Vorbild daran. Er trinkt verflixt viel.

1. November

Old Neptun und Jacko haben unentwegt Jagd auf Ratten gemacht. Erst seit zwei Tagen kommen sie ständig an und wollen Futter haben. Ich glaube, wir haben das rattenfreiste Schiff der gesamten englischen Flotte.

5. November

James wird immer magerer. Er sagt, er hat keinen Appetit. Er ist fast so mager wie ein Skelett. Er trinkt nur. Gestern hat er um Mutters rotes Seidentuch gebeten, das ich immer in der Brusttasche trage wie einen Talisman. Er hat es gestreichelt und seinen Kopf darauf gelegt. Es sah fast unheimlich aus. Ich glaube, er hätte es gerne behalten, aber ich habe es wieder in meine Tasche gesteckt. Ich habe mir bei der Abfahrt vorgenommen, es Mutter wiederzugeben. Solange ich es habe, weiß ich, dass ich zurückkomme.

8. November

Ich habe schon ein paar Mal sonderbare Geräusche ums Schiff herum gehört. Ich weiß nicht, ob es Krallen waren oder das Surren von Schlittenkufen.

James sagt, nicht alle Eisbären halten Winterschlaf.
Ich werde morgen die Hunde nehmen und nach Spuren suchen.
Mittags kommt die Sonne noch über den Horizont.

Damit brachen die Eintragungen ab. Es folgten nur noch die krakeligen, verfleckten Worte auf der letzten Seite:

Chris, lieber Junge, halt durch! Du schaffst es! Auch ohne mich.
Ich

Matthi richtete sich auf. Er überlegte einige Augenblicke, dann zog er behutsam den Bleistift aus den Fingern des Toten. Er setzte an, doch er ließ den Stift wieder sinken. Er kannte das heutige Datum nicht, bei den Eskimos war es nicht Sitte, die einzelnen Tage zu zählen. Aber es war schon einige Zeit her, dass die Polarnacht begonnen hatte. Und Chris war nicht zurückgekommen. Vielleicht schon lange nicht. Was hatte es für einen Sinn, ihm eine Nachricht zu hinterlassen?
Er sah das Tagebuch an und schob es wieder an die Stelle, an der es gelegen hatte. Er würde es nicht mitnehmen. Es hatte keinen Wert für ihn. Er hatte die Welt, in der man Tagebücher führte und Messungen anstellte und Karten anfertigte und Seewege erforschte, längst hinter sich gelassen. Schon auf der Eisscholle hatte er nicht begriffen, warum so viele Menschen hatten sterben müssen. Für die Wissenschaft? Für den Handel?
Das Kapitel *Erebus* war abgeschlossen für ihn.
Er blies den Kerzenstummel aus, der fast abgebrannt war, und tastete sich durch das dunkle Mannschaftsquartier zur Leiter. Er verriegelte die Luke zum Niedergang und stieg von Bord. Sobald

seine Füße das Eis berührten, begann er zu laufen – auf die drei Gestalten zu, die auf ihn warteten.

Als die Sonne im Frühjahr so warm schien, dass die Schneehäuser zu tropfen begannen, wurde das letzte Dorf auf dem Eis aufgegeben. Die vier Familien zogen zur Küste, stellten die Frühjahrszelte auf und angelten Kabeljau. Leute aus anderen Dörfern trafen ein, zelteten eine Zeit lang neben ihnen und zogen dann weiter. Alle paar Tage wurden die Zelte abgebrochen, die einzelnen Familien trennten sich, trafen Freunde und Verwandte, jagten mit ihnen, genossen die Nahrung des Sommers – Vögel, Eier, Hasen, Lemminge, Erdhörnchen – und schwatzten über die Ereignisse des Winters.

Matthi zog gerade eine lange Sehne durch eine Knochennadel und wickelte ein kleines Stück Fleisch darum, um einen Möwenköder daraus zu machen. Ein Schatten fiel auf seine Hände. Kahina stand vor ihm, den Arm um ein Mädchen gelegt, das sie ihm lachend vorstellte.

Matthi hörte nicht zu. Er sah auch das Mädchen nicht an. Er starrte nur auf das rote Seidentuch, das sie um den Hals trug. Es gab keine Seide bei den Inuit.

Er ließ den Köder fallen, wischte sich die Hände an der Hose ab und berührte mit einer Fingerspitze vorsichtig das Tuch.

»Von wem?«, fragte er drängend.

Das Mädchen schob die Kapuze vom Kopf, nahm das Tuch ab und schlang es sich um den Kopf. Es sah aus, als ob sie rote Haare hätte.

Matthi lächelte breit. Im Umkreis von vielen hundert Meilen gab es bestimmt nur einen einzigen Menschen mit roten Haaren.

»Wo?«, fragte er.
Sie zeigte über die endlose Wasserfläche, in die sich das Eis verwandelt hatte.
»Weit, weit«, sagte sie. »Viele, viele Tage.«
Matthi nickte. Das Meer würde wieder zufrieren. Die Menschen würden ihre Schneehäuser auf dem Eis bauen und den Robben nachziehen. Eines Tages würde er Chris wieder sehen, in Fellkleider gehüllt, wie er mit erhobener Harpune neben einem Robbenloch wartete. Oder sie würden sich in einem der Tanzhäuser treffen, wenn die Trommeln klangen und der Schamane sang.
Aber wenn sein Freund zurückgekehrt war in die Welt jenseits des Eismeers, dann wollte er ihn vergessen.

Nachwort

Der Verlauf von Sir John Franklins Suche nach der Nordwest-Passage gehört auch heute noch zu den großen Rätseln der Polar-Expeditionen. Im Juli 1845 brachen 129 Männer von Grönland aus mit den beiden Schiffen *Erebus* und *Terror* auf, um den lange gesuchten Seeweg zwischen der Baffin-Bucht und der Bering-Straße – also zwischen Atlantik und Pazifik – zu finden.
Die beiden Dreimaster waren mit den neuesten technischen Errungenschaften ausgestattet und nach den letzten wissenschaftlichen Erkenntnissen auf die Expedition vorbereitet worden – gewissermaßen die Spaceshuttles ihrer Zeit. Sie hatten Vorräte an Bord, die für mindestens drei Jahre reichen würden. Die Proviant-Liste befindet sich heute im Archiv der britischen Admiralität.
Die Fahrt stand unter der Leitung von Sir John Franklin, der durch seine früheren Arktis-Reisen als »Mann, der seine Schuhe aß« in England zur Legende geworden war. Sein Stellvertreter, Captain F.R.M. Crozier, gehörte zu den erfahrensten und erfolgreichsten Arktis-Forschern. Auch einige Offiziere und Seeleute hatten Arktis-Erfahrung, es gab aber auch viele Männer, die noch nie einen Eisberg gesehen hatten, und sogar solche, die noch nie zur See gefahren waren.
Zwei Wochen nach dem Aufbruch von Grönland wurden die Schiffe von zwei Walfängern in der Baffin-Bucht gesehen, mit

Kurs auf den Lancaster-Sund. Kapitäne und Offiziere sprachen miteinander, besuchten sich sogar auf ihren Schiffen. Das waren die letzten Europäer, die Mitglieder der Expedition lebend sahen. Von diesem Zeitpunkt an blieben die Schiffe verschollen.
1848 begann eine groß angelegte Suche, die sich über viele Jahre hinzog. Insgesamt waren fast vierzig Schiffe daran beteiligt, zunächst ohne jeden Erfolg. 1850 fand man die drei Gräber auf der Beechey-Insel und die Pyramiden aus Konservendosen. Im März 1854, fast genau neun Jahre nach dem Aufbruch aus England, erklärte die Admiralität Offiziere und Mannschaften als »im Dienst verstorben«. Es war – und blieb – das größte Desaster in der Geschichte der Polarforschung.
Erst während der Suche wurde festgestellt, dass König-William-Land eine Insel ist, die Sir John Franklin hätte umfahren können, ohne in die befürchtete Sackgasse zu geraten. 1859 entdeckten Captain McClintock und Leutnant Hobson von der *Fox* auf König-William-Land Reste des Lagers am Point Victory mit dem Grab von Leutnant Irving und die einzige schriftliche Nachricht, die je von der Franklin-Expedition gefunden wurde. Demnach hatten die Schiffe nach Umrundung der Cornwallis-Insel vor der Beechey-Insel überwintert, waren im September 1846 in der Victoria-Straße im Eis festgefroren und im April 1848 aufgegeben worden. Sir John Franklin war schon im Juni 1847 gestorben, außer ihm noch neun Offiziere und fünfzehn Männer. Die 105 Überlebenden wollten versuchen, den Großen-Fisch-Fluss in Kanada zu erreichen.
Außerdem fand Hobson in der *Erebus*-Bucht das Boot mit den beiden Skeletten, den Silberbestecken, den Büchern und der Schokolade, neben dem später noch weitere zehn bis vierzehn

Skelette entdeckt wurden. Ebenfalls Jahre später fand man Reste eines Lagers in der *Terror*-Bucht und in der so genannten Hunger-Bucht auf dem kanadischen Festland, sodass die letzten Überlebenden die Simpson-Straße überquert und damit die Nordwest-Passage entdeckt hatten.
Außer der schriftlichen Nachricht der beiden Kapitäne Crozier und Fitzjames gibt es nur die mündliche Überlieferung bei den Eskimos, die allerdings von den meisten Forschern als zuverlässig angesehen wird. Angeblich entdeckten Inuit im Frühjahr 1849 eins der beiden Schiffe, das bis in die Simpson-Straße gedriftet war, mit einem Toten an Bord, außerdem Spuren von fremden Jägern und Hunden an Land. Andere erzählten von einem Schiff mit vielen Toten, die nicht verhungert waren, denn es gab noch viele Konserven. Alle Eskimos, die davon aßen, wurden sehr krank, einige starben sogar. Eine andere Überlieferung erwähnt einen (oder mehrere) Überlebende, die von Inuit aufgenommen wurden und bei ihnen blieben.
Gegen den Fabrikanten Goldner wurde 1852 eine Untersuchung angestrengt, weil seine Lieferungen der Jahre 1850 und 1851 für die Marine »in einem breiigen, verdorbenem und verfaultem Zustand waren, völlig ungeeignet als menschliche Nahrung«, vor allem in Neun- und Zwölf-Pfund-Dosen statt in den bestellten kleineren. Goldners früherer Privatsekretär sagte gegen ihn aus und die Admiralität kündigte ihre Verträge mit Goldner. Ehe man ihn zur Verantwortung ziehen konnte, tauchte er unter.
Der Anthropologe Warren Beattie fand 1981 in einem der Skelette von König-William-Land einen Bleianteil, der zehnfach höher lag als normal, außerdem mehrere Skelette mit Messerspuren. Er grub die Leichen in den Gräbern auf der Beechey-Insel aus, die

durch den Permafrost vollständig erhalten waren und konnte in ihren Haaren einen Bleianteil nachweisen, der zwanzigfach über dem Normalwert lag. Bleivergiftung ruft eine Verfärbung des Zahnfleischs und Sehschwäche, Lähmungen, körperlichen Verfall und Unfähigkeit zu klarem Denken hervor. Der Autor Scott Cookman ist überzeugt, dass sich außerdem durch das ungewaschene, ungekochte Gemüse in den Konserven das Botulismus-Toxin entwickelte, das in vielen Fällen zum Tode führt, wenn es nicht lange gekocht, sondern nur erhitzt wird. Cookman hat auch die Musterrolle der Besatzung und die Listen der gesamten Vorräte und Ausrüstungen publiziert.

Die Namen der Seeleute in meinem Buch stammen von den Besatzungslisten der beiden Schiffe. Nur für die zwei Schiffsjungen der *Erebus* habe ich neue Namen und Lebensläufe erfunden.

An Sir John Franklin und sein tragisches Ende erinnert eine Marmorbüste in der Westminster Abbey.